编 辑 部

主　编：田士永

副主编：李慧敏

编　辑：刘坤轮　尹　超　王超奕　柯勇敏

联系方式

地　址：北京市海淀区西土城路25号，100088

　　　　中国政法大学 法学教育研究与评估中心

　　　　《中国政法大学教育文选》编辑部

电　话：010-58908099

邮　箱：lihuimin99@sina.com

中国政法大学教育文选

(第31辑)

田士永 ◎ 主编　　李慧敏 ◎ 副主编

中国政法大学出版社

2022·北京

声　明　　1. 版权所有，侵权必究。

　　　　　2. 如有缺页、倒装问题，由出版社负责退换。

图书在版编目（CIP）数据

中国政法大学教育文选.第31辑/田士永主编.—北京：中国政法大学出版社，2022.7
ISBN 978-7-5764-0635-1

Ⅰ.①中… Ⅱ.①田… Ⅲ.①高等学校－教学研究－文集 Ⅳ.①G642.0-53

中国版本图书馆CIP数据核字(2022)第158470号

出　版　者	中国政法大学出版社
地　　　址	北京市海淀区西土城路25号
邮 寄 地 址	北京100088 信箱8034分箱　邮编100088
网　　　址	http://www.cuplpress.com（网络实名：中国政法大学出版社）
电　　　话	010-58908289(编辑部) 58908334(邮购部)
承　　　印	北京九州迅驰传媒文化有限公司
开　　　本	720mm×960mm　1/16
印　　　张	16
字　　　数	240千字
版　　　次	2022年7月第1版
印　　　次	2022年7月第1次印刷
定　　　价	75.00元

目录

教育模式

"十四五"时期涉外复语复合型法学人才培养与创新
　　——基于学生能动性的通识外语教学法研究 ／ 杜一雄　王卉妍　3

"七一"重要讲话对中共党史教学的重大指导意义 ／ 胡尚元　17

法律职业伦理教育的理论总结、方法交流与实践反思
　　——法律硕士学院2021年"法律职业伦理教育国际研讨会"
　　会议综述 ／ 尹　超　25

中国特色社会主义历史学学术体系构建研究 ／ 胡小进　39

探索MBA教育全过程提升学员职业能力路径 ／ 晏　鸿　74

课程与教学

全英文中国部门法课程的定位分析及教学体系构建 ／ 杜　闻　91

OBE理念下基于BOPPPS模型的教改探索
　　——以《公务员制度》为例 ／ 王丽莉　125

中国政法大学与故宫博物院合作课程探研
　　——以《紫禁城文化与故宫学》课程为例 ／ 王学深　135

西班牙语对阿拉伯语的吸收之比较研究规划
　　——基于我国西安回族方言和西班牙安达卢西亚地区方言
　　语料库的研究 ／ 李　蕴　146

基于《法律心理学》课程改革探索交叉学科人才培养 / 刘晓倩 159

文学翻译教学案例分析
    ——以儿童文学翻译作品《彼得潘》为例 / 辛沂君 李 袁 176

新媒体时代新闻传播史教学改革研究 / 张艳红 190

法学类院校本科生学术研究能力培养的探索
    ——以中国政法大学本科生科研能力培养体系为例 / 赵言荣 201

教育管理

加强党对学术组织领导的途径和机制
    研究 / 杜学亮 满学惠 邢小兰 李慧敏 221

国际教育

浅析新媒体工具在高校国际招生中的作用 / 寿嘉琪 243

教育模式

Jiao Yu Mo Shi

"十四五"时期涉外复语复合型法学人才培养与创新

——基于学生能动性的通识外语教学法研究*

杜一雄　王卉妍**

一、"十四五"时期涉外复语复合型法学人才的需求

自中华人民共和国成立至今，中国的外语教育与人才培养随着经济社会发展，发生了日新月异的变化。1998年，《关于深化教学改革，培养适应21世纪需要的高质量人才的意见》《关于外语专业面向21世纪本科教育改革的若干意见》等相关文件出台，指出21世纪人才应具备扎实的基本功、宽广的知识面、一定的专业知识、较强的能力和较好的素质；外语专业必须从单科"经院式"人才培养模式向"宽口径、应用性、复合型"人才培养模式转型[1]，为世纪之交的国际化人才培养，指明了具体的方向。

2018年，《外国语言文学类教学质量国家标准》发布，呼吁各学校依据学校特色、地区特色自主确定外语专业的发展方向，大力提倡设置应用型外语专业，我国的外语教育开始大步迈向特色化、专业化发展，把学生培养成"涉外专业人才"，成为外语

---

* 项目信息：本研究系中央高校基本科研业务费专项资金资助。

** 杜一雄，中国政法大学外国语学院讲师，硕士生导师。王卉妍，北京外国语大学国际关系学院博士研究生。

[1] 刘捷：《前行之路：新中国外语教育70年发展历程》，载王定华、曾天山主编：《民族复兴的强音——新中国外语教育70年》，外语教学与研究出版社2019年版，第39页。

教育从业者新的人才培养目标。

伴随着中国在国际社会上越来越多地参与国际公共事务，以及随着国际化进程加快带来的双边、多边外交需求的增长，我国涉外法律事务量与日俱增。据司法部统计，2018年我国国内律师共办理涉外法律事务近12.7万件，服务领域包括反倾销调查、涉外知识产权争议、境外投融资等[1]。在这样的时代背景下，我国更加需要储备一大批具有良好外语水平，国际事务处理能力的涉外法学专业人才，为我国参与协调双边与多边关系服务。

随着中小学英文教育的普及，不少本科生在入学前，英文能力已达到较高水平。面对我国"一带一路"倡议的深化与全面构建"人类命运共同体"的需要，未来涉外法学人才如若只掌握一门英语，定不能满足日益增长的多元外交需要，因此，培养英语之外的复合复语型涉外法学人才成为"十四五"时期高校培养法学人才的新要求。

响应新时代的人才培养要求，笔者所在高校作为国家卓越法律人才培养基地，在本科阶段相继开设了西班牙语法律人才实验班、涉外法律人才法语实验班、第二外语（法语、日语、德语、俄语、意大利语）通识必修班等试点复语复合型人才培养项目。学生入学后，自愿报名，通过英文笔试面试，以及相应语种的听音模仿等科目的选拔后，进入项目班系统学习英文以外的另一门外语语种，取代大学英语，成为其在本科阶段的通识必修外语课程。

上述涉外法学人才通识外语项目班教授的科目，不等同于传统植入培养方案中的大学公共外语课程，其对学生的语言能力要求更高，且力求通过平行开设外语精读、外语视听说、国别法律研究等课程，为学生提供全面系统的语言学习机会。学生加入各类通识必修外语实验班，在选择英文之外再深入学习一门外语，亦是其自主选择的结果。

社会建构主义（social constructionism）教育观认为，学生的学习是主

---

[1] 孝金波、赖晨璐：《我国涉外法律服务加快发展：去年国内律师共办理涉外法律事务近12.7万件》，载 https://www.chinacourt.org/article/detail/2019/11/id/4684388.shtml，最后访问日期：2021年1月24日。

动构建自己知识与经验谱系的过程。一系列教育教学活动得以展开的前提是学习者具备强烈的学习动机，只有这样，学生才能真正内化所学知识，达到能力层面的提升。

因此，了解主导涉外法学人才参与通识必修外语学习项目的动因有哪些，以及如何利用其学习动因，充分调动学生学习的主观能动性，值得新时代涉外法学复语复合型人才培养的参与者与研究者关注，以帮助学校更好地理解学生诉求，为外语教师课堂教学法的创新提供新的思路与方向。

二、涉外法律人才复语学习的动因层次分析

（一）学习者学习动因的分类与学习层次

学习动因，即学生对学习的兴趣、爱好，驱使其学习的动力因素，其受学习者的情感、意志、目标及学习环境内外种种因素影响，会在不同学习阶段动态变化[1]。

在目前的学习动因研究中，中国、法国、英国、美国等国家的研究者普遍认可美国心理学家韦纳（B. Weiner）的归因分类，即将人的行为动机分为内部因素、外部因素，稳定因素、非稳定因素，可控因素、非可控因素多个维度进行深究。在此基础上，我国教育研究者提出了学习动因分级理论[2]，即将学习模式按照内外因驱动的程度分为尝试性学习、能动学习、自主学习与探索性学习四个层次。最基础层次的学习模式为外部动因所主导的尝试性学习模式；其高阶层次为内部动因与外部动因共同作用下的能动学习模式；再上一层次为内部动因起主导作用的自主学习模式；最终达到内部动因可起到决定性作用的探索性学习模式。内外因对学习行为的影响此消彼长，学生的学习模式可在上述四个层级间不断转化（见图1）：

---

[1] 侯毅文：《学习动因分析》，载《上海教育科研》1994年第2期。
[2] 陆致晟：《学习动因分级理论的提出及阐述》，载《中国教育学刊》2015年第11期。

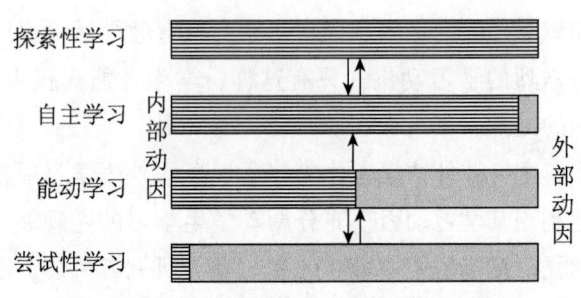

```
      探索性学习  ▤▤▤▤▤▤▤▤▤
                        ↕
      自主学习  内 ▤▤▤▤▤▤▤▤▤  外
               部                  部
               动                  动
      能动学习  因 ▤▤▤▤▤▤▤▤▤  因
                        ↕
      尝试性学习 ▤▤▤▤▤▤▤▤▤
```

图 1　学习动因分级图（参见陆致晟，2015）

在上述研究中，学者陆致晟提到，尝试性学习阶段是学习的初等阶段，学生的学习大多是基于经验，在外部动因的刺激下，获取新的知识或技能，教师是鞭策学生的主体。传统的学校教育，教师言传身教，大部分的教学活动发生在能动学习阶段，内外因同时作用在学生身上，使其配合外部教学活动，最终升级进入自主学习层次。在自主学习阶段，学生成为学习活动的中心，每个人形成自己的学习方法，教师在这一阶段只需扮演好引导者与陪伴者的角色，学生就能够一直保有对学习的兴趣与热情。最后，能够进入探索性学习的学生，将不再需要外部动因，成为理想状态中的"终身学习者"，内部动因将不断驱使其通过学习实现自我的提升、加强对外界的探索。

了解涉外法学人才的通识外语学习动因的构成，能够帮助外语教师更精准地进行自我定位，选择更适合的教学方法，助力学生由被动学习变主动学习，早日进入自主学习与探索性学习阶段。那么影响学习者学习行为的内部与外部动因各有哪些呢？

（二）影响学习者学习行为的内部与外部动因

致力于研究学习能力的法国学者菲利普·卡雷（Philippe Carre）教授曾为了解影响学习者学习行为的动因，针对数千名18岁后自主选择参与某专业学习或技能培训项目的学习者展开问卷调查，并随机采访了其中61位被调查对象，根据其2001年公布的质化调研结果[1]，我们可将影响学习者学习行为的内部与外部动因从以下10个分项进行考量（见图2）：

---

[1] Philippe Carre, *De La Motivaiton à La Formation*, Paris: L'Harmattan, 2001.

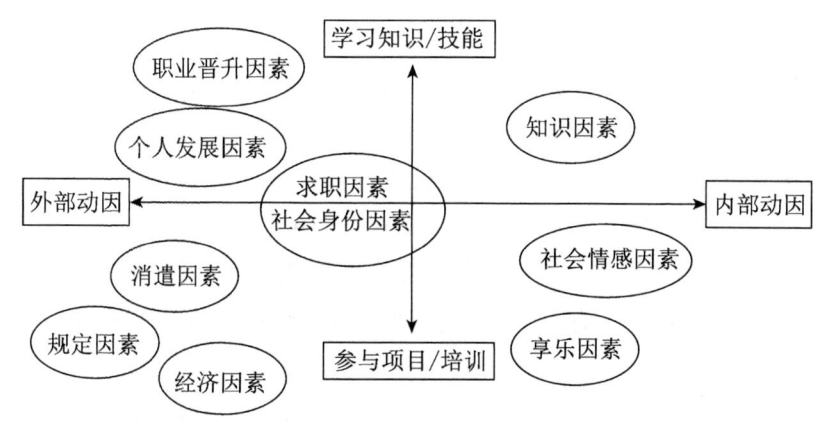

图2　学习者参与教育培训项目的内部与外部动因（参见 Carre，2001）

具体[1]而言，影响学习者参加学习或培训项目的内部动因主要集中在知识因素、社会情感因素以及享乐因素3个方面："知识因素"是指学习者能够直接从知识或技能的学习中获得快乐，出于对知识或技能的热爱主动参与学习项目；"社会情感因素"是指学习者出于社交目的报名学习或培训项目，希望通过后者拓展自己的人际关系网，在与他人的经验分享中，获得社会归属感；"享乐因素"是指学习者出于对培训场地、教学器材或教师设计活动的兴趣而参与学习或培训项目，与接受教育的内容并无直接关联。

而影响学习者的外部动因则分为职业晋升因素、个人发展因素、求职因素、社会身份因素、消遣因素、规定因素与经济因素等7个方面。其中，"经济因素"是指参与培训或学习项目，学习者可以获得直接（如政府或机构的培训补助、奖学金）或间接经济收益（学习者了解培训内容会带来潜在的加薪）；"规定因素"是指学习者所在机构明确规定需要参加该项学习或培训项目，抑或在周围人压力下（同学/同事都报名了该项培训或领导、老师明示暗示要参加该项目），学习者不得不参与相关教育项目；"消遣因素"是指学习者在当前环境中心情抑郁，将学习或培训项目视为消遣，以充实生活或调整心态为目的报名相关教育项目；"个人发展因素"

---

[1] Philippe Carre, *L'Apprenance*, Paris: Dunod, 2005.

指在事业之外，个人出于家庭原因或责任原因，参加某学习或培训项目（例如学习驾驶技术、亲子班等），以寻求自我进步或促进家庭和谐，与职业晋升并无关联；"社会身份因素"是指个人为获得更好的社会认可，或新到某地的移民、新雇员，为获得更多的身份认同而参加学习或培训活动；"职业晋升因素"是指随着职业发展的变化，从业者需要通过学习掌握新的技能，以能够完成新的工作任务；"求职因素"是指该学习项目或培训项目的结果能够助力学习者找到更加心仪的工作，如学历学位教育等。

由于大学本科学生并不涉及职业晋升的考量，亦非移民或新进雇员身份，因此我们将主要对驱动法学学生参与通识语言班复语复合人才培养项目的其他8类内外学习动因进行深入探究。

(三) 针对涉外法学人才通识外语学习动因的问卷调查

学习者的学习层次与学习主动程度是上述多重动因叠加、相互作用的结果。菲利普·卡雷教授的研究表明，若学习者受知识因素、职业晋升因素、个人发展因素、求职因素影响较多，则其参与培训的目的会更趋向于知识的获取与技能的学习；而若其受社会情感因素、享乐因素、社会身份因素、消遣因素、规定因素与经济因素影响较多，那么与知识获取相比，其会更看重参与培训的过程而非结果。

基于上述影响学生学习行为的内部与外部动因的分类，为深入探究不同动因对学生外语学习的影响程度，结合笔者所在高校学生的复语项目开展情况，2021年4月，笔者向法学专业各年级非通用语种项目班学生匿名投放了82份探究其复语学习动机的问卷（见表1）。问卷共13题，在8类动因相关问题基础之上，增加了学生基本情况、学生对自己语言能力评估与开放性问题，以便同时了解不同动因对学生语言学习效能感的影响以及是否存在未曾考虑到的其他特殊内外动因。

82位来自法、意、俄、日、德通识必修语言班与特色法学人才培养项目班的学生在线填写了答卷。由于语言类基础课程一般在大二下学期结束，大三只会开设部分语种课程，大四基本不再有除英语之外的语种课程。因此从参与调查学生的年级分布来看，43.90%为大一学生，42.68%

为大二学生,其余为大三学生,占样本总数 13.41%,基本吻合目前学校复语人才课程设置现状。

表 1 涉外法学人才英语外语种学习动因问卷

基本情况		1. 性别: 2. 年级: 3. 项目班语种:	
语言能力评估		4. 对自己当前水平满意度?	①不满意 ②比较不满意 ③一般 ④比较满意 ⑤满意
内部动因	知识因素	5. 你是基于对此门外语文化知识的兴趣而选择加入/留在当前复语项目班的吗?	①不是 ②比较不是 ③说不准 ④比较是 ⑤是的
	社会情感因素	6. 继续学习当前这门外语,是为了在课堂上结交新朋友吗?	①不是 ②比较不是 ③说不准 ④比较是 ⑤是的
	享乐因素	7. 加入/留在当前复语项目班是因为学习环境很舒服,教室设备很先进吗?	①不是 ②比较不是 ③说不准 ④比较是 ⑤是的
外部动因	个人发展因素	8. 加入/留在当前复语项目班是出于家庭或未来(与职业发展无关)对自己的要求与期望吗?	①不是 ②比较不是 ③说不准 ④比较是 ⑤是的
	求职因素	9. 加入/留在当前复语项目班是因为有了这门技能将来比较好找工作吗?	①不是 ②比较不是 ③说不准 ④比较是 ⑤是的
	消遣因素	10. 加入/留在当前复语项目班是因为不想上其他课程,或需要抵扣学分吗?	①不是 ②比较不是 ③说不准 ④比较是 ⑤是的
	规定因素	11. 加入/留在当前复语项目班是因为培养方案/所在院系的规定吗?	①不是 ②比较不是 ③说不准 ④比较是 ⑤是的
	经济因素	12. 加入/留在当前复语项目班是因为可以拿到更好的奖学金吗?	①不是 ②比较不是 ③说不准 ④比较是 ⑤是的
开放性问题		13. 除上述因素外,是否有促使你加入/留在复语项目班的其他呢?	

在数据回收分析阶段，我们发现参与调研同学30.49%为男生，69.51%为女生，可见在本科阶段，女生对掌握多一门外语兴趣更大。而且从学生目前语言学习的效能感来看（如图3所示），男生对自己目前语言水平的满意度普遍低于女生，受访男生中只有12%表示满意目前自己的能力水平，相比之下，有24.56%的女生表示满意目前语言掌握水平，可见大学本科阶段，女生对通识语言学习的效能感与兴趣度普遍高于同龄男生。

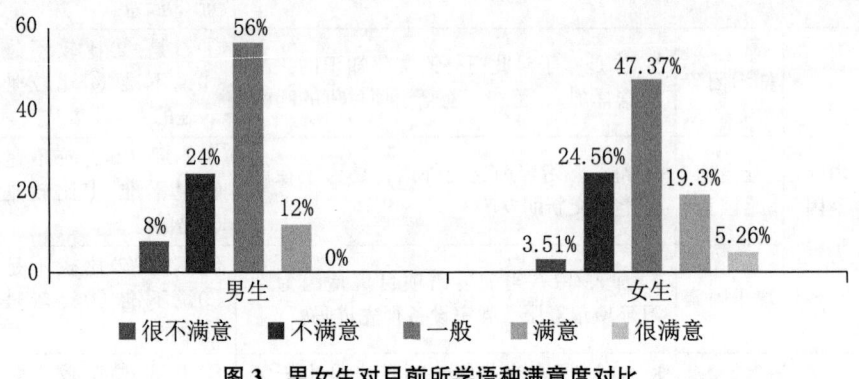

图3 男女生对目前所学语种满意度对比

从问卷数据可以看出，受访学生的复语学习动因是内外因综合作用的结果，且驱使法学学生选择进入英语外语言学习项目的不同动因作用力亦有差别。当我们把第5~12题是否出于某原因选择加入/留在复语项目班学生回复中"是的"与"比较是"的比率相加后，可以得出（如图4所示）：学生的外语学习主要受内部动因中的"知识因素（74.39%）"——学生对所选语种的兴趣驱动，同时辅有外部动因中的"求职因素（60.97%）"的考量。上述两个因素基本作用力相当，根据上文中提到的学习动因分级理论，参与项目的学生应处在能动学习层次，趋向自主学习层次。不过，对近半数同学来讲，外部动因中家庭或未来（与职业发展无关）对自己的要求与期望，即"个人发展因素（48.78%）"，亦是促使其选择留在复语项目班继续学习英语外语种的重要因素，在调查中，我们并未找到能够与此制衡的内部动因，因此，从整体来看，笔者所在高校本科生的复语学习或介于探索性学习与能动学习阶段之间，在内外因的共同驱动下，完成外语学习任务。

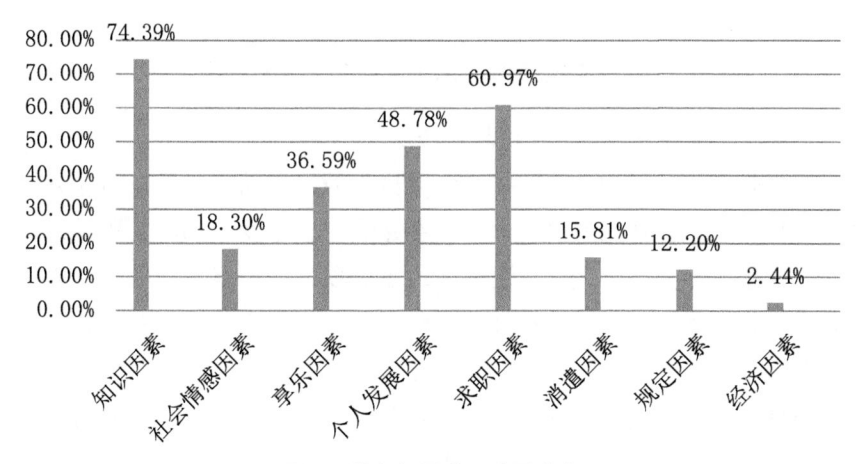

```
80.00%  74.39%
70.00%
60.00%                              60.97%
50.00%                48.78%
40.00%         36.59%
30.00%
20.00%   18.30%                            15.81%
10.00%                                          12.20%
 0.00%                                               2.44%
       知  社   享   个   求   消   规   经
       识  会   乐   人   职   遣   定   济
       因  情   因   发   因   因   因   因
       素  感   素   展   素   素   素   素
           因       因
           素       素
```

图 4　学生复语学习动因分布

通过图 4 我们不难看出，在本科阶段，学生的复语学习较少由"消遣因素（15.81%）""规定因素（12.20%）"与"经济因素（2.44%）"驱动，也就是说，学生选择加入复语项目班并非为了逃避其他课程的学习或需要抵扣学分，也不是出于培养方案或所在院系的规定，且非英语专业的同学再学习一门外语并不能够为其带来直接经济收益（奖学金或其他物质奖励）。18.30%的同学表示会受"社会情感因素"，即同学关系、社交需要等驱使，选择留在复语项目班，但显然在课堂上结交新朋友并非其学习外语的主要驱动力。

与此同时，在此调查反馈中，超过 1/3 的学生认为"学习环境很舒服，教室设备很先进"会促使其加入/留在复语项目班，在最后开放性问题"除上述因素外，是否有促使你加入/留在复语项目班的其他因素呢"回收的答案中，26%的有效回答提到了"教师""老师个人魅力""小班教学""课堂有意思"等关键词，作为构成学习环境中的重要因素，教师的课堂组织与教学法显然会对学生的复语学习动力产生影响。

作为外语教师，如何能够基于驱使学生外语学习的主要内外动因，进行课堂教育教学法的创新，使学生能够更好地发挥自己的主观能动性，保持对语言学习的兴趣；同时使自己的教学实践，更贴近学生职业发展的需要与个人能力提升的愿景呢？

三、基于学生能动性的涉外法学人才复语教学法探析

（一）以问题为导向的兴趣教学法

兴趣是学生选择加入并留在复语项目班的首要动力，但在问卷分析中我们发现，学生对通识外语的学习兴趣并非一成不变，如图 5 所示，本科一年级学生大部分受兴趣驱使选择加入复语项目班，但一年后其对语言的兴趣有明显回落，到本科三年级又有反弹，因而外语教师只有在教学实践中充分激发学生对语言学习的兴趣，方可使其兴趣持续时间更加长久，学生才能够在这一重要内因的驱使下能动学习，乃至进入自主学习阶段。

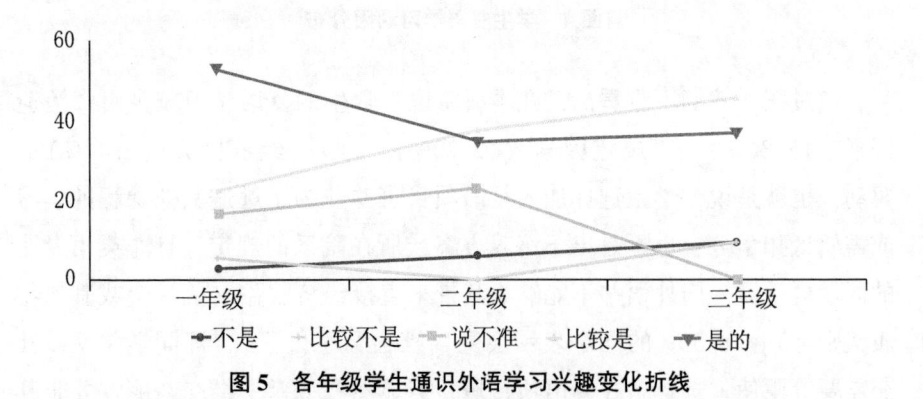

图 5　各年级学生通识外语学习兴趣变化折线

对周遭世界发生时事的好奇、好问、好探究是每位学生的天性[1]，而现今外语教材与教学大纲的缺点在于编成时间较早，与社会时事略有脱节；且总偏爱选择一个国家实体作为所属，侧重对单一民族的集中描述，无法揭示语言在历史演变中的灵活性，以及该语言使用者的多样性[2]。

---

〔1〕 王道俊、郭文安主编：《教育学》（第七版），人民教育出版社 2016 年版，第 186 页。

〔2〕 [法] 热纳维耶芙·扎拉特：《归属感与社会关系构建》，载 [法] Geneviève ZARATE、Danielle LÉVY、Claire KRAMSCH 编著：《多元语言和多元文化教育思想引论》，傅荣等译，外语教学与研究出版社 2016 年版，第 174 页。

因此在日常的教学实践中，外语教师可尝试以问题为导向，通过问题联结学生兴趣、多元语言文化知识与课堂教学内容。

具体说来，一方面，教师可回归苏格拉底的"产婆术"[1]式教学实践，以问题串联课堂，基于语法、句法、词汇等基础知识内容，通过层层诘问，激发学生迎接挑战的兴趣，在一问一答中，使学生意识到自己的错误，夯实其语法结构，使其在记忆中形成经典外语表达的范式与框架。同时，因势利导，脱离课本，为学生设计跨文化交流时的具体情境，并就具体生活交流实例进行提问，助力学生在对知识逐渐深入理解的同时，了解语言的时代性与多样性，举一反三，用所学满足当今交流需要。

另一方面，在课堂组织中，外语教师亦可利用问题，充分调动学生的反省思维活动。笔者在教学实践中，每节法语课后，曾要求学生对本节内容进行反思，向教师总结 5 个自己学到的知识点，同时提出 5 个问题，要求学生设问的同时举出例句、例词或具体情境。在问题回收上来后，对于个例问题，教师可与学生私下交流解决，了解每位学生语言学习的薄弱点；对于共性及代表性问题，在下一节课，教师可依此组织课堂小组讨论，与学生一同解决其切实困惑。基于学生提出的具体问题组织教学，组织小组讨论，能够更大效度地将课堂与学生的兴趣联结起来，提高其课堂参与度，培养其反省与探究性思维。

(二) 借"项目化教学"联通校园与职场实际问题

通过前文问卷我们不难看出，在外部动因中，60.97%的学生会更希望自己所学的其他语种知识，能够助其在求职中增加竞争力。而对于法学学生而言，所学专业与外语学习在本科层面交集较少，因此学生常无法将外语技能与将来的职业发展联系起来。

近年来，起源于北欧的项目化教学（Project-Based Learning，简称 PBL）越来越多地进入教育研究者视野，芬兰赫尔辛基教育局曾通知要在

---

[1] "产婆术"式教学分为两个阶段。第一阶段为"诘问"阶段，施教者不断提出问题，使受教者在认识上陷入自相矛盾，深入理解真知与自己的错误；第二阶段为"助产"阶段，施教者帮助对方在明晓道理的基础上，重新归纳所探究概念的正确含义。参见王道俊、郭文安主编：《教育学》（第七版），人民教育出版社 2016 年版，第 153 页。

2020年正式废除中小学分科目的课程教育，全部推行以社会实际为主题的项目化教学。

在大学通识外语必修课的教学中，我们亦可借鉴项目化教学的方式，通过将职场的实际课题带入课堂，鼓励学生通过自主探究，用所学知识解决实际职业问题。项目化教学的前提是打通学科之间的壁垒，使学生能够融会贯通，这便要求后者兼具扎实的外语知识与法学专业课程知识。

以法语教学为例，教师可在教学进行到一定阶段时，开展模拟求职训练课题，通过阅读，理解一封真正的法国律所或国际组织法务部门的招聘启事，教导学生如何撰写一封正式的法语求职简历与求职动机信，以及如何在模拟面试环节，运用法语展现自己的法学专业知识，有逻辑地表达自己过往的实习或工作经历，且能够使用法语灵活应对专业问题。

在日常教学单元中，我们也可依据本校法学特色，鼓励学生自主选择某项法学专业课题进行区域与国别或跨文化研究，并用相关语种进行小组展示。

联通语言知识讲授与职场实际问题的项目化教学对语言教师的跨学科能力要求较高，因而需要教师灵活转变角色，由知识的讲授者转变为项目化学习的引导者、旁观者、测评员，从课题选择、研究问题、原创性、反思性、思辨性、公共性、可持续性等多方面考查学生项目化学习的成果[1]，助其在语言学习的同时，锻炼自己多方面的跨文化能力。

(三) 设计"边缘发展区"助力学生自我发展

调查中我们发现，近半数（48.78%）的学生希望在语言课堂上达到自我全面提升与发展，且学生之间的交流需要并不构成学生语言学习的重要动机，侧面反映出学生间课上交流有限。作为国际传播与交流的重要工具，外语教学也一直与未来国际公民跨文化能力的培养息息相关，通过学习外语锻炼学生的沟通与社交能力，亦是新时代外语教学的要求。

前文中提到，20世纪60年代以降，社会建构主义教育观一直深刻影

---

〔1〕 Buck Institute for Education, Gold Standard PBL, Gold-Standard-PBL.pdf (wpmucdn. com)，最后访问日期：2021年5月1日。

响着学校教育与主动教学法改革。在建构主义阙域下,学生的主观能动性是教学活动的绝对中心,学生知识谱系的构建是在内外动因的刺激下,其将新认识与旧经验,经过"同化"与"顺应"的认知处理,形成头脑中的"图式",一个个"图式"的叠加、修改与增补最终形成学生的知识与技能谱系[1]。

因而在教学过程中,教师应为学生在学习环境中设定"最近发展区(Zone of Proximal Development)",该区域内的学习任务既要基于又要高于学生的先前经验和知识,通过巧妙制造与学生先前经验和知识的冲突,使学生得以进阶,取得知识的进步与个人能力层面的提升[2]。

为每位学生设立"最近发展区",是"因材施教"的愿景,但很显然在实际教学中难以完全实现。笔者采用的方式是在通识外语课堂上,借助小组作业,充分调动学生"见贤思齐"的品质,将知识掌握较为扎实的优秀学生、成绩中游的学生与相对落后的学生分为一组,将任务目标设计在学习成绩中游学生的"最近发展区"。成绩中游的学生可以在小组讨论,以及优秀学生的助力下,完成既定学习任务,取得进步;相对落后成绩的学生在成绩中游学生和优秀学生的表率与帮扶下,参与学习任务,提升自己的语言知识与跨文化交际水平;而对于知识掌握较为扎实的优秀学生,小组作业也可以助其重新检视自己的知识体系,查漏补缺,进一步夯实所学,锻炼自己的知识阐释与团队协作能力。

四、结语

2010年,党中央、国务院颁布《国家中长期教育改革和发展规划纲要(2010—2020年)》,提出要"适应国家经济社会对外开放的要求,培养大批具有国际视野、通晓国际规则、能够参与国际事务和国际竞争的国际化人才"。2016年9月27日下午,习近平总书记在主持十八届中共中央政治局第三十五次集体学习时强调,要提高我国参与全球治理的能力,着力

---

[1] 王沛、康廷虎:《建构主义学习理论述评》,载《教师教育研究》2004年第5期。
[2] 孔宪遂:《试论建构主义理论对教学的启示》,载《清华大学教育研究》2002年第S1期。

增强规则制定能力、议程设置能力、舆论宣传能力、统筹协调能力。参与全球治理需要一大批熟悉党和国家方针政策、了解我国国情、具有全球视野、熟练运用外语、通晓国际规则、精通国际谈判的专业人才。

因此，在"十四五"时期，高校应为我国培养大量掌握各个外语语种、兼具国际事务处理能力的各领域专业人才，为我国参与并推动全球治理转型，在"百年未有之大变局"来临之际，做好协调双边与多边关系的服务。

2020年春，教育部高等学校外国语言文学类专业指导委员会等编著的《普通高等学校本科外国语言文学类专业教学指南》出版，该指南在国家标准基础上进一步明确了新时期涉外人才外语教育的原则，特别指出了要坚持"多元发展，充分挖掘本校教育教学优势资源，特色发展，错位竞争，服务国家外语人才多元需求，服务地方经济社会发展多元需求，服务学生个性化发展多元需求"的多元发展观。

今天针对涉外法学人才设计的外语教学，应以充分发挥学生的主观能动性为着眼点，了解驱使学生在英语外系统掌握另一门外语的内部动因与外部动因的构成；由学生感兴趣的问题与学习中遇到的困难入手，设计课堂活动，以学生为中心，保持其对语言学习的兴趣；而且，在以往教授语音、语法、阅读、写作等语言学知识的基础上，法学学生的通识外语教学可更多利用小组学习、项目化教学等方式，依据法学专业就业特点，增加与学生未来职业发展相关的学习内容与跨文化交际相关知识，使学生的知识获取更加多元化，同时在与他人的互动中，取长补短，团队协作，了解并更加尊重语言背后文化与文明的复杂性与多样性，进入职场后，为具有中国特色的"一带一路"倡议、"人类命运共同体"等全球治理构想贡献自己的智慧与力量，成长为真正意义上面向未来的国际化法学人才。

"七一"重要讲话对中共党史教学的重大指导意义[*]

胡尚元[**]

习近平总书记在庆祝中国共产党成立100周年大会上的重要讲话，是一篇马克思主义纲领性文献，是新时代中国共产党人不忘初心、牢记使命的政治宣言，是中国共产党团结带领人民以史为鉴、开创未来的行动指南。讲话所阐释的中华民族伟大复兴的百年党史历史主题、党在实现中华民族伟大复兴历史进程中所创造的"伟大成就"、不断推进马克思主义中国化时代化的新经验和新方向以及伟大建党精神等一系列重大理论创新，对中共党史教学同样具有纲领性的指导意义。

一、升华了百年党史的历史主题

只有创造过辉煌的民族，才懂得复兴的意义；只有历经过苦难的民族，才对复兴有深切的渴望。"七一"重要讲话紧扣中华民族伟大复兴这个主题，把它作为一根红线贯穿全文始终。

讲话指出："1840年鸦片战争以后，中国逐步成为半殖民地半封建社会，国家蒙辱、人民蒙难、文明蒙尘，中华民族遭受了前所未有的劫难。从那时起，实现中华民族伟大复兴，就成为中

---

[*] 本文为北京高校中国特色社会主义理论研究协同创新中心（中国政法大学）阶段性成果。
[**] 胡尚元，中国政法大学马克思主义学院副教授。

国人民和中华民族最伟大的梦想。"[1]

中华民族伟大复兴这个历史主题的逻辑凝练,在更深层次和更高维度上揭示了中国共产党产生的历史必然性:"为了拯救民族危亡,中国人民奋起反抗,仁人志士奔走呐喊……各种救国方案轮番出台,但都以失败而告终。中国迫切需要新的思想引领救亡运动,迫切需要新的组织凝聚革命力量。"[2]

在这样的历史大背景中,讲话旗帜鲜明地提出了百年党史的历史主题:"中国共产党一经诞生,就把为中国人民谋幸福、为中华民族谋复兴确立为自己的初心使命。一百年来,中国共产党团结带领中国人民进行的一切奋斗、一切牺牲、一切创造,归结起来就是一个主题:实现中华民族伟大复兴。"[3]

这个历史主题把准了近代以来中国历史的脉动,是近代以来中国历史演进逻辑与核心理念的进一步升华。诚如"七一"重要讲话所揭示的那样,中华民族的民族意识正是在鸦片战争之后日益加深的大劫难中逐步觉醒并不断凝聚和强化的。1894年,孙中山先生创立兴中会,在章程中提出"振兴中华"的口号,[4]曾经激励了一代又一代仁人志士为民族奉献坚强意志和巨大热情。1987年,党的十三大报告在论述社会主义初级阶段特征时,提出了"中华民族伟大复兴"的概念。[5]此后,经过不断的阐释和建构,"中华民族伟大复兴"这个概念逐步得到包括台湾同胞和海外侨胞在内的中华儿女的广泛认同,实现了对"振兴中华"口号的时代性升华。

---

[1] 习近平:《在庆祝中国共产党成立100周年大会上的讲话》,载《人民日报》2021年7月2日,第2版。

[2] 习近平:《在庆祝中国共产党成立100周年大会上的讲话》,载《人民日报》2021年7月2日,第2版。

[3] 习近平:《在庆祝中国共产党成立100周年大会上的讲话》,载《人民日报》2021年7月2日,第2版。

[4] 广东省社会科学院历史研究室等合编:《孙中山全集》(第一卷),中华书局1981年版,第19页。

[5]《沿着有中国特色的社会主义道路前进——赵紫阳在中国共产党第十三次全国代表大会上的报告》(1987年10月25日),载中国共产党历次全国代表大会数据库,http://cpc.people.com.cn/GB/64162/64168/64566/65447/4526368.html,最后访问日期:2021年11月4日。

2012年11月29日，习近平总书记在参观《复兴之路》展览时发表讲话，提出了中华民族伟大复兴的梦想，在新时代产生了强大的号召力和感染力，成为凝聚和激励中华民族团结奋进、开创未来的强大精神旗帜。2017年10月18日，习近平总书记在中国共产党第十九次全国代表大会上作的报告中提出，中国共产党人的初心和使命，就是为中国人民谋幸福，为中华民族谋复兴。

中华民族伟大复兴这个历史主题，对中共党史教学具有重大指导意义。首先，就近代以来中华民族的历史任务而言，一方面，它将百年党史与鸦片战争之后的中国近代史有机统一起来了，将百年党史水乳交融于中华民族史之中；另一方面，它更加深刻地揭示了选择马克思主义、选择中国共产党的领导，是近代以来中国人民追求中华民族伟大复兴历史实践的逻辑必然，实现了逻辑与历史的高度统一。其次，就史观维度而言，它是中共党史核心观念在新时代的进一步升华，实现了对革命史观、现代化史观等传统党史观的超越。在过去很长的一段时期内，中共党史研究的核心观念是革命史观。革命史观以阶级斗争为主题，以历次革命斗争和革命运动的发展演进为主线来叙述和阐释中共党史。20世纪90年代后，一些学者在反思革命史观的基础上，提出了现代化史观。现代化史观以近代以来的现代化建设为主题，以中国逐步走向现代化的历史进程为主线来叙述和阐释中共党史。在此过程中，有些学者贬抑乃至否定革命价值观，认为革命运动不可避免的带有暴力性和破坏性，客观上阻碍了中国现代化的历史进程。这种反思固然有其合理之处，却也在一定程度上导致了对中共党史认知的混乱。中华民族伟大复兴这个主题，为反思、整合并超越传统党史观提供了新的观念指导。

二、确立了百年党史分期新的逻辑主线

"七一"重要讲话紧扣中华民族伟大复兴这个主题，以中国共产党在实现中华民族伟大复兴历史进程中所创造的"伟大成就"为主线，将中国共产党百年史划分为四个阶段：第一阶段，中国共产党团结带领中国人民，浴血奋战、百折不挠，创造了新民主主义革命的伟大成就，建立了人

民当家作主的中华人民共和国，为实现中华民族伟大复兴创造了根本社会条件。第二阶段，中国共产党团结带领中国人民，自力更生、发愤图强，创造了社会主义革命和建设的伟大成就，消灭了在中国延续几千年的封建剥削压迫制度，确立了社会主义基本制度，推进了社会主义建设，为实现中华民族伟大复兴奠定了根本政治前提和制度基础。第三阶段，中国共产党团结带领中国人民，解放思想、锐意进取，创造了改革开放和社会主义现代化建设的伟大成就，开创、坚持、捍卫、发展了中国特色社会主义，为实现中华民族伟大复兴提供了充满新的活力的体制保证和快速发展的物质条件。第四阶段，中国共产党团结带领中国人民，自信自强、守正创新，统揽伟大斗争、伟大工程、伟大事业、伟大梦想，创造了新时代中国特色社会主义的伟大成就，为实现中华民族伟大复兴提供了更为完善的制度保证、更为坚实的物质基础、更为主动的精神力量。[1]

传统的中共党史历史分期，以《中国共产党的九十年》为代表，依据中国共产党在不同历史时期的主要实践活动这条主线，将中共党史分为三大历史时期：新民主主义革命时期（1921—1949 年）、社会主义革命和建设时期（1949—1976 年）、改革开放和社会主义现代化建设新时期（1978—2012 年）。[2]近年来，学术界也有一些新的探索。比如学者提出，对党的百年历史进行客观描述，需要从不同学科、不同维度去进行。从历史学维度看，中共百年史可解读为革命、建设和改革的历史；从民族复兴和现代化维度看，中共百年史可以划分为使中国"站起来""富起来""强起来"三个历史时期；从社会主义在中国的发展维度看，中共百年史可划分为二、三、四等不同历史阶段；从马克思主义中国化维度看，中共百年的理论创新史可划分为毛泽东思想、中国特色社会主义理论体系、习近平新时代中国特色社会主义思想三个历史阶段。[3]

---

[1] 习近平：《在庆祝中国共产党成立 100 周年大会上的讲话》，载《人民日报》2021 年 7 月 2 日，第 2 版。

[2] 中共中央党史研究室著《中国共产党历史》第一卷、第二卷，实际上也是采用这个分期方法，见第一卷和第二卷的结束语。

[3] 秦宣：《中国共产党百年历史分期的多维解读——以党的文献为依据》，载《中国人民大学学报》2021 年第 3 期。

讲话对百年党史的历史分期，依据的是中国共产党在实现中华民族伟大复兴历史进程中所创造的"伟大成就"这条逻辑主线。这个党史分期新逻辑的确立，对中共党史教学具有重大指导意义：一方面，它将新民主主义革命、社会主义革命和建设、改革开放和社会主义现代化建设、新时代中国特色社会主义四个时期，在中华民族伟大复兴的历史主题下高度统一起来了。四个阶段是紧密衔接的有机整体，是在实现中华民族伟大复兴的历史进程中逐次推进、不可分割的，不容相互否定。另一方面，它又使党的十九大提出的"新时代"这个政治概念，在新的逻辑主线上正式成为中共党史的分期概念，将党的十八大之后中国特色社会主义进入新时代确立为中共党史上的一个独立阶段，从而进一步凸显出新时代在中华民族伟大复兴史上的历史地位。

历史分期问题不仅涉及分析、研究历史的核心逻辑与基本线索问题，而且涉及历史观和研究历史的理论与方法问题。这个历史分期新的逻辑主线的确立对中共党史教学提出了新要求。党史课教师在备课过程中，必须认真学习领会"七一"重要讲话精神，以百年党史分期新的逻辑主线调整教学大纲、组织安排教学框架与内容。

三、揭示了推进马克思主义中国化时代化的新经验和新方向

"七一"重要讲话指出："中国共产党坚持马克思主义基本原理，坚持实事求是，从中国实际出发，洞察时代大势，把握历史主动，进行艰辛探索，不断推进马克思主义中国化时代化，指导中国人民不断推进伟大社会革命。"[1]

这一重要论断是对马克思主义中国化历史进程的逻辑凝练。其中的洞察时代大势与把握历史主动，则是对理论联系实际、不断推进马克思主义中国化时代化新经验的深刻揭示。洞察时代大势，离不开一双慧眼。这双慧眼，就是马克思主义的科学理论。洞察时代大势，更需要脚踏实地。这

---

[1] 习近平：《在庆祝中国共产党成立100周年大会上的讲话》，载《人民日报》2021年7月2日，第2版。

个实地,就是不同历史阶段的世情、国情和党情。洞察时代大势,就是以马克思主义科学理论为指导,透过错综复杂的问题表象,感知时代脉动,看清问题的主流和本质,从而把握历史发展的客观规律。把握历史主动,就是在洞察时代大势的基础上,自觉、主动、实时地采取行动,制定出正确的路线、方针、政策,形成中国化时代化的马克思主义,以指导中国人民不断推进伟大社会革命。

这个新检验对我们认识和把握百年党史的历史进程具有重大指导意义。比如,有学者提出:党的诞生,是把握历史大势、掌握历史主动的必然产物;党领导取得新民主主义革命胜利、建立中华人民共和国,是把握历史大势、掌握历史主动的必然结果;党领导进行社会主义革命和建设,是把握历史大势、掌握历史主动的必然方向;党实行改革开放、进行社会主义现代化建设,是把握历史大势、掌握历史主动的必然抉择;党开创中国特色社会主义新时代,是把握历史大势、掌握历史主动的必然趋势。[1]回顾百年党史,党在每一个重大历史转折关头所作出正确的、历史性的抉择,无不是把握时代大势与掌握历史主动的完美结合。这是中国共产党过去能够成功的重要密码之一。未来要继续成功,同样也离不开这条重要的历史经验。

讲话提出:"坚持把马克思主义基本原理同中国具体实际相结合、同中华优秀传统文化相结合。"[2]这两个"结合",指明了不断推进马克思主义中国化时代化的新方向。从 1938 年中共六届六中全会提出"马克思主义中国化"命题开始,讲马克思主义中国化,基本内涵就是指把马克思主义的普遍原理和中国具体实际相结合。中国具体实际,自然涵盖了包括中华优秀传统文化在内的历史实际。讲话把中华优秀传统文化从中国具体实际中突出出来并将二者并列,将马克思主义中国化的内涵从一个结合发展为两个结合,显而易见,是突出强调中华优秀传统文化在当下继续推进马克思主义中国化时代化历史进程中的地位和重要性。

---

[1] 曲青山:《把握历史大势 掌握历史主动》,载《石油组织人事》2021 年第 6 期。

[2] 习近平:《在庆祝中国共产党成立 100 周年大会上的讲话》,载《人民日报》2021 年 7 月 2 日,第 2 版。

这个新命题是马克思主义中国化思想史上的一个重大创新，为中共党史课程中马克思主义中国化的教学指明了新重点。

四、提出了党史研究与教学的一系列新课题

"七一"重要讲话所提出的一系列重大创新理论，都是党史课教学中需要重点阐释好的重大问题。下面仅就两个方面谈点粗浅的看法。

其一，"伟大建党精神"的科学概念。"七一"重要讲话在党的历史上首次提出了"伟大建党精神"的科学概念。讲话阐述了"坚持真理、坚守理想，践行初心、担当使命，不怕牺牲、英勇斗争，对党忠诚、不负人民"的"伟大建党精神"内涵；在其精神价值方面，讲话强调了两个方面：一是"伟大建党精神"是"中国共产党的精神之源"，在精神"本原"的维度上阐明了中国共产党精神谱系的核心与精髓。中国共产党在百年历史中所形成的一系列精神，都是对"伟大建党精神"的实践和具体化；二是"伟大建党精神"与中国共产党"政治品格"的关系，阐明中国共产党"政治品格"是从"伟大建党精神"中锤炼出来的。关于"伟大建党精神"的实践意义，讲话强调："要继续弘扬光荣传统、赓续红色血脉，永远把伟大建党精神继承下去、发扬光大！"

如何结合党在百年征程中的具体实践，特别是老一辈无产阶级革命家及英雄模范人物的精神品格对"伟大建党精神"进行深入研究和阐释，将是党史课教学中的一个重大课题。

其二，"创造了中国式现代化新道路"的重大判断。"七一"重要讲话在阐述"以史为鉴、开创未来，必须坚持和发展中国特色社会主义"时，作出了一个重大判断："我们坚持和发展中国特色社会主义，推动物质文明、政治文明、精神文明、社会文明、生态文明协调发展，创造了中国式现代化新道路，创造了人类文明新形态。"从判断依据看，这是从百年党史特别是中国特色社会主义现代化建设历史中得出的结论。把我国建设成为社会主义现代化强国，是一代又一代中国共产党人孜孜不倦、锲而不舍的奋斗目标。怎样建设社会主义现代化？从20世纪50年代中期毛泽东同志提出探索中国自己的社会主义建设道路，到20世纪70年代末邓小平同

志提出"中国式的现代化",再到党的十三大、十五大和十九大对现代化发展目标和步骤的战略安排,答案越来越清晰——"走自己的路",是"党的全部理论和实践立足点,更是党百年奋斗得出的历史结论"。从内涵看,中国式现代化新道路,是一条物质文明、政治文明、精神文明、社会文明、生态文明协调发展的道路,是切实体现"五位一体"总体布局和"四个全面"战略布局的道路,是与理论、制度、文化有机统一的道路。从意义和影响看,讲话把两个"创造"并列,实际上是把中国式现代化新道路提升到人类文明形态的层面,凸显了这条道路的世界意义。这条新道路就是成熟形态的"中国智慧"和"中国方案"。这个重大判断大大提升了中国式现代化新道路的高度和层次,拓展了中国现代化史研究的视野。党史课教学如何才能阐释好中国式现代化新道路,将成为党史课教师的一项新的重大任务。

法律职业伦理教育的理论总结、方法交流与实践反思

——法律硕士学院 2021 年"法律职业伦理教育国际研讨会"会议综述

尹 超[*]

2017 年 5 月 3 日，习近平总书记在中国政法大学考察时提出，要"立德树人，德法兼修，培养大批高素质法治人才"，这对我国法律人的职业伦理教育提出了更高要求。为加大对法治人才的法律职业伦理培养力度，教育部、中央政法委已于 2018 年 9 月联合发布《关于坚持德法兼修实施卓越法治人才教育培养计划 2.0 的意见》，确定面向全体法学专业学生开设"法律职业伦理"必修课，以实现法律职业伦理教育贯穿法治人才培养全过程。迄今，全国各法学院系已全面开设"法律职业伦理"必修课，为法治人才的法律职业伦理教育提供了课程基础。为了深入研讨现阶段法律职业伦理教育所面临的问题、机遇与挑战，创新法律职业伦理教育体系，中国政法大学法律硕士学院于 2021 年 5 月 22 日至 23 日在学院路校区成功举办"法律职业伦理教育国际研讨会"。来自国内外知名高校的专家学者和实务部门代表共 80 余人参加了此次研讨会，中国政法大学副校长时建中教授在开幕式上致辞。研讨会总结了法律职业伦理的相关理论发展，交流了不同国家和地区在法律职业伦理教育教学方面的经验和做法，并对法律实践中的法律职业伦理问题进行反思。

---

[*] 尹超，中国政法大学法律硕士学院副教授。

一、理论总结

这次研讨会的理论探讨包括两个部分：一是法律职业伦理理论，二是法律职业伦理教育理论。在法律职业伦理理论方面，来自复旦大学的孙笑侠教授、澳大利亚莫纳什大学的阿德瑞安·伊万斯（Adrian Evans）教授、美国加利福尼亚大学旧金山分校的约书亚·戴维斯（Joshua P. Davis）教授、山东大学威海校区的肖金明教授和西北政法大学的邱昭继教授，分别从不同角度就法律职业伦理的前沿理论问题予以阐发。来自美国康奈尔大学的布拉德利·温德尔（Bradley Wendel）教授，美国波士顿学院的朱迪·麦克马罗（Judith Mcmorrow）教授，美国丹佛大学的伊莱·沃尔德（Eli Wald）教授，则分享了法律职业伦理教育理论方面的思想和智慧。

（一）法律职业伦理的哲理思考

孙笑侠教授在题为《我们是怎么误解法律职业伦理的？》的发言中，首先从传统背景和当代背景两个维度，对法律职业伦理的概念范畴进行解读。在传统背景维度中，一方面是中国古代简单社会分工下所形成的"行当"，没有发展成为现代意义上的"职业"（profession），另一方面是中国处理家人、家族、君臣等关系的传统伦理极为发达也没有演变为现代意义上的伦理。在当代背景维度中，对法律职业伦理的误解主要是存在对"职业"和"伦理"这两个概念的误区，也就是说这两个概念受到现代或后现代的冲击。就"职业"概念而言，在法律事务发生巨大变化的情况下，我们对"职业"存在要么过于传统要么过于淡化的倾向，过于传统是坚守原来的法律职业精神，过于淡化是不理解这种精神。法律界从事非诉讼业务的律师占比的极大提高，以及由此产生的商业化现实，使得我们对"职业"的认识不能过于传统，也不能过于解构掉所有的传统职业精神。因此，对律师这个职业应该进行更细的分类。对于"伦理"概念，在我们的"职业"框架里没有对律师职业进行多层次的伦理设置。我们对律师伦理的层次存在"过于狭窄"和"过于宽泛"两种误解：前者是指把法律职业伦理仅理解成已经固定在法律职业伦理规范体系中的法律条文；后者则表现在法律职业者往往以普通伦理道德标准判断自己的行为，而在实践中面对职业伦理冲突时会手足无措。因此，他认为，有必要编制一个法律职业伦理"光谱"，从伦理意识、伦理修养、职业品格到职业规范、法定伦理等方面，建立一个完整的法律职业伦理体系。

阿德瑞安·伊万斯教授在题为《不同法律伦理框架的优势与劣势》的演讲中，主要讨论了三个问题：一是法制的"厚""薄"面问题，二是四种总体伦理框架，三是四种合乎伦理的律师类型。在第一个问题中，法律职业伦理中法制的"薄"面主要是指法律职业伦理中的成文规则，"厚"面则是包括法律和道德的更宽泛的概念。其中"薄"面把重点放在程序上，而不只是强调结果，容易导致社会公平方面的失效；而"厚"面强调在广泛道德框架下每个案例的具体结果，则可能会导致经济发展方面受到抑制。因此，律师法律职业伦理培训要兼顾法制的"薄""厚"两面。四种总体伦理框架包括：一是结果性，认为对的、合理的、好的道德行为政策能够带来总体比较好的结果；二是凯恩斯公平性，支持流程的正确性而不是最终结果；三是德性伦理，讲到行为符合或不符合道德是根据影响体现出来的，一个好人将会有好的德性。四是儒学教义，强调亚洲背景下的伦理关系，特别是对家长、家庭、社区以及领导的尊重。四种合乎伦理的律师类型包括：一是对抗性诉辩，认为这是西方大多数律师的思维，其明显弱点是没有考虑社会总体的广泛利益；二是负责的律师，认为此种律师希望能够实现对于所有人的公正，而不是简单地只针对客户的公正；三是道德捍卫者，认为律师应该利用自己的角色，通过在法律过程中考虑到公众利益，并鼓励客户采用更高道德标准，以推进公正的实现；四是有同理心的律师，认为律师应重视人际相互关系，以同理心感受对人民、对社会的责任。

约书亚·戴维斯教授围绕《非自然法：人工智能、伦理、意识与法律哲学》这一主题，从法律哲学的角度对人工智能及其伦理问题展开预测性解读。其核心内容涉及两个预测：第一个预测是人工智能能做什么和不能做什么。他认为，人工智能会掌握科学、操纵科学、描述科学甚至改变科学，但它不会掌握道德上的观点，需要由人类决定在伦理方面如何使用人工智能。第二个预测是在人工智能使用过程中它会承担什么样的责任和起到什么样的作用,会给社会带来什么样的危害。因为人工智能没有自己的动机和想法,将来人工智能会不会出现机器人法官和机器人律师?承接着第一个预测,他认为人工智不能做出可靠的道德判断,而在法律适用的过程中却需要道德判断。因此,我们不能用机器人法官、机器人律师替代人类法官和律师。约书亚·戴维斯教授通过举例说明人工智能的四个发展阶段,认为即使人工智能可以做更多的归纳和总结,但法官和律师必须要进行道德判断,其中会使用法律解析和理性分析,而这属于人类做的部分。但是,他认为,即便如此,人工智能的引入可以在一定范围内改变法律职业的工作方式、业态和效率,并进而影响司法公正。

肖金明教授作了题为《新时代法律职业伦理建设的几点思考》的报告,从科技对法律和伦理的影响、法律职业共同体的构建、法律职业伦理"以人民为中心"的底色、法律职业伦理教育的重要性等方面,阐述新时代法律职业伦理建设的前沿问题。包括人工智能、大数据、区块链甚至基因编辑等在内的科技发展和应用,势必对社会经济结构、个人隐私、尊严等构成威胁,这就需要法律和伦理的双重推进,从而维护社会的基础秩序。对于法律职业共同体的构建,则需要考虑两个维度的现实变化:一是相当一部分律师远离了传统法庭,成为社会公众服务的组成部分;二是法官、检察官、律师等传统法律从业者被纳入到法治工作队伍范畴当中。这些都需要法律职业伦理理论的不断发展,以解决实践中法律职业共同体建设的难题。结合当前中国正在开展的政法队伍教育整顿,他还提出法律职业伦理作为公共伦理重要组成部分的观点,认为"强调人民司法,以人民为中心"是新时代法律职业伦理的底色。对于法律职业伦理教育,他提出,法学院系的法律职业伦理教育不能完全依赖这一门课程,要开设在所有重要课程当中,要将规则与伦理、法治与道德有机融合;而且,法律职业伦理教育应当成为法律职业者教育培训的永恒主题,大学法律职业伦理教育不是法律职业教育的全部而是起点。

邱昭继教授发表了题为《法官职业道德的批判与重构——基于马克思恩格斯文本的考察》的主题演讲,他主要从马克思、恩格斯经典文本,对法官职业伦理建设提供理论借鉴。他分析认为,马克思、恩格斯的学说本质上是一种批判理论，一方面他们在批判现实生活的种种不公，另一方面他们又致力于建构一种理想社会。马克思、恩格斯的法官职业道德观，就是在批判资本主义社会法官职业道德基础之上发展出来的。马克思、恩格斯对职业道德的重构体现在他们的论述中，其中可以提炼出如下法律职业道德：为民、公正、独立、理性、合法。这是马克思、恩格斯所肯定的法官职业道德，司法为民是法官职业道德的价值立场，司法公正是法官职业道德的价值目标，所以法官只有站在人民的立场上，才能够真正实现司法公正；法官独立行使审判权，并且依法理性裁判，这是实现司法公正的保障。马克思、恩格斯关于法官职业道德的论述，深刻的影响到我国对法官职业道德的要求，《中华人民共和国法官职业道德基本准则》第 2 条规定：法官职业道德的核心是公正、廉洁、为民。而中国特色社会主义法官职业道德观，应该是马克思主义和新时代中国特色社会主义相结合的产物。

（二）法律职业伦理教育的理论考察

布拉德利·温德尔教授以《美国法律伦理教学的历史与理论》为题，分别介绍了美国法律职业伦理教育的历史传统，"水门事件"之后的法律职业监管，以及美国法律职业伦理教育的现状。他介绍说，在美国法律职业历史的大部分时间里，法律职业伦理被认为是与法律无关的东西，其间伦理著作的主题更多是商业和职业之间的区别，法律职业的监管并不普遍。"水门事件"被认为是美国法律职业伦理史上的重要节点，从此所有法学院都被要求必须开设法律职业伦理课程，而且通过法律职业伦理考试成为获取律师资格的前提条件。律师协会开始通过颁布旨在为公众利益规范法律职业的准则，努力提高法律职业的地位和合法性。美国律师协会于 1983 年颁布的《职业行为示范规则》可以说是加强律师监管的标志性文件。对于美国职业伦理教育和教学，他认为，一种具有明显优势的做法是将法律职业伦理理解为法规的一个分支。毕竟，法律职业伦理的规范核心，是法制机构（包括法院和行政机关）所制定和适用的实证法的正当性。除此，课堂讨论也是重要的教学方法，学生被邀请就律师在有争议的案件中应该如何去做发表意见，很多法学院以此方法来提升课程的效果。另外，将法律职业伦理课程与法学院其他课程中被证明有效的方法结合起来，也被认为是改善法律职业伦理教学的一种方法。但是，他不建议法律职业伦理应该被作为品格和美德问题来教导，他主张通过法律实践中律师的社会化来塑造律师的职业素养。

朱迪·麦克马罗教授在其题为《美国法律职业伦理的挑战》的演讲中，重点提出了法律职业伦理教育如何适应实践变化而不断演进的问题。在此，朱迪·麦克马罗教授提出，在法律职业伦理教学方面，我们有责任教给学生法律职业伦理的基本原则内容，除此我们还需要教给学生什么？这是全球所有法律职业伦理教学者需要面对的问题。她专门提到，新冠疫情暴发之后的 2020 年至 2021 年度，在美国申请法学院的学生人数大幅增加，有的法学院申请人数甚至增加 30%～40%。很多人申请法学院是因为受到了某种激励，他们希望将法律作为一种武器来促进社会的改变。紧随上面的问题，作为讲授法律职业伦理的老师，能不能满足学生的这种期望？她认为，首先，教师应当让学生学会做出伦理决策。其次，学生还要学会适应社会的发展变化，了解如何面对制度压力和体系压力，处理工作和生活之间的平衡。目前，法律事务变得越来越跨行业、跨领域，很多毕业生从事的并非传统的诉讼业务，这就需要学生了解律师与跨学科应用之间的关系，能够在将来的从业过程中提供增值的服务，或者说真正能够额外给客户带来法律和诉讼本身之外的东西。最后，她提出，法学院只是法律职业伦理教育的起点，但永远不会是终点，因此需要敦促学生在终身教育、终身学习过程中都能够贯穿伦理概念。

伊莱·沃尔德教授在《法律职业伦理课程必要性的反思》的主题发言中，首先介绍了美国法律职业伦理必修课的现状。他通过梳理美国法律职业伦理的历史，回顾法律职业伦理教育 50 年来的变化发展。他提到，法学院的法律职业伦理教育，不仅要讲授职业伦理规则，还要介绍道德、价值、公平性等关键内容，更要教会学生如何在实际情况中进行应用。其后，针对人们对法律职业伦理课程所提出的四种关键性批判（一是对第一年开设法律职业伦理课程的质疑，二是对法律职业伦理学习重要性的怀疑，三是对普通道德在课程融入方面的批评，四是对法律专业的功能或律师职能的疑问），一方面，他从法律职业伦理课程设置的重要性、必要性和基本内容，阐明设置法律职业伦理课程不是因为律师资格考试要考，而是要让学生具备一名律师必须掌握的专业行为准则，而且其内容不只是法律职业伦理规则，还要有普通道德准则，目的就是要让学生学会在实践中应对律师所面对的问题和挑战。另一方面，他还对法律职业伦理必修课的设计进行反思，认为该课程还要考虑到以下四个问题：一是专业身份问题，二是如何体现专业价值和个人身份，三是如何正确发挥律师作用，四是实践性智慧。

二、方法交流

法律职业伦理教育教学方法的交流是这次研讨会的重要内容，其中涉及法律职业伦理教育方法和法律职业伦理教学方法。在法律职业伦理教育方法方面，来自日本名古屋大学的森际康友教授、北京大学的杨晓雷副教授和中国政法大学的刘坤轮副教授，分别从不同角度作了报告。在法律职业伦理教学方法方面，来自香港大学的胡惠生副教授、吉林大学的刘雪斌副教授，都有针对性地介绍了各自的教学经验。

（一）法律职业伦理教育方法的未来面向

森际康友教授以《未知领域的法律道德：更实际、更全面的教育方法》为题，探讨未知领域的法律道德问题，以寻求相应的法律职业伦理教育方法。他介绍说，所谓"未知领域"，是指人们没有把它作为法律职业伦理相关内容的领域，或者说人们已经认识到这部分领域，但目前研究非常少。比如，对法律从业人士在子女抚养方面提供的一些帮助，对法律专业人士在退休之后给予一些帮助，跨领域进行交易、转移应适用的伦理原则和伦理道德问题，等等。关于什么叫"实际"，是法律职业伦理教育如何更好地贴近实际和在现实中应用的问题。在此，我们要考虑的问题是，法律职业伦理教育需要采取什么样的方法，对寻求法律保护的人给予帮助。他列举了两个例子，第一个是子女的抚养，第二个是律师的荣退。关于子女的抚养问题，一方面律师有义务保证为客户提供与生孩子之前同等水平的服务，另一方面法律协会或行业协会可以从会员会费和律师赞助活动中给予适当的优惠。关于律师的荣退问题，他提到"律师的花路"（借用艺妓退场时走的一条路），主张律师协会应该对律师的退出进行监管，这也应该是法律职业伦理教育的重要内容。他总结认为，在手边没有可用的法律规则时，就特别需要在未知领域里加强法律职业伦理方面的应用和解析，因此对于未知领域的法律道德，应该有更加实际、更加全面的教育方法。

杨晓雷副教授在《法律知识的职业伦理性》的主题发言中，通过论述法律知识的伦理性，探讨法律职业伦理教育的方法问题。他提出，在法律知识伦理性的认识基础上，法律职业伦理教育需要从教育方法和法律职业论教育的内容属性两个方面下功夫。在此过程中，他富有逻辑地讨论三个重点问题：一是法律知识具有抽象真理性，同时也具有具体伦理性。简单来说，在法学院系所学的法律知识，其具体应用体现在社会实践中价值冲突的解决过程之中，此时这些法律知识已不单是真理性知识，而是实践中以伦理价值秩序进行安排的伦理性知识。二是法律工作者拥有的伦理知识，微观上体现为职业功能、技术和策略。在实践中，法律工作的能力就是在由实体法、程序法和职业伦理规范等构成的制度空间中，基于一定的职业角色和价值立场，对真理性法律知识进行界定和使用，最大化地获取资源和条件以实现一定的价值目的，甚至挑战这些规则和制度的空间边界，进而创造伦理价值上的条件来解决问题。三是法律职业伦理教育要从宏观的法律运行和发展层面来看待。他指出，法律职业伦理不只是简单的一点知识和行为规范，它还包括贯穿在整个法律体系的运行和发展变迁之中的伦理价值；从知识层面来认识法律职业伦理，是我们开展职业伦理教育的方法论问题；在此基础上，法律职业伦理教育不应该是简单的道德伦理说教。

刘坤轮副教授在《关于法律职业伦理课程体系建设的几点思考》的发言中，从法律职业伦理的课程定位、课程体系建设和学科课程设置等几个方面，阐发对法律职业伦理教育及其学科建设的见解。对于课程定位，他提出以下几个问题：一是法律职业伦理应该作为一门专业课，还是一门通识课？二是基于法律职业伦理教育教学模式的特殊性，这门课程应被定义为理论课或者实践课，还是二者兼有？三是如何开设与法律职业伦理相关的选修课？这些问题都是未来法律职业伦理课程建设需要思考的基本问题。对于课程体系建设，他指出，课程体系之所以称为体系，是因为不同课程之间要存在前后的衔接关系。在由不同环节构成的体系之中，一定是有核心环节向左右辐射。在建设法律职业伦理课程体系时，体系观非常重要，它必须形成标准化、可复制的特定模式。对于学科课程设置，法律职业伦理作为二级学科，不仅要在本科阶段开设必修课，还要在研究生阶段（包含硕士和博士）开设相应课程，如何设计这些课程是学科发展的重要环节。另外，他还提出，法律职业伦理课程与习近平法治思想概论课程、实践类课程、其他专业课程（尤其是其他学科建设）以及与统一法律职业资格考试的关系，都是法律职业伦理教育在课程体系建设方面必须面对的问题。

（二）法律职业伦理教学方法的经验介绍

胡惠生副教授在题为《在大湾区促进全球法律职业伦理教育：理论与方法》的发言中，结合他在北京大学国际法学院深圳分校和香港大学法学院开设法律职业伦理课程的经历，提出了在大湾区促进全球法律职业伦理教育的理论和方法。他重点介绍了所涉及的四门法律职业伦理课程的教学经验：一是在"国际电影当中的法律、公益与伦理"课程中尽可能融入不同国家和地区的电影，强调法律公益和法律伦理在不同文化背景下的差异；二是在"透过体验式学习在全球化的法律职业伦理中融入专业精神和法律伦理"课程中，将法律职业伦理和中国社会伦理进行更多融合；三是在为本科生开设"法律职业伦理"课程时，邀请来自海内外的不同律师，介绍法律职业伦理如何在实践中应用；四是在"法律体系创新"课程中除了邀请法律界人士，还邀请来自技术领域的专家，探讨新技术如何应对伦理道德方面的问题。除此，他关注全球化背景下的法律职业伦理问题，引导学生了解当代律师如何在全球化时代进行执业。他还介绍了法律职业伦理教学中的一些有效方法，比如：他邀请曾因侵占罪入狱而后被释放的法学院学生，以身说法回顾自己在法律职业伦理方面的感受；邀请在美国律师事务所的学生，来介绍国际律师事务所如何解决不同律师事务所或者不同国家之间利益冲突问题；邀请在会计事务所工作的学生，前来介绍跨境交易的法律制度适用问题，等等。

刘雪斌副教授在题为《法律职业伦理课程线上教学的经验与反思》的发言中，结合自己对本科生和法律硕士生开设法律职业伦理课程的授课经验，对一年来的线上教学实践进行总结和反思。他介绍说，在新冠肺炎疫情背景下，法律职业伦理教学由师生面对面在教室中进行，转变为通过网络信息平台辅以线下答疑的方式进行。讨论线上教学问题，就要考虑线上教学与师生面对面教学相比所具有的优势和弊端。他认为，线上教学总体上会从授课方式、课堂与课外的师生互动、授课准备、课堂考核机制、课程考核机制、授课场所等六个方面，对法律职业伦理教学产生影响。在此基础上，他结合自己的教学经验，从授课准备、授课方法和考核机制等方面介绍了自己的线上教学经验，并从上述三个方面对法律职业伦理课程的线上教学进行反思。在授课准备上，他认为法律职业伦理线上教学既要凸显学科性质和教学规律，同时又要体现线上特点，可以在内容上大量增加案例分析，增强课堂的专业性和趣味性。在授课方法上，他认为线上教学要以讲授法为基础，注重综合各种灵活的互动方法（比如投票和弹幕），这既能够集中学生注意力，也能更好发挥线上课程特色优势。在考核机制上，他认为线上教学的考核虽然不能采取场景性角色扮演、模拟法律谈判或者其他庭审场景等形式，但要注重通过案例的方式，对学生分析问题的能力进行考核，同时结合日常部分进一步综合评价。最后他总结说，法律职业伦理的线上教学要达到比较理想的效果，就需要基于比较顺畅的平台感受，达到交互、平衡的良好状态。

三、实践反思

法学的学科属性决定了法律职业伦理不仅要关注相关理论问题，还要强调其实践性。同时，法律职业伦理作为一种角色伦理，不同类型的法律职业者会面临不同的职业伦理问题。因此，立足于具体法律实践和实务操作，对不同领域内的法律职业伦理相关问题进行反思，是推进法律职业伦理理论、实践及其教育的重要内容。

丁相顺教授在题为《认真对待对抗制庭审：孙杨体育仲裁案暴露的职

业伦理问题》的发言中，以孙杨体育仲裁案为例探讨如何培养涉外律师的问题，思考涉外律师应该在知识、专业能力和职业伦理上具备什么样的素质。他从孙杨体育仲裁案的来龙去脉入手，介绍和分析体育仲裁的对抗制模式，解读律师在这场体育仲裁案中的责任。他指出，随着全球化的进展，无论是作为庭审诉讼还是作为仲裁，中国主体都有可能要受到对抗制庭审的约束，所以我们应该掌握这个制度和技巧，然后加以适用。他指出，在涉外律师的涉外业务中，我们会经常受到域外法律（主要是基于民族国家和基于固有特殊司法管辖权的法律）的约束，因此律师在处理涉外业务时会遇到包括职业伦理和职业行为规则在内的规范冲突。此时，更好地理解外国法律和域外的知识，了解域外法律和知识的运用，就可能成为涉外律师从事涉外法律业务应该掌握的根本能力。因此，在涉外律师培养方案中，法律职业伦理作为必修课该如何设计，该采取什么样的授课方法，就成为今天我们应该思考的问题。

许身健教授在题为《证券律师行业管理中的自律与他律》的报告中，从问题的缘起、证券律师的伦理困境和证券律师的管理等三个方面，讨论证券律师行业管理中的自律和他律。他指出，由于现在法律服务市场出现新的发展趋势，一定范围内（比如在跨国跨境法律服务交易方面）对律师的自律性规制越来越困难，而且律师自律都存在一定的地域性，此时立法机关和行政当局就会在一些监管机制不健全的领域对律师实行一定程度的他律，证监会对证券律师的规制就是明显例证。证监会对证券律师的规制，被认为是在律师协会自律失灵下对证券律师的他律。他列举了2016年8月欣泰电气被证监会责令强制退市一案，其中可以看出，强势的证监会和沉默的律师协会对东易律师事务所此消彼长的影响力。对于证券律师的伦理困境，他指出，证券律师不仅要对委托人忠诚负责，还要充当"市场看门人"的角色，对社会正义负有特殊职责。由于行业的特殊性，律师协会对证券律师的监督几乎是空白的，而证监会对证券律师的处罚处于末端，因为它关注的是更宏大的目标，所以规制处罚比较严厉。因此，对证券律师的管理就涉及律师协会的自律和证监会的他律。与之相应，他对证券律师的管理提出了两个方面的建议：一是证监会要明确规制标准，不能一味严厉处罚,而且处罚要按程序,减少处罚的任意性;二是律师协会要加强对证券律师管理的建设和专业技能的培训,充分发挥行业自律的作用。最后他提出,对证券律师的管理只有自律是不够的,也要有他律,甚至让公众、委托人都加入这个程序,形成一个规制网络,这样才会产生有效的规制。

安吉洛·唐迪教授在题为《面对法律职业伦理新价值与永恒价值的律师法》的发言中,介绍了"律师法"这一概念,引入对法律职业伦理的新价值和永恒价值的讨论,并指出法律行业在法律实践和职业伦理方面的困境与挑战。面对不断发展的法律实践,他提出为体现法律职业伦理应有的价值,一方面有必要将法律职业伦理与民事审判问题紧密联系起来,另一方面有必要将注意力指向程序主要参与者的具体行为。他认为,律师的程序行为绝不仅仅是一种纯粹、自动适用某种监管要求的行为,它需要在客户、同行和法官之间多边互动构成的复杂关系背景下进行自我配置。此时,法律职业伦理关注的将是律师和法官在法庭上或在程序活动的大背景下任何案件中的职业行为,而不是法律规定本身或仅从其字面意义上考虑。他强调,律师职业伦理最关键的核心问题是,律师在处理客户、同事和法官之间关系时如何行为,律师职业行为如何既尊重社会和经济秩序,又遵循律师法律,实现职业伦理方面的要求。具体来说,律师在从事职业行为的过程中需要考虑多个因素,在对这些因素进行权衡和比较之后做出决策,这就涉及法庭上技术辩护活动的伦理考量。说到底,他所提出的方法,实际上是恰当地运用律师法的视角看待民事司法问题。他以美国民事诉讼制度为参考,论证律师法的视角在处理民事诉讼问题时的重要性,从而主张在全球范围内采用律师法视角作为解决民事诉讼制度失灵和普遍滥用这一主要问题的最适当方法。

印波副教授在题为《绩效考评制度与加剧的法律职业非道德性危机》的发言中,着重从司法业务考评制度对法律职业非道德性所产生的危机和影响的角度,提出对现有考评制度进行优化的主张。他指出,司法业务考评是公检法机关管理其人员的重要机制,主要是通过奖优罚劣的方式确保工作效果。现实中,司法业务考评作为公检法机关主要管理手段往往带有较强的行政色彩，过于注重绩效考评，且存在不科学和过激的指标。这种考评制度不仅无法督促公检法人员坚定道德信念，而且会使其中的道德因素被弱化，有些道德考评甚至形同虚设，这种潜移默化的趋势容易导致法律职业者为了追求绩效而漠视道德良知。与此同时，法律职业伦理领域出现非道德化趋势，即职业伦理逐渐脱离大众道德评价和个体道德轨道，变得与道德的差距越来越大，甚至出现与大众道德评价与个体道德体验毫无关联的职业行为规范。法律职业伦理将职业者的道德观念剥离，很多时候所做的判决难以使社会公众信服，久而久之造成司法权威被削弱的后果。无疑，司法业务考评制度正在加剧当代法律职业伦理的这种非道德性危机。为了解决这种非道德性危机，他主张将行为规范与行动者的德性品质共同纳入到职业伦理范畴当中，推动绩效考评最优化，加强法律群体的道德建设，构建真正反映内心良知的道德考评机制，来改善司法业务的考评制度。毕竟，一个好的考评制度，应该能够让考评人员自身认识到自己道德修养到底有哪些不足，能够督促其找到自身问题所在，然后有针对性地进行改进。

尚立娜博士在题为《对律师公共义务的思考》的报告中，针对公众对包括法律职业在内的社会职业及其伦理的关注，展开对法律职业伦理公共义务问题的论述。她首先对当代法学界和法律界关于律师职业公共义务的研究做了简要总结，认为律师公共义务的法理学基础是，建立在分析实证主义道德和法理分离基础上的法理学理论。基于道德与法律分离的思路，技术性职业伦理容易导致律师过于重视当事人个体正义而损害普遍正义。律师职业伦理和大众伦理道德的冲突，使得社会民众对于律师职业满意度急剧下降。因此，非道德的职业伦理实践会引发法律职业道德危机。为了解决这个问题，她提及替代性职业伦理的思路。替代性职业伦理思路的出发点在于，律师有责任也有能力，不仅仅是为了客户利益，更重要的是促进客户的公共利益。但是，替代性职业伦理也存在一些弊端，所以赞同替代性方案的人只是少数。其根本原因就是它缺少明确的行为准则，这给予了律师很大的个人道德选择空间。她认为，对于律师公共义务的研究要结合我国实际情况，而不是简单的移植。她最后提出，在法律职业伦理的制度构建中，需要超越我国现有的律师职业伦理相关规范，将我国悠久传统道德内容融入律师公共义务内容当中，并且需要结合我国现行有关政党纪律、政治引导方向等特殊情况来进行综合考量。

结　语

正如时建中教授在致辞中所言，由于中国法律职业伦理教育起步较晚，基础理论研究仍相对薄弱，尤其需要不同法系、不同国家和地区的相关理论成果和实践经验，在相互交流中取长补短。上述来自不同国家和地区的发言者，分别从不同角度对不同层面的法律职业伦理问题做了精彩阐述，收到了很好的交流学习的效果。除了这些主题发言，中国政法大学许身健教授、刘智慧教授、韩文生教授、王进喜教授、梁敏副研究员、尹超副教授等分别作为不同阶段的主持人、评议人参与了会议研讨。这次法律职业伦理教育国际研讨会还设有"法律职业伦理教育学生论坛"，学生论坛分设"律师的法律职业伦理"和"法官、检察官、监察官的法律职业伦理"两个主题。出席学生论坛的硕士研究生，分别围绕辩护律师义务冲突解决模式，律师言论自由的边界，法官的法律职业伦理标准，监察官的职业属性与职业伦理等问题，展示了学习成果、发表了自己的看法。总结来看，这次法律职业伦理教育国际研讨活动，具有鲜明的前沿性和深入性，会议成果也为我们的法律职业伦理教育教学提供了宝贵经验和创新思路。许身健教授在总结中说到，在国外，法律职业伦理课程引起人们的重视，是跟美国的"水门事件"联系在一起的，它甚至改变了美国法学教育及律师资格考试制度。在中国，法律职业伦理教育成为法学必修课，是与习近平总书记视察法大分不开的，这也使法律职业伦理教育从法学教育的边缘走向中心，这是法律职业伦理课程的星光时刻。他最后指出，法律职业伦理课程是法律人的思想品德课，至关重要，除了要加强课程教学体系建设，还要重视实践教学和理论研讨及学科建设。应该说，这次研讨会信息丰富，交流顺畅，过程圆满，达到了预期目标。

中国特色社会主义历史学学术体系构建研究

胡小进 *

2019 年 1 月 3 日，中国社会科学院中国历史研究院正式挂牌成立，习近平总书记在写给研究院的贺信中说："历史研究是一切社会科学的基础。""历史是一面镜子，鉴古知今，学史明智。重视历史、研究历史、借鉴历史是中华民族 5000 多年文明史的一个优良传统。当代中国是历史中国的延续和发展。新时代坚持和发展中国特色社会主义，更加需要系统研究中国历史和文化，更加需要深刻把握人类发展历史规律，在对历史的深入思考中汲取智慧、走向未来。"梁启超在 1922 年的《中国历史研究法》一书中断言："中国于各种学问中，惟史学为最发达；史学在世界各国中，惟中国为最发达（二百年前，可云如此）。"习近平总书记在贺信中还强调："希望我国广大历史研究工作者继承优良传统，整合中国历史、世界历史、考古等方面研究力量，着力提高研究水平和创新能力，推动相关历史学科融合发展，总结历史经验，揭示历史规律，把握历史趋势，加快构建中国特色历史学学科体系、学术体系、话语体系。希望中国历史研究院团结凝聚全国广大历史研究工作者，坚持历史唯物主义立场、观点、方法，立足中国、放眼世界，立时代之潮头，通古今之变化，发思想之先

---

* 胡小进，中国政法大学人文学院教授。

声,推出一批有思想穿透力的精品力作,培养一批学贯中西的历史学家,充分发挥知古鉴今、资政育人作用,为推动中国历史研究发展、加强中国史学研究国际交流合作作出贡献。"

在此背景之下,中国历史学界在 2019 年多次召开重量级的专题学习和研讨会,比如 3 月 27 日召开的"全国历史学专家学者学习贯彻习近平总书记贺信精神座谈会",5 月 28 日召开的"全国主要史学研究与教学机构联席会议首届年会",8 月 26 日召开的"学习习近平总书记关于历史科学重要论述理论研讨会",9 月 5 日召开的"中国历史学研究 70 年"发布会。2019 年又是中华人民共和国成立 70 周年,习近平总书记在写给新成立的中国历史研究院的贺信,以及由此展开的一系列活动,在学界掀起了一股构建中国特色历史学学科体系、学术体系、话语体系的热潮,涌现了一大批理论文章。

这是此项研究的新时代背景,也是国家和新时代对中国历史学发展所提出的新要求,为了回应国家和新时代的需求,作为一名历史工作者,理应为构建中国特色历史学学科体系、学术体系、话语体系贡献一己之见。本文旨在针对如何构建中国特色的历史学学术体系,提出个人的一点看法。本文拟从历史学学术体系中的学术生产机制、学术研究领域、学术交流方式和学术评价模式等四大环节入手,研究如何构建中国特色的历史学学术体系。

一、多方整合,创设和创新历史学学术生产机制

中国具有悠久的历史研究传统,积累了丰富的研究成果;官方和民间均有延续不断的修史、修志和修谱实践,并因此形成了体量宏富的各类文献典籍。新的历史时期,中国亟须继续总结中国历史上的优秀传统文化、中国近现代的革命传统和新中国的历史经验,形成具有中国特色的社会主义历史学学术体系。为此,必须首先整合现有的研究机构,创设和创新历史学学术生产机制。在这方面,新成立的中国历史研究院具有典范意义。

(一)创设中国历史研究院

为了应对新时期国内国际形势对中国历史研究带来的新挑战,中国历史学界整合并创设了新的学术机构，其中最有代表性的新设学术机构当属2019年初成立的中国历史研究院。2019年1月3日，中国历史研究院正式成立，它担负着整合和创新中国历史研究的重任。中国历史研究院在继承中国社会科学院原有研究机构的基础上，设立了六大专门研究所（考古研究所、古代史研究所、近代史研究所、世界历史研究所、中国边疆研究所、历史理论研究所）。中国历史研究院还承担统筹指导全国历史研究工作，整合资源和力量制定新时代中国历史研究规划，组织实施国家重大项目，讲好中国历史、传播中国文化等职责。

中国历史研究院致力于推进中国特色历史学学科体系、学术体系和话语体系建设，积极推动历史学融合发展，充分发挥知古鉴今、资政育人的史学功能，为实现中华民族伟大复兴的中国梦贡献当代中国史学工作者的智慧和力量。

中国历史研究院广泛联络学界同仁，于2019年9月24日召开中国历史研究院学术委员会、学术咨询委员会成立大会暨首次学术委员会会议，与会专家围绕认真贯彻落实习近平总书记在致中国社会科学院中国历史研究院成立的贺信中提出的重大任务、推动新时代中国史学融合发展、更好发挥"两委会"功能等展开了交流。

此前，2019年5月28日，全国主要史学研究与教学机构联席会议首届年会召开，标志着由中国历史研究院牵头、首批32个成员单位共同参与的全国主要史学研究与教学机构联席会议制度正式建立。此次会议旨在贯彻落实习近平总书记致中国历史研究院成立贺信精神，落实中央批准的中国历史研究院组建方案，统筹全国历史学研究资源，整合历史学研究力量，研究规划中国历史学发展方向，加快构建中国特色历史学学科体系、学术体系、话语体系，推动中国历史学繁荣发展，中国历史研究院在综合考虑学科发展、地区特点、科研与教学机构平衡等因素的基础上，从全国众多史学研究与教育机构中遴选出32家机构作为联席会议成员单位。本次会议是联席会议首届年会，意义非同凡响，讨论的议题关涉中国历史学发展方向。

会议认为，新时代历史研究和历史科学包括三层内涵，一是新时代历史研究必须以习近平新时代中国特色社会主义思想和党的十九大精神为根本指导思想。二是新时代历史学工作者必须以习近平总书记致中国历史研究院成立贺信精神为根本遵循，站在新时代的制高点上，反思和反观人类历史，把握人类历史发展规律，从对历史的深入思考中汲取智慧，发挥历史学传承文明、启迪未来，知古鉴今、资政育人的作用。三是新时代历史学研究必须以习近平总书记关于历史科学的系列重要论述精神为理论基础和灵魂，推出具有中国特色、中国风格、中国气派的研究成果，构建具有新时代中国特色的历史学学科体系、学术体系和话语体系，为国家建设和社会发展提供史学智慧。

本次联席会议以推动新时代中国特色历史学学科体系、学术体系、话语体系快速构建为主题，重点围绕联席会议制度、新时代中国历史学发展规划纲要等议题展开讨论，有关单位领导和代表发表了建设性意见和建议。与会领导和代表认为，此次联席会议为全国历史学研究工作者提供了有效交流平台，促进了历史学研究与教育机构之间的沟通交流，为中国历史学科融合发展、新时代中国特色历史学学科体系、学术体系和话语体系建设发挥了推动作用。[1]

（二）集中推介中国历史研究的重大项目和重大成果

中国历史研究院成立之后，积极着手统筹推进中国历史学研究，尤其是重大研究成果的发布和推介工作。2020年7月24日，由中国历史研究院主办的"全国主要史学研究与教学机构年度重大成果发布会（2019—2020）"在京召开。此次发布会是对一年多来中国历史研究院和联席会议成员单位的主要学术工作情况、重大项目和重大成果的集中推介。会议现场发布了中国历史研究院重大课题"习近平论历史科学"阶段性成果、《洛阳盆地中东部先秦时期遗址1997—2007年区域系统调查报告》《中华人民共和国简史（1949—2019）》等重大成果。其中，中国历史研究院重大课题"习近平论历史科学"阶段性成果，以辩证唯物主义和历史唯物主

---

〔1〕 全国主要史学研究与教学机构联席会议首届年会在京举行，载http://cah.cssn.cn/xw/201907/t20190723_4937819.shtml，最后访问日期：2021年8月31日。

义为指导,以客观历史发展过程与当代中国所面临的重大理论和现实问题为出发点,全面、系统、详细地选编了习近平总书记关于历史和历史科学的重要论述。

2020年也是中国人民抗日战争暨世界反法西斯战争胜利75周年。本次发布会还推出了包括《中国抗日战争史》《中华民族抗日战争军事资料集》《近代日本对华调查档案资料丛刊(第一至三辑)》和《英美军事战略同盟关系的形成与发展》在内的相关学术成果,在世界格局变化的大环境和战后发展的长时段中考察中国人民抗日战争胜利的意义。据中国历史研究院副院长李国强介绍,此次发布会从中国历史研究院和全国主要史学研究与教学机构联席会议成员单位征集到各类学术成果50余种。全国主要史学研究与教学机构联席会议制度建立一年以来,中国历史研究院及各成员单位以习近平总书记关于历史和历史科学的重要论述为遵循,扎扎实实推进新时代中国史学的发展,在提高史学理论研究水平和创新能力上持续发力,密切关注时代问题、及时回应时代关切,围绕事关党和国家事业发展的全局性、战略性、前瞻性问题,从历史入手,以史学立论,撰写了大量理论文章和应用类研究报告,为国家发展和社会进步贡献了史学智慧,在推动我国史学成果的创造性转化、创新性应用上迈出了坚实步伐。[1]

(三)打破传统的院系结构

2015年8月23日,习近平总书记在致第二十二届国际历史科学大会的贺信中,高度评价历史学科,指出"历史研究是一切社会科学的基础,承担着'究天人之际,通古今之变'的使命"。这一论断既高度评价了历史研究的重要意义,也给中国的历史研究提出了极高的期待,要实现总书记的期待,完成新时代赋予中国历史研究的使命,就必须改革现有的研究机制,团结和充分调动高校历史院系的研究力量,攻坚克难,产出具有中国特色的历史学学术研究成果。

在这方面,中国史学会会员单位负责人联席会议起到了良好的促进作

---

[1] 中国主要史学研究与教学机构年度重大成果发布,载 http://jds.cssn.cn/xwkx/zxxx/202008/t20200803_5165128.shtml,最后访问日期:2021年8月31日。

用。2019年11月16日,中国史学会在广州中山大学主办了2019中国史学会会员单位负责人联席会议,来自全国30个省、自治区、直辖市的史学会会员单位代表近百人参加会议。中国史学会会长李捷致开幕辞,李捷在致辞中引述了习近平总书记致第二十二届国际历史科学大会的贺信,认为近五年来中国史学研究取得了许多重要成果:一是正在推出或逐步推出一批标志性成果。二是国史研究、民国史研究、文明史研究、制度史研究、宋史研究、世界史研究、考古发掘与研究等领域,学术研究和交流空前活跃,推出了一批成果,涌现出一批优秀学者。三是文物保护、展陈、追回、利用以及古代典籍、近现代史料系统整理,越来越受到国家重视,资助力度越来越大,资金渠道也越来越多。四是以中国历史研究院成立为标志,全国史学家机构和史学研究力量整合进入新阶段,史学的地位也在提升。李捷认为,其一,我们要进一步加强史学研究,特别是加强史学基础理论与方法研究,加强与中华民族复兴、国家大战略直接相关的重大科研项目攻关。没有前者,研究水平无以提升,学术话语体系无以构建。其二,要进一步加强与国际史学界的交流与合作。历史学关起门搞研究不行,自说自话也不行,丢掉了自信更不行。我们需要的是开放包容的自信,是一种美人之美、美美与共的自信。其三,要进一步加强历史资料、历史文献的搜集和整理,特别要加强对近现代历史资料、口述史资料的收集和整理,世界历史研究的资料短板也要设法补上。其四,要进一步加强对中青年史学专家的培养。史学振兴的希望寄托在中青年学者身上。[1]

与此同时,成立不久的中国历史研究院也推出了"学者工作室"制度。"学者工作室"面向全国历史学各相关领域专家学者,以重大项目为牵引,以多学科创新团队推进跨学科综合性研究,推出全局性、战略性、综合性、前瞻性科研成果。"学者工作室"支持国内(含港澳台地区)历史学研究领域的优秀科研领军人才和学科带头人,在中国历史研究院建立工作室,创建综合性研究团队,组织跨学科创新性研究,产出有影响力的

---

[1] 2019中国史学会会员单位负责人联席会议召开,载http://sky.cssn.cn/zgs/zgs_jl/201911/t20191118_5043957.shtml,最后访问日期:2021年8月31日。

高水平学术成果。"学者工作室"首席专家负责日常研究活动组织和成果产出推介等工作，具有"学者工作室"冠名权。工作室获准成立后，挂牌名称为"中国历史研究院某某工作室"。资助期内，首席专家可自带科研项目，亦可申请中国历史研究院相关项目。"学者工作室"首席专家具有极大的科研自主权，可以自行制定以开展全局性、战略性、综合性研究为导向的三年总体研究计划、研究目标、主要任务；自行确定资助期年度具体研究计划、进度安排、学术活动等工作内容；自行组建多学科融合发展研究团队；自行组织工作室成员集中开展学术研究、会议组织、合作交流等研究工作；自行安排并组织产出有影响力的、高水平的历史学研究创新成果；自行准备研究所需图书文献等资料；自行安排配备学术助手和辅助人员。[1]新的时代呼唤新的学术研究，新的学术研究必须承担起回应新时代要求的重任。

二、继往开来，创建和发展新的学术研究领域

构建具有中国特色的社会主义历史学学术体系，需要创建和发展新的研究领域。当今的中国已经成为世界性大国，面临着如何认识自身历史与国际地位变化，及时调整国内国际政策的重大挑战。因此，中国历史学术研究方向也应相应着重投射到国内与国际两个维度。一方面立足当下，从中国出发，探寻当代中国所面临重大问题的历史根源，形成具有中国特色的历史思维与历史意识。另一方面放眼世界，纵览全球，聚焦文明交汇，以"一带一路"和"人类命运共同体"为视域，创新研究领域，形成符合新时代要求的中国特色历史学学术生产机制。与此同时，中国的边疆与民族历史研究也面临着新的挑战，需要从全球化与区域一体化的角度重新审视。

（一）知古鉴今，创设资政学

中国的历史写作和研究一贯具探寻古今之变、追求资鉴育人的功能。北宋时期的神宗皇帝在《资治通鉴》序中写道："《诗》《书》《春秋》，皆

---

[1]《中国历史研究院"学者工作室"制度实施办法》，载 http://cah.cass.cn/xxgk/gzzd/201911/t20191107_5030001.shtml，最后访问日期：2021年8月31日。

所以明乎得失之迹，存王道之正，垂鉴戒于后世者也。""其所载明君、良臣，切摩治道，议论之精语，德刑之善制，天人相与之际，休咎庶证之原，威福盛衰之本，规模利害之效，良将之方略，循吏之条教，断之以邪正，要之于治忽，辞令渊厚之体，箴谏深切之义，良谓备焉……《诗》云：'商鉴不远，在夏后之世。'故赐书名曰《资治通鉴》，以著朕之志焉耳。"这就是中国史学名著《资治通鉴》的初衷和由来。

《旧唐书·魏徵传》有云："夫以铜为镜，可以正衣冠；以古为镜，可以知兴替；以人为镜，可以明得失。"意思是，用铜当镜子，可以检查衣冠是否整齐；用历史当镜子，可以知道国家兴亡的原因；用人当镜子，可以检查自己的优缺得失。

近代中国的历次改革和运动，都有寻求历史经验的丰富实践。太平天国后期的洪仁玕曾试图通过《资政新篇》，借鉴古今中外的历史经验教训，重振太平天国，可惜未能成功。但是中国的资政学传统，一直延续不绝。梁启超先生在其名著《中国历史研究法》中开篇便说："史者何？记述人类社会赓续活动之体相，校其总成绩，求得其因果关系，以为现代一般人活动之资鉴者也。其专述中国先民之活动，供现代中国国民之资鉴者，则曰中国史。"

中国历史和中国的历史研究具有强烈的资政治国和知古育人取向，从《史记》的"通古今之变"到今天的"四史"学习和教育，无不闪耀着伟大的历史智慧。在构建中国特色的社会主义历史学学术体系过程中，应该努力发扬中国历史研究的这一优秀传统。2018年11月30日，习近平总书记在二十国集团领导人第十三次峰会第一阶段会议上的发言中，就指出"以史为鉴，可以知兴替"这句话，鼓励二十国集团要从历史大势中把握规律，引领方向。习近平认为，人类发展进步大潮滚滚向前，世界经济时有波折起伏，但各国走向开放、走向融合的大趋势没有改变。

2019年1月2日，习近平总书记在致中国社会科学院中国历史研究院成立的贺信中明确提出："历史是一面镜子，鉴古知今，学史明智。重视历史、研究历史、借鉴历史是中华民族5000多年文明史的一个优良传统。当代中国是历史中国的延续和发展。新时代坚持和发展中国特色社会主义,更加需要系统研究中国历史和文化,更加需要深刻把握人类发展历史规律,在对历史的深入思考中汲取智慧、走向未来。""希望中国历史研究院团结凝聚全国广大历史研究工作者,坚持历史唯物主义立场、观点、方法,立足中国、放眼世界,立时代之潮头,通古今之变化,发思想之先声,推出一批有思想穿透力的精品力作,培养一批学贯中西的历史学家,充分发挥知古鉴今、资政育人作用,为推动中国历史研究发展、加强中国史学研究国际交流合作作出贡献。"

在此之前的2014年10月23日,习近平总书记在中共十八届四中全会第二次全体会议上的讲话中强调,历史是最好的老师。历史是人类进步的足迹,是前人创造的积累。学习历史,对于牢记历史经验、牢记历史教训、牢记历史警示,推进国家治理体系和治理能力现代化具有十分有益的借鉴作用。习近平总书记强调"历史是最好的老师",对指导领导干部更好地修身养性、治国理政具有特别重要的意义。

一部历史,就是一面镜子。以古为镜,可以知兴替;以人为镜,可以明得失。加强领导干部的自身修养,历来是一个非常重要的课题。通过学习历史,可以掌握治国平天下的要义,做到清清白白为人、干干净净做人,筑牢拒腐防变的思想防线;可以使领导干部更加自觉加强自身建设,不断提高自身修养,坚定理想信念,时刻不忘共产党人的历史责任和精神追求,做到自重、自省、自警、自励。通过学习历史,深刻体会、自觉继承、大力发扬优良传统,从中获得精神鼓舞,升华思想境界,陶冶道德情操,完善优良品格,培养浩然正气,从而形成科学的世界观、人生观、价值观。

一部历史,就是一本教材。历史上关于治理国家与社会的思想十分丰富,包含着许多为政用人、做事敬业的深刻道理。我们党在领导革命、建设和改革的过程中,十分重视借鉴历史的经验。可以说,中国历史是丰富的宝库,前人的经历和经验是宝贵的教科书,运用马克思主义的观点进行分析、筛选、借鉴,可以从中汲取营养,学到有益的经验,了解人类社会发展进步的脉络和规律。学习历史有助于领导干部从波澜壮阔的历史中体会成败兴衰、荣辱得失的经验教训,探寻跳出兴衰沉浮历史周期的经验教训,更好地借鉴和运用历史中有关治国理政的有益经验。

一部历史,就是一所学校。历史是一个民族、一个国家形成,发展及其盛衰兴亡的真实记录,是前人各种知识、经验和智慧的总汇。学习和总结历史文化,借鉴和运用历史经验,是我们党一贯重视并倡导的做好领导工作一个重要的思想和方法。领导干部学好历史,可以学习借鉴如何驾驭复杂局面的方法,将被历史证明了的科学可行的理念运用于领导工作的全过程,避免工作的主观性、随意性和盲目性,不断提高领导工作的科学化水平,确定合适的工作方法和思路,找准工作的着力点,开创工作的新局面。

以史鉴今,以史资政,以史励人。浩瀚而宝贵的历史既是人类总结昨天的记录,又是人类把握今天、创造明天的向导。[1]

有鉴于此,构建中国特色的社会主义历史学学术体系,完全可以总结中国历史上留下的无与伦比的治国理政经验,在历史学学科门类之下,创设全新的资政学,更加充分地发挥历史学"知古鉴今、资政育人"的作用。

实际上,在发挥历史学资政育人的功能上,已经有专家学者进行了可贵的探索。时任人事部副部长、中国人才研究会会长徐颂陶曾主持编辑出版五卷本的《资政通鉴》(中国社会出版社2003年版),他在这套书的前言中总结了历代政鉴:"民为邦本、立政为民的价值观,修节止欲、操守为先的道德观,礼法兼施、注重德治的治政观,尚贤使能、德才兼备的用人观,通权达变、与时俱进的发展观。"这些丰富的为官治政理念,至今仍具有重要的借鉴作用。

在中国古代,尤其是明清时期,总结为官之道,为后来者提供从政建议的书,屡见不鲜。传统中国的士大夫在参与治国理政的过程中,积累了丰富经验,形成了一套独特的经验总结,名之为"官箴书",数量颇多,系中国历史文献的一大特色。最近二十年来,国内学界已经整理出版了不

---

[1] 胡军:《习近平为何强调"历史是最好的老师"》,载http://cpc.people.com.cn/n/2014/1014/c241220-25833644.html,最后访问日期:2021年8月31日。

少官箴书，并展开了颇有成效的研究。[1]

此外，中国历史上还有幕友师爷的"佐治"经验总结，比如汪辉祖的《佐治药言》，各种书判，比如总结宋代政治智慧的《名公书判清明集》，均有倡廉政、慎刑罚、重教化的内容。这些都可成为在中国史一级学科名下设立资政学的重要基础和支撑，可为构建中国特色的历史学学术体系提供新的研究视域和学术成果，兼具理论与现实意义。

而且，创设中国特色的资政学，还可以综合中国政治制度史、政治思想史、法律制度史和法律思想史，甚至是监察史的研究成果，丰富和完善具有中国特色的历史学科体系和学科话语体系。

（二）固国安边，推进边疆学研究

中国的边疆问题，一直是学界研究的热点，传统的边疆研究，基本上是边疆的历史地理研究，更多侧重于民族融合、宗教文化、边境安全、领土完整和边界划分。根据艾冲教授的研究，中国边疆史学学术研究兴起于20世纪，先后出现了两个研究高潮阶段。

第一个高潮阶段是20世纪三四十年代。中国史学界掀起了研究边疆地区的热潮，以寻觅救国图存之道。以禹贡学会为平台，集聚了一批高校教师和大学生，探索边疆地带的历史变迁；并创办《禹贡》半月刊，作为发表边疆史研究成果的阵地。与此同时，以中国地学会为平台，吸引着中国地理学界的学者关注边疆地区的地理变化。当时，中国边疆史研究重心着眼于边疆变迁、边防史地等专题。

第二个高潮阶段是20世纪七八十年代。出于配合国家解决国际领土争端的现实需要，我国史学界部分学者加入到研究近代列强侵略中国边疆史的行列，包括东北边疆、北部边疆、西北边疆和西南边疆的近代历史，顺便涉及古代边疆演变。经过学者们的艰苦研究，产出了一批重点探索列强侵略中国边疆地域的学术专著。显然，当时的中国边疆史学研究重心放在西方列强鲸吞或蚕食中国领土过程的专题上。[2]

---

[1] 官箴书集成编纂委员会编：《官箴书集成》（全十册），黄山书社1997年版；郭成伟主编：《官箴书点评与官箴文化研究》，中国法制出版社2000年版。

[2] 艾冲：《简议中国边疆史学学科体系》，载《中国社会科学报》2020年4月27日，第4版。

当前中国面临的三个新议题，为传统的边疆研究增添了新的维度，中国历史学界应该回应历史与现实的需要，转换边疆观念，整合和推进全新的边疆学研究。①中国的边疆地区同时也生活着中国最多的贫困人口，出于扶贫的需要，为边疆研究增加了新的维度。②传统的边疆研究，过于强调陆地边疆，而忽视了海洋边疆。中国要走向深海，必须更加重视海疆研究，尤其是南海和钓鱼岛等极具争议的国际性议题。③"一带一路"的拓展，尤其是海上丝绸之路的开拓，更是需要重视海疆研究。当今世界的大国和强国，无一例外都是具有强大海疆、海权意识的国家。中国从陆地国家走向海洋国家，是大国崛起的必由之路，构建具有中国特色的历史学学术体系，必须回应时代与现实的呼声，从历史的角度回答现实关切。

推动边疆学研究，必须首先转变边疆观念。在这方面，周平教授已有强调。他认为，近代意义上边界的形成，为通过国家的边界来界定边疆提供了可能。这是一种与传统的由内而外的界定方式不同的由外及内的界定方式。当然，此种边疆观的最终形成和巩固，有待于民族国家的最终建立。民族国家是建立在民族认同基础上的主权国家，国家的主权与国家的名称、国家的边界以及由此确定的领土不可分割地联系在一起。随后在国家的边界确立以后，边疆就须以边界来界定，指国家之邻近边界的区域。

边疆治理对于中国来说，不仅是一个历史的主题，也是一个现实的主题，还是一个未来的主题。不论什么时候，边疆治理都必须选择符合边疆实际的方式。如果边疆治理方式符合实际，措施有力，就能收到事半功倍之效；反之，则难逃败绩。边疆治理采取什么样的方式，受到许多因素制约，但最根本的是边疆问题的状况。只有依据边疆问题的内容和特征，采取相应的治理方式，边疆治理才会奏效。因此，边疆问题的状况，对边疆治理方式的形成和变迁，具有决定性的意义。我国历代王朝都很重视边疆治理，不同时期的国家政权根据面临的边疆问题和国家治理的总体安排，采取了各具特色的边疆治理方式，形成了内容丰富的边疆治理思想、边疆治理方略，既有丰富的治理经验，也有值得总结的教训，蕴含着丰富的思想资源。[1]

中国目前的边疆问题，不仅内容很多而且表现形式复杂，但概括起来是三个方面，即三大基本问题：一是边疆发展，二是边疆稳定，三是边疆安全。边疆发展包括边疆开发、边疆建设、边疆的生态与环保等方面的内容；边疆稳定包括民族问题、宗教问题和利益分化与利益协调等方面的内容；边疆安全包括边境管理、边疆社会管理和边防建设等方面的内容。这些问题从总体上看都属于区域性问题的范畴，虽然其中也包括民族问题，但民族问题已经不再是边疆问题的主体和核心，因此，边疆治理的方式也应该进行必要的调整，除了采取族际主义的治理方式外，还应该采取区域主义倾向的治理，注意解决边疆区域性的问题，逐步强化区域主义的治理。[2]

在边疆问题研究方面，中国社会科学院的中国边疆研究所走在了前列。中国边疆研究所的前身是成立于 1983 年的"中国边疆史地研究中心"，后更名为中国边疆研究所，系中国社会科学院直属开放性研究机构，该所坚持基础研究与应用研究并重的方针，主要研究方向：以中国近代边界研究、中国古代疆域研究和中国边疆研究史三大研究系列为内容，重点研究中国近代边界变迁，中国统一多民族国家形成和发展的规律，历史上治边政策的经验教训，以及中国边疆研究的历史遗产；同时对当代中国边疆地区热点问题、重点问题进行对策性和预测性研究。2019 年，中国历史研究院成立后，中国边疆研究所随同迁入中国历史研究院。据介绍，中国边疆研究所的任务是研究中国古代疆域演化规律和中国历代王朝治理边疆的得失，研究中国边疆安全、稳定和发展等重大理论和实践问题。该所坚持以问题为导向、以创新为引领，构建中国边疆学学科体系、学术体系、话语体系；坚持基础研究与应用研究相结合，知古鉴今，资政育人；坚持陆海统筹，维护国家主权和领土完整，促进边疆发展。中国边疆研究所主办的《中国边疆史地研究》期刊是国内中国边疆研究领域唯一的综合性学

---

[1] 周平：《我国的边疆与边疆治理》，载《政治学研究》2008 年第 2 期。
[2] 周平：《我国的边疆与边疆治理》，载《政治学研究》2008 年第 2 期。

术理论刊物，同时还出版《中国边疆学》（集刊）、《中国边疆学年鉴》、《中国边疆发展报告》蓝皮书等学术刊物，在学界有着广泛的影响。[1]

据中国边疆研究所现任所长邢广程介绍，70多年以来，我国边疆研究工作者以中国近代边界变迁、中国统一多民族国家形成和发展规律、历史上治边政策的经验教训为主线，不断拓宽学术视野、扩展研究领域，遍及中国历代边疆理论与政策、边疆政区与沿革地理、边疆治理与开发、边疆经济与文化、边疆民族与民族关系、边疆地区与周边关系、藩属与朝贡体系、边臣疆吏、边界变迁、当代中国边疆稳定发展等诸多方面。学者们在上述领域出版了300余部有影响的学术专著，发表了千余篇高质量的学术论文，整理出版多部边疆档案。同时，我国学术界弘扬经世致用优良传统，在继承中不断创新，边疆研究不断为当代边疆治理提供借鉴，围绕重大现实问题，为国家决策提供对策建议，发挥知古鉴今作用，咨政功能不断凸显。[2]

（三）从生态文明的角度出发，推进环境史研究

近些年来，随着生态文明建设的推进，生态环境史在历史研究领域异军突起。生态环境史是典型的跨学科研究领域，涉及历史学、人类学、生态学、环境学、地理学甚至是生物学。

从本质上讲，生态环境史是自然史的延续和发展。历史学界对自然史的重视由来已久，马克思、恩格斯在《德意志意识形态》一书中提出了自然史与人类史的分别："我们仅仅知道一门唯一的科学，即历史科学。历史可以从两方面来考察，可以把它划分为自然史和人类史。但这两方面是密切相联的；只要有人存在，自然史和人类史就彼此相互制约。"

当今的自然史研究，将人置于生态环境之中，拓展为生态史或者生态环境史。对此，习近平总书记早有重要论断。2013年4月10日，习近平总书记在海南考察工作结束时的讲话中提出："纵观世界发展史，保护生态环境就是保护生产力，改善生态环境就是发展生产力。良好生态环境是

---

〔1〕 中国社会科学院中国边疆研究所简介，载 http://cah.cssn.cn/gg/202101/t20210108_5243457.shtml，最后访问日期：2021年8月31日。

〔2〕 张娓：《中国边疆研究进入新阶段》，载《社科院专刊》2019年9月27日，总第496期。

最公平的公共产品,是最普惠的民生福祉。对人的生存来说,金山银山固然重要,但绿水青山是人民幸福生活的重要内容,是金钱不能代替的。你挣到了钱,但空气、饮用水都不合格,哪有什么幸福可言。"

人与自然的关系是人类社会最基本的关系。自然界是人类社会产生、存在和发展的基础和前提,人类则可以通过社会实践活动有目的地利用自然、改造自然,但人类归根结底是自然的一部分,在开发自然、利用自然的过程中,人类不能凌驾于自然之上,人类的行为方式必须符合自然规律。人与自然是相互依存、相互联系的整体,对自然界不能只讲索取不讲投入、只讲利用不讲建设。保护自然环境就是保护人类,建设生态文明就是造福人类。历史地看,生态兴则文明兴,生态衰则文明衰。古今中外,这方面的事例众多。恩格斯在《自然辩证法》一书中就深刻指出:"我们不要过分陶醉于我们人类对自然界的胜利。对于每一次这样的胜利,自然界都对我们进行报复……美索不达米亚、希腊、小亚细亚以及其他各地的居民,为了得到耕地,毁灭了森林,但是他们做梦也想不到,这些地方今天竟因此而成为不毛之地。"历史的教训,值得深思!

中华文明传承五千多年,积淀了丰富的生态智慧。"天人合一""道法自然"的哲理思想,"劝君莫打三春鸟,子在巢中望母归"的经典诗句,"一粥一饭,当思来处不易;半丝半缕,恒念物力维艰"的治家格言,都蕴含着质朴睿智的自然观,至今仍给人以深刻警示和启迪。[1]

从生态文明的角度推进中国环境史研究,将环境史提升到生态史的高度,不仅可以更加完整充分地考察中国考古与历史上的生态环境变迁,研究动植物与气候、自然灾害、疾病之间的密切关系;而且也有助于我们将中国历史置于更广阔的世界环境史、甚至全球生态史之中,更加深刻地理解世界历史上的生态变迁,国家间的生态合作,以及国际生态组织的历史,体会中国与世界的密不可分。对于全球生态合作的重要意义,习近平总书记也有多次重要论述。比如 2017 年 1 月 18 日,习近平总书记出席

---

[1] 习近平:《绿水青山就是金山银山——关于大力推进生态文明建设》,中共中央宣传部编:《习近平总书记系列重要讲话读本》(2016 年版),学习出版社、人民出版社 2016 年版,第 232 页。

"共商共筑人类命运共同体"高级别会议并发表题为《共同构建人类命运共同体》的主旨演讲,提出"我们应该遵循天人合一、道法自然的理念,寻求永续发展之路"。2017年10月18日,习近平总书记在中国共产党第十九次全国代表大会上的报告中指出,中国要"引导应对气候变化国际合作,成为全球生态文明建设的重要参与者、贡献者、引领者"。2018年5月18日,习近平总书记在全国生态环境保护大会上的重要讲话中提出,共谋全球生态文明建设,要深度参与全球环境治理,形成世界环境保护和可持续发展的解决方案,引导应对气候变化国际合作。[1]

"人类史以及与人类生存有关的自然史,都是历史研究的基本课题。人类与自然关系的历史理应受到史家的重视。"人类社会的历史,特别是社会管理方式的历史,长期以来一直是中国传统史学研究的主题。这是因为史学历来被看作"资治"即为统治者提供历史鉴戒的学问。但是,到了20世纪,特别是最后20年,随着史学的进步,扩展了史学家的视界,拓宽了史学研究的领域。历史学者对生态史越来越予以密切的关注,这也是这种进步的体现之一。21世纪中国生态史学如预期一般发展,将有益于史学的总体性进步。我们对历史全貌的观察,对历史过程的理解,对历史动向的分析,将因此获得更为有利的条件。在21世纪新的史学格局中,生态史学将逐渐占有重要的地位。而相关理论的建设,以及研究界域的突破,专业力量的集结,学科合作的协调等,对于促进这种学术发展都是必要的。[2]

生态史研究在当今中国史学界方兴未艾,有些高校已经积极行动起来,投入了很大的人力和物力。比如,中国人民大学成立生态史研究中心,出版《生态史研究》集刊。清华大学也成立了绿色世界公众史学研究中心,整合多个学科力量,打通中西、文理,开展跨学科研究。正如有学者所言,"中国生态史学立足于多个学科的交汇之处,将人类社会与生态环境视为一个广泛联系、互相作用、彼此反馈、协同演变的整体,运用生态学(包括其分支学科)的理论和方法处理历史资料、观察历史现象和解

---

[1] 习近平:《习近平谈治国理政》(第三卷),外文出版社2020年版,第364页。
[2] 王子今:《中国生态史学的进步及其意义——以秦汉生态史研究为中心的考察》,载《历史研究》2003年第1期。

释历史运动,致力于探索中国历史上社会文化与生态环境之间的互动关系与过程。它与社会史研究可以互相借助、彼此观照,形成生态社会史和社会生态史两个侧重点不同的研究理路,前者重在考察人类活动作用下的自然生态变迁,后者则重点探讨生态环境参与和影响下的社会文化演变,最终走向融会贯通"。[1]

2020年10月29日,中国共产党第十九届中央委员会第五次全体会议通过了《中共中央关于制定国民经济和社会发展第十四个五年规划和二〇三五年远景目标的建议》,[2]提出到2035年"美丽中国建设目标基本实现"的社会主义现代化远景目标和"十四五"时期"生态文明建设实现新进步"的新目标新任务,将绿色发展和生态环保要求体现到经济社会发展的各领域各方面,并从加快推动绿色低碳发展、持续改善环境质量、提升生态系统质量和稳定性、全面提高资源利用效率等方面作出专门部署。这是以习近平同志为核心的党中央深刻把握我国生态文明建设及生态环境形势,着眼美丽中国建设目标,立足满足人民日益增长的美好生活需要作出的重大战略部署,为新时代加强生态文明建设和生态环境保护提供了方向指引和根本遵循。[3]

在党中央五年规划和远景目标的指引之下,中国的生态文明建设——包括生态史研究,必定会迎来全新而宽广的前景,成为中国特色历史学学术研究的新增长点。

(四) 从人类命运共同体出发的全球史研究

全球史是中国史学界的新兴研究领域,十余年来,发展势头迅猛。全球史尝试着从互动视角探讨跨文化、跨民族、跨国家、跨地区的历史现象,并将中国史纳入世界史之中进行整体研究。

根据钱乘旦教授的总结,西方的历史学家们、全球史学家们对于全球

---

[1] 王利华:《中国生态史学的思想框架和研究理路》,载《南开学报(哲学社会科学版)》2006年第2期。

[2] 《中共中央关于制定国民经济和社会发展第十四个五年规划和二〇三五年远景目标的建议》,载 http://www.gov.cn/zhengce/2020-11/03/content_5556991.htm,最后访问日期:2021年8月31日。

[3] 孙金龙:《深入学习贯彻党的十九届五中全会精神 全面开启生态文明建设新征程》,载《党建》2020年第12期。

史的理解大体上包括四个方面：第一，关系。全球史是做什么的？是做相互关系的。第二，互动。我这个地方发生了什么事，在你那里产生了什么结果，反过来又对我产生什么影响。第三，对比。比如英国工业革命是怎样的，法国工业革命是怎样的，再与德国、中国、日本的工业革命进行对比。第四，传播。比如物种传播、细菌传播、火药传播、印刷术传播等。[1]

最近十余年，中国学界翻译出版了一系列具有代表性的全球史著作，比如《什么是全球史》《全球史读本》《西方的兴起》《哥伦布大交换》《白银资本》等。有些高校还成立了专门的全球史研究中心，编辑发行《全球史评论》等专业杂志。

从大历史的角度，观察和研究全球史，不但可以获取新的研究视角，而且可以获得全新的看法。全球史的出现，与世界格局的改变密不可分，大国力量的相对兴衰，首先引起了西方学者对于全球史的研究兴趣。对此，著名历史学者于沛已经梳理过其中的学理脉络。

第二次世界大战后欧洲衰落、苏美崛起，一些国家走上社会主义道路，特别是中华人民共和国的成立，极大改变了世界政治力量的对比。民族解放运动兴起，一大批亚非拉国家获得独立，并活跃在世界政治舞台上。正是基于这样的事实，英国学者G.巴勒克拉夫在其文集《处于变动世界中的历史学》中，最先明确提出全球史和全球史观。他认为：西方史学需要"重新定向"，史学家应该从欧洲和西方跳出，将视线投射到所有的地区和时代。美国学者斯塔夫里阿诺斯撰写了享有全球史代表作之誉的《全球通史：从史前史到21世纪》。他的观点和G.巴勒克拉夫一致，即20世纪60年代以来的后殖民世界使一种新的全球史成为必需，新世界需要新史学。他认为，每个时代都要书写它自己的历史。不是因为早先的历史书写得不对，而是因为每个时代都会面对新的问题，产生新的疑问，探求新的答案。

2013年3月23日，习近平总书记在莫斯科国际关系学院发表演讲，

---

[1] 钱乘旦：《全球史是从麦克尼尔开始的吗》，载《文汇学人》2017年8月18日，第4版。

郑重向世界传递对人类文明走向的中国判断:"这个世界,各国相互联系、相互依存的程度空前加深,人类生活在同一个地球村里,生活在历史和现实交汇的同一个时空里,越来越成为你中有我、我中有你的命运共同体。"2015年9月28日,习近平总书记在美国纽约联合国总部举行的第七十届联合国大会一般性辩论时的讲话中,全面论述了打造人类命运共同体的主要内涵:建立平等相待、互商互谅的伙伴关系,营造公道正义、共建共享的安全格局,谋求开放创新、包容互惠的发展前景,促进和而不同、兼收并蓄的文明交流,构筑尊崇自然、绿色发展的生态体系。在党的十九大报告中,习近平总书记明确中国特色大国外交要推动构建新型国际关系,推动构建人类命运共同体。构建人类命运共同体,符合现阶段世界发展状况,是从当代世界经济、政治、文化、社会、生态文明等具体实际出发提出的科学理念,深刻回答了"人类社会向何处去"这一时代之问,体现了中国共产党对马克思主义的创造性运用和发展,既与马克思世界历史理论一脉相承,又是伟大的创新和发展。[1]

最近几年以来,习近平总书记和中国政府所大力倡导的人类命运共同体,为中国历史学界的全球史研究指出了新的研究方向,也增添了新的活力。正如习近平总书记所言:"理念引领行动,方向决定出路。纵观近代以来的历史,建立公正合理的国际秩序是人类孜孜以求的目标。从300多年前《威斯特伐利亚和约》确立的平等和主权原则,到150多年前日内瓦公约确立的国际人道主义精神;从70多年前联合国宪章明确的四大宗旨和七项原则,到60多年前万隆会议倡导的和平共处五项原则,国际关系演变积累了一系列公认的原则。这些原则应该成为构建人类命运共同体的基本遵循。主权平等,是数百年来国与国规范彼此关系最重要的准则,也是联合国及所有机构、组织共同遵循的首要原则。主权平等,真谛在于国家不分大小、强弱、贫富,主权和尊严必须得到尊重,内政不容干涉,都有权自主选择社会制度和发展道路。在联合国、世界贸易组织、世界卫生组

---

[1] 王义桅:《从大历史观看人类命运共同体》,载《中国经济时报》2021年8月19日,第4版。

织、世界知识产权组织、世界气象组织、国际电信联盟、万国邮政联盟、国际移民组织、国际劳工组织等机构,各国平等参与决策,构成了完善全球治理的重要力量。新形势下,我们要坚持主权平等,推动各国权利平等、机会平等、规则平等。[1]

构建中国特色的历史学学术体系,首先必须创建多维的历史学学术生产机制,适应时代和世界需求,将人类命运共同体的演化,作为全球史研究的重点。其中,国际秩序(国际关系与国际法)的形成历史,又是重中之重。中国的历史学,必须梳理中国参与构建的国际秩序,突显中国人民和政府对于国际关系与国际法的历史性贡献。

国际秩序(国际关系与国际法)的形成,又离不开国际组织。中国的全球史研究,也应该更加注重国际组织成长的历史,注重参与国际组织活动的历史,这也是中国参与全球治理的历史,属于全球史的重要组成部分和新的研究方向。

全球史有利于打破传统的中国史与世界史学科划分,融汇中西,贯通古今。构建具有中国特色的历史学学术生产机制,可以将传统的中国史与世界史合二为一,整合成为"历史上的中国与世界",打破朝代断限,按照古代、中古、近世、当代四个历史阶段,对比讲述历史上的中国与世界、历史上的中国与周边,然后辅之以"从人类命运共同体出发的全球史",介绍历史上涉及人类命运重大问题的地域互动与跨国交往。

从构建和形成人类命运共同体的角度出发,创新和推进全球史研究,中国也具有得天独厚的有利条件。中国人历来便有天下大同的理想,从人类命运共同体出发的全球史,也符合中国的文化传统,有助于推动中华民族和中华文化的伟大复兴。

《尚书·虞夏书·尧典》提出:"克明俊德,以亲九族,九族既睦,平章百姓,百姓昭明,协和万邦。"中国人对于世界大同的理想,孔子更是希望通过推行"仁义"来实现"老者安之,朋友信之,少者怀之"。"博

---

[1] 习近平:《共同构建人类命运共同体——在联合国日内瓦总部的演讲》,载《人民日报》2017年1月20日,第2版。

施济众",从而实现"均无贫,和无寡,安无倾"的理想社会。墨子提倡:"若使天下兼相爱,国与国不相攻,家与家不相乱,盗贼无有,君臣父子皆能孝慈,若此,则天下治。故圣人以治天下为事者,恶得不禁恶而劝爱?故天下兼相爱则治,相恶则乱。"

《礼记·礼运》云:"大道之行也,天下为公。选贤与能,讲信修睦。故人不独亲其亲,不独子其子,使老有所终,壮有所用,幼有所长,矜寡孤独废疾者皆有所养,男有分,女有归。货恶其弃于地也,不必藏于己;力恶其不出于身也,不必为己。是故谋闭而不兴,盗窃乱贼而不作,故外户而不闭,是谓大同。"

到了近代,内忧外患交相逼迫之下的中国学人,依然胸怀世界,希望中国文化尽快返本开新,与世界各国携手前进。冯友兰先生在著名的《西南联大纪念碑》碑文中表示:"我国家以世界之古国,居东亚之天府,本应绍汉唐之遗烈,作并世之先进,将来建国完成,必于世界历史居独特之地位。盖并世列强,虽新而不古;希腊罗马,有古而无今。惟我国家,亘古亘今,亦新亦旧,斯所谓'周虽旧邦,其命维新'者也!"

在此文化传统之下,改革开放之后的中国重新努力融入世界,以研究西方历史与文化为己任的中国世界史学者也努力将原来以国别为中心的世界史扩大到区域与国别研究,形成一股全球史研究热潮。目前,首都师范大学、北京外国语大学等高校成立了专门的全球史研究机构,并出版了《全球史评论》等专业学术刊物。

除了传统世界史研究的全球史转向外,一些长期专注于中国史研究的学者,也将目光投向中国之外,寻找历史上的中国与外部世界之间的联系。比如葛兆光先生近些年力推的《从中国出发的全球史》,在专业历史学界和广泛的知识界都赢得了很好的口碑,甚至连不少青少年学生也爱听,可谓用学术回馈和服务社会的典范。

三、多途并用,创新活泼的历史学学术交流方式

传统上,学术成果的发表和出版被视为学术生产的一个环节;不过,若是仔细考察,似乎可以认为,学术成果的发表和出版既是学术生产的终

端环节，同时也是学术交流的开端环节。本文将其视为学术交流的一种方式，因为学术成果的发表，最终必须以获得学界的阅读与反馈为目标，实际上属于学术交流的一种方式。

历史学的学术交流方式，传统上以举办学术讲座、参加学术研讨会、发表论文和出版著作的方式进行。但是，面对数字化出版的大潮，未来的历史学成果发表和出版，势必会有很大一部分从线下转向线上，从纸本过渡到电子版。而且，新的传播方式的出现（比如微博、微信和各种个人网络平台），也给传统的历史学学术交流方式带来挑战，要构建中国特色的历史学学术体系，必须借助中国特色的网络交流平台开展线上历史学学术交流，吸引更多的年轻人关注历史议题。

创新活泼的历史学学术交流方式，还有利于打通专业历史学界与公共历史学界的传统藩篱，将具有中国特色的历史学学术成果传播到公共历史学界（比如影视娱乐界），培养更广大读者和观众的历史意识、国情意识与世界眼光。

（一）传统纸媒出版载体的困境

历史学的四种主要学术交流形式——举办学术讲座、发表学术论文、出版学术著作和召开学术会议，各有其优缺点。举办学术讲座具有即时性、现场性和短暂性，除非现场录音录像保存，或者记录讲稿后，整理成论文发表、收录相关著作，进行二次传播，否则很难触及更多的学界读者。

发表学术论文具有文字上的持续性，并方便长期保存，但是需要借助学术期刊有限的版面，在目前学术迅猛发展，研究生和导师数量急剧增多的情况下，刊物总量控制，学术期刊的版面也是"僧多粥少"，高水平的学术期刊俨然成为历史学界的稀缺资源，学术竞争日趋残酷。正如曾长期担任《南京大学学报》编辑和主编的朱剑老师所言：尽管改革开放以来中国的学术期刊发展迅速，如果仅从数量上来看，近6000种规模不可谓小，但与早已体系化、规模化和数字化的西方学术期刊相比，在国际影响力方面还有着较大的差距。最大差距在于与学科配套的体系化和规模化的缺乏，以及仍然是以纸本为中心，总体呈现出"全、散、小、弱"的特征。造成这一格局的原因当然是多方面的，但主要还在于期刊体制的制约。现行期刊体制有着三大特征：①刊号资源完全由行政权力分配；②办刊主体是"单位"而不是学者；③掌控学术期刊的不是学者而是职业化的编辑。这就决定了学术期刊必然呈现三个特点：①学术期刊与学术共同体的疏离；②编辑与学者的隔离；③期刊与学科发展脱节，体系化、规模化更是无从谈起，数字化则因为缺乏自己的聚合式平台而有名无实。在这样的期刊体制下，学术期刊当然不可能保留"编研一体"的传统。[1]放弃"编研一体"传统的代价就是学术期刊部分功能的弱化乃至丧失、学术期刊公信力的弱化乃至丧失。学术乱象丛生，必然造成在学术国际化的大潮中，中国学术期刊特别是综合性的高校学报缺乏国际竞争力，学者们只能借船出海，所谓SCI、SSCI、A&HCI崇拜的出现与此不无关系。这一局面如不能改变，则意味着作为中国学术话语表达平台的学术期刊根本无力参与国际竞争，建立中国学术话语权也就成为一句空话。[2]

除了发表学术论文外，出版学术著作也面临着类似的困境。目前，中国学术界的著作出版，极大地受制于两个因素：管控严格的书号审批制度，日益高涨的印刷和人力成本。据学者研究，我国的书号计划管理审批制度始于20世纪90年代，从那时起，出版管理部门进一步对书号采取数量控制政策。对于书号审批制度所造成的书号资源紧缺和学术出版困难，已有学者研究评述。比如，中国大百科全书出版社的曾辉提出，书号审批制度在一定程度上对于抑制图书种数盲目增长，实现质量和效益的不断提高起到了积极作用，但书号也因此成为垄断性的稀缺资源，"一书多号""买卖书号"的问题仍然存在。在很长一段时间内，中国的书号管理制度以行政法规为基础，实行总量控制政策。本来书号是免费提供的，书号本身并不产生价值。在出版登记制度下，书号仅仅是普通的出书标记。但

[1] 朱剑老师解释说，所谓"编研一体"，是对由学者担任主编和学术编辑模式的一种概括性描述。这既是学术期刊的传统，也是当今国际学术期刊仍然普遍采行的编辑模式。编辑职业化与"编研一体"模式是难以相容的，随着编辑职业化的日益刚性化，中国学术期刊放弃这一传统也就不难理解了。然而，必须看到，编辑职业化无论是与学术研究、学术期刊的历史还是规律都是相违背的。

[2] 朱剑：《学术期刊是构建学术共同体的重要环节》，载 https://www.thepaper.cn/newsDetail_forward_2364360，最后访问日期：2021年8月31日。

是，中国书号有其特有的附加值，即书号是图书合法出版权的象征。"书号是国家无偿分配给各个出版社的无形资产"，只有出版社才具有使用书号的资格。因此，书号具有资源属性。1994年之后，出版业实行书号限量供给，进一步强化了书号的稀缺性。同时，书号数量的有限性和资本对书号的大量需求之间的矛盾使得书号被商品化。[1]

与书号一样，刊号也受到出版管理部门的严格管控和监督。1999年，当时的国家新闻出版署曾发布过一份《关于严格期刊刊号管理问题的通知》（新出报刊〔1999〕1114号，已失效），要求期刊的国内统一刊号、国际标准刊号以及版权页的各项出版登记项目，必须严格按照新闻出版行政管理机关批准、颁发的"期刊出版许可证"上登记的各个项目，刊登在期刊的固定位置。另外，根据2005年新闻出版总署公布的《期刊出版管理规定》（已被修改）第5条第1款规定，新闻出版总署负责全国期刊出版活动的监督管理工作，制定并实施全国期刊出版的总量、结构、布局的规划，建立健全期刊出版质量评估制度、期刊年度核验制度以及期刊出版退出机制等监督管理制度。第9条第2款规定，除前款所列条件外，创办期刊、设立期刊还须符合国家对期刊及期刊出版单位总量、结构、布局的总体规划。第45条规定，期刊出版管理实施期刊出版事后审读制度、期刊出版质量评估制度、期刊年度核验制度和期刊出版从业人员资格管理制度。期刊出版单位应当按照新闻出版总署的规定，将从事期刊出版活动的情况向新闻出版行政部门提出书面报告。

而且，无论是出版图书还是期刊，都必须遵守2020年新修订的《出版管理条例》的要求，其中第10条规定同样授权国务院出版行政主管部门进行总量控制，"制定全国出版单位总量、结构、布局的规划，指导、协调出版产业和出版事业发展"；第11条第2款规定，审批设立出版单位，除依照前款所列条件外，还应当符合国家关于出版单位总量、结构、布局的规划。在书号、刊号总量控制的情况下，历史学者无论是出版学术著作，还是发表学术论文，都面临着书号不足、版面紧张的困境。

---

〔1〕 曾辉：《中国书号管理制度与出版管理创新》，载《全国新书目》2017年第4期。

此外，纸版图书、期刊的印刷和出版，离不开作为原材料的纸张，而造纸业历来就是高污染、高能耗产业，大量发行纸本图书、刊物，也给我们目前强力推行的节能减排政策带来巨大压力。而且，纸张的来源纸浆，主要以树木为原料，大量种植产生纸浆的速生林，破坏土地肥力；为了产生纸浆而大量砍伐树木，更是严重冲击自然环境，导致水土流失、生物多样性降低等灾害。在环保风暴的冲击之下，纸张价格激增，出版社成本上升，将压力转嫁于作者，需要作者——尤其是学术著作的作者，筹集更多的资金，提供更高的出版资助。

除了发表学术论文、出版学术著作外，召开学术会议也是学术交流的一种重要形式。召开传统的学术会议，需要预定会场、宾馆，协调承担与会学者在会议期间的食宿费用，会议材料的打印费用，如果没有专项资金支持，也很难实现。而且，就算有资金支持，会议结束之后的报销手续，也令人望而却步；尤其是在高校财政政策日益严格的情况下，很多学者都视承办学术会议为畏途。而且学术会议之后的会议论文集出版，同样面临着书号管控和成本上涨的困境。

在新冠肺炎疫情背景下，线下现场学术交流更是面临着扩散疫情、交叉感染的风险。但是，突如其来的疫情，也让世界学术界在困难中看到了新的希望，那就是线上交流与数字出版。

(二) 数字出版势在必行

数字出版并非新鲜事物，在理工科领域，数字出版杂志早已风生水起，数字出版和发表得到了越来越多学者的认可，但在人文社会科学领域，由于阅读习惯的不同、文章篇幅的差异，数字出版和电子阅读似乎一直未能阔步迈进。

不过，已经有学者在这方面提出了理论上的探索，比如一位出版行业的资深人士就提出，海量知识和信息的涌现、大数据和网络平台的发展，打破了时间、空间的限制，使传统科研范式发生了深刻变化，数据密集型学术、团队互动型学术等新的研究范式和方法不断涌现。一方面，对海量学术资源进行主题标引与关联，构建个性化的学术资源管理体系，大大缩短了学者爬梳材料、归纳整理的过程；数据分析工具的广泛应用，大大提高了科研工作的效率。另一方面，数字化、预出版和网络开放获取改变了学术成果的生产和传播方式，学术研究团队化趋势更加明显；预出版、OA出版、区块链等技术平台的兴起，使得在研究过程中就能对学术版权提供确权服务，大大推进了学术研究过程的开放和互动，更多的学者可以通过学术出版机构提供的平台开展交流和互动。进而，出版与传播不再是单向度的，互动式出版成为学术出版的新亮点。[1]

因此，数字时代的学术出版必须走"智慧出版"之路。所谓的"智慧出版"，就是从"数据内容"到"数据服务"再到"智慧数据"应用的过程。流量是一定时间内媒体报道、学术活动触达、网络搜索、网站浏览、资源阅读下载、公众号及微博等新媒体传播、学术互引等的统计指标，既能反映学术价值市场的经济效益考量，更是衡量人文社会科学研究成果社会影响力和学术评价的基本标准，"智慧出版"就是从"流量生产"到"流量服务"的过程。专业化是学术出版的铁律，也是决定出版机构能否生存和生存价值的核心与根本，"智慧出版"的本源仍是专业化，应坚守内容高质量和学术专业立场。平台化是数字时代人们进行交流、交易、学习等互动性行为的场域保证，更是连接学术共同体各节点的生态保障，"智慧出版"是从资源平台、成果平台到动态交互平台、知识创新服务平台的新业态。[2]

上文引述的这篇文章，发表于 2019 年创刊出版的《文献与数据学报》，网络发行、开放获取（open access），可谓数字出版的先行者和探路人。目前，理工科领域的数字出版已经蔚然成风，取得了与传统纸质出版物同样的地位。在人文社科领域，很多专业协会也定期整理发行电子出版物（学术简报），大部分的研究会通讯（简报）已经电子化，但是专业的学术期刊依然是以纸质出版为主，以电子出版为辅。而且，从存留和获取的便捷程度而言，电子出版物比纸质出版物存留更加便捷、获取更加方便、传播更为迅速，已经成为不可阻挡的潮流。

除了电子出版外，受 2020 年新冠疫情在全球大流行的影响，在线学术

---

[1] 谢炜：《智慧出版：数字时代的学术出版转型之路》，载《文献与数据学报》2019 年第 4 期。
[2] 谢炜：《智慧出版：数字时代的学术出版转型之路》，载《文献与数据学报》2019 年第 4 期。

会议也在短时间内席卷世界，大量的人文社科学者自愿或者不自愿地转入线上教学或者学术交流，历史学自然也不例外。在线学术会议和学术讲座，极大地便利了学术交流和学术传播，也大大节省了以往消耗在路上的时间与金钱上的成本，可谓新冠疫情给中国学术交流带来的意料之外的改进。而且学术会议和讲座可以通过多种网络平台在线直播，惠及更多学界师友，传播学术、昌明文化；既省却了交通、住宿、餐饮等多项额外费用，节约办会成本，同时省却繁文缛节和不必要的相互寒暄。

以笔者为例，在新冠肺炎肆虐的这一年里，笔者几乎每天都能通过网络在线的形式听到不同地域、不同领域历史学家的精彩讲座，多次参与或者旁听本领域的专业学术会议，可谓足不出户，便可身临其境，收听讲座，参与讨论，可谓便利之极。

通过网络举办讲座和学术会议，我们可以在征得举办方和讲座者同意和授权的前提下，留存音频和视频材料，省却笔记之劳；事后还可以随时回听、回看，不用担心记录笔误，可谓数字化时代的新趋势。

目前，中国各大网络有声平台也借助疫情发力，异军突起，收听量和下载量双双大涨，流量惊人。其中，就包括历史学家奉献的在线学术讲座内容。

（三）积极推进有声出版与视频发表

与数字出版、开放获取相伴相生的还有有声出版。广义的有声出版包括两大方面：一方面是朗读已经出版的纸版著作，将其上传网络平台，供听众收听或者下载；另一方面是在平台上直播或者朗读专门准备的学术文章与学术著作。

目前，国内主流的有声书平台，比如喜马拉雅、博雅小学堂、懒人听书、蜻蜓FM等，都有大量涉及历史学的音频内容，可供免费收听。其中，多数是由业余读者播送的各大名著，以及一些著名历史主播的历史解说，比如名列"喜马拉雅2020年度百大主播"的"自说自话的掌柜"，在喜马拉雅平台上拥有众多粉丝，他创作的评说历史人物的节目，已经达到了千万以上的点击量。当然，在这些网络有声书平台上，也不乏非常精彩的付费类原创有声历史节目，比如，喜马拉雅上付费VIP用户方可收听的《世界历史大师课升级版》，点击量达到数百万。在喜马拉雅和博雅小学堂等平台上播放的付费历史节目《从中国出发的全球史》，点击量也同样高达数百万。

如此高的点击量，说明这些有声书平台覆盖面极广，已经超越了传统纸质版历史学著作的阅读范畴，大大地普及了历史知识，提升了普通民众的历史兴趣。这一切，都是新技术和新平台带来的革命性变化。以在线听书（有声书）领域的领先应用程序喜马拉雅为例，该程序既可以安装于手机、电脑，也可以通过网页直接收听，其中有海量的付费和免费内容，包括大量的历史和小说。

在喜马拉雅听书平台上，以"中国历史"为关键词搜索，得到的结果是：排名第一的《中国历史未解之谜》，播放次数超过3亿；排名第二的《冷历史——在历史中找点有趣的》，收听人次也超过1亿。在历史类的有声产品中，有几个系列非常火爆，比如，诗展推出的《（宋朝）正经南宋史》《（清朝）晚清兄弟连——曾国藩、李鸿章》《（明朝）大明何来》，点击量都超过千万；诗展还有另有好几个讲史类节目，点击量也超过百万。正是由于在讲史领域的天量点击数，诗展个人在喜马拉雅平台的粉丝超过100万。[1]

与有声出版相比，视频发表也并非新鲜内容，2001年，中央电视台推出的《百家讲坛》栏目，就极大地有利于在一般民众中间传播历史知识。2005年4月，易中天教授在《百家讲坛》开讲《汉代风云人物》，以独特的讲授风格吸引了大批观众。2006年年初，《汉代风云人物》的讲稿结集《易中天品读汉代风云人物》正式面市，起印数量就达到了惊人的15万册，可谓创历史纪录。

20世纪初，随着网络的普及，传统的课堂教学也逐渐网络化。成立于1993年的北京世纪超星信息技术发展有限责任公司（以下简称"超星公司"），在2006年之后，录制了大量的超星学术视频，涵盖人文社科领域的诸多著名专家。其后，超星公司将这些视频纳入超星名师讲坛，至今拍摄视频已达160 000余集，记录名师10 000余位。2019年，超星公司联合国家数字化资源学习中心，推出超星学术视频公开课，在国家数字化资源

---

[1] 本文数据统计截至2021年8月31日，下文不再赘述。

学习中心网站重磅推出98门超星学术视频公开课，内容涉及历史、文学、哲学、艺术、教育社科、经济管理、政治法律、工程技术、基础科学、医学农学10个大类，共计1502讲。授课教师来自清华大学、北京大学、中国人民大学、复旦大学、南开大学、浙江大学、中山大学等国内著名大学以及中国社会科学院、中国科学院等科研院所。

此外，超星公司还在各大高校推广自己的慕课资源。据北京师范大学图书馆网站介绍，"超星公司与国内外知名专家学者、学术权威深度合作，采用先进的数字化影像技术，将他们的学术思想和多年的研究成果系统的记录、保存，并深度编辑制作成精彩视频，以互联网为媒介进行传播。授课老师大多来自211、985等全国著名重点高校、科研单位等学术机构，还有许多海内外名师名人，包括诺贝尔奖得主、两院院士、中国社会科学院学部委员、长江学者、国务院学科评议组成员等。超星视频主要收录拍摄各学科名师的讲课、讲座、高端会议和专题报告。通过互联网把这些课程共享，打破地域、时间与空间的限制，让更多学子可以学到全国各大高校的优质课程"。[1]

除了传统的超星视频外，2009年6月创立的哔哩哔哩（英文名称bilibili，以下简称"B站"），由于其丰富的视频资源、有趣的弹幕和留言功能，迅速吸引了中国青年人的视线，在年轻一代学生中颇受欢迎，B站收录了大量的历史类讲座，点击量也颇为可观。比如，全100集的《中国通史》央视纪录片，播放量超过6000万次。据网站介绍，《中国通史》是由电影频道节目中心制作出品、中国社会科学院监制拍摄的百集电视纪录片，以丰富的视听手段再现自中华文明起源到辛亥革命时期的浩瀚历史图景，较全面地讲述中国古代历史发生、发展过程，揭示历史发展趋势及规律。该片由中国最具权威的中国历史研究机构之一——中国社会科学院历史研究所组织撰稿，并邀请国内多家重点大学、专业机构的研究员共同参与制作。

---

〔1〕 超星学术视频介绍，载http://www.lib.bnu.edu.cn/content/chao-xing-xue-zhu-shi-pin，最后访问日期：2021年8月31日。

全 180 集的《中国通史》(古代史)纪录片,点击次数超过 1000 万。《中国通史》以史诗般的宏大叙事手法,生动再现了中华文明从原始社会到 21 世纪初的完整发展历程。内容涉及历史、政治、经济、军事、哲学、宗教、文学、艺术、语言、考古、天文、地理、科技、人物、民俗以及中外交流等各个方面,直观地再现了中华民族五千年文明历史全景,全面展示了华夏文明的古今传承。

2016 年推出的《我在故宫修文物》,在 B 站上播放次数也超过 700 万;豆瓣评价超过 9.4 分的纪录片《如果国宝会说话》一共四季 100 集(第四季尚未播出),其中第一季在 B 站上播放量接近 1000 万,第二季播放量超过 1200 万,第三季播放量超 600 万。

目前,传统媒体和新媒体呈现出日趋融合的倾向,融媒体时代已经到来,历史学领域的有声出版与视频发表也应紧扣时代步伐,创新活泼的历史学学术交流方式,以全新的形式展现中国特色的历史学学术魅力。

而且,在流量为王的时代,喜马拉雅、超星视频和 B 站这样平台,一方面成为历史学者大显身手和传播各自学术成果的重要平台,另一方面也为少数极富天分的历史学者创造了新的收入渠道。因此,上述网络平台既可以创新活泼的历史学学术交流方式,也能在知识付费时代更好地体现知识的价值,可谓相得益彰。

四、多方并入,培育健康的历史学学术评价模式

学术评价与课题申报、晋职晋级、学术奖励、人才称号密切相关,可谓构建具有中国特色的社会主义学术体系的核心环节,牵一发而动全身。近年来,由于学术界的各种竞争、评选、排名日趋激烈,学术评价也日益成为学界乃至整个社会关注和讨论的焦点问题。

(一)传统学术评价方式的破与立

针对学术评价中出现的一些突出问题,国家有关部门曾连续下放几个通知,进行专项整治。2018 年 7 月 24 日,国务院发布了《关于优化科研管理 提升科研绩效若干措施的通知》(国发〔2018〕25 号),通知要求切实精简人才"帽子",开展"唯论文、唯职称、唯学历"问题集中清理。

为了落实国务院的通知要求，2018年10月15日，科技部、教育部、人力资源社会保障部、中科院、工程院联合发布了《关于开展清理"唯论文、唯职称、唯学历、唯奖项"专项行动的通知》（国科发政〔2018〕210号），集中清理上述"四唯"做法。2018年11月7日，教育部办公厅发布了《关于开展清理"唯论文、唯帽子、唯职称、唯学历、唯奖项"专项行动的通知》（教技厅函〔2018〕110号），在各有关高校开展"五唯"清理工作。

无论是"四唯"还是"五唯"，其实都是数字化评价的体现，以数量论成效，而忽视了质量，学术界称之为"学术GDP""学术大跃进"。在数量评价的刺激和学科投入的支持之下，中国的学术论文和著作的产量突飞猛进，历史学也不例外，除了传统的专业杂志外，还出现了《经济社会史评论》《世界历史评论》《中国历史研究院集刊》等新兴杂志，以及数量更多的各类集刊，刊载了大量既有新意又有分量的佳作。

为了给学界的学术评价讨论提供新的平台，2015年中国社会科学院还专门创办了《中国社会科学评价》季刊。鼓励学者进行科学的、有深度的评价，并通过适时发布哲学社会科学权威评价机构的研究成果，开展与国际学术界的对话、交流，探究符合当代中国哲学社会科学发展要求并具有国际影响力的学术评价标准。通过对重大理论问题、各种学术思潮、跨学科综合研究等趋势的评价，有力激发思想创造力、理论建构力和学术批判力。以此营造良好的学术批评氛围，形成权威、公正、客观的评价宗旨和严谨、自律的学风。[1]

自创刊以来，《中国社会科学评价》刊登过多篇讨论历史学学术评价问题的专题文章，分别探讨了同行评价、期刊评价、学术共同体评价的利弊问题。中国近代史领域的学者比较赞同同行评价，比如牛大勇教授支持严格而专业的"小同行"互评。他认为，"同行专家"应该是一个严格的概念：不仅是在同一个相对专精的学术领域，而且是长期在这个领域治学并颇有建树的"专家"。如果组织他们来评价自己治学的这个领域有哪些

---

〔1〕 荆林波等：《中国社会科学期刊评价：现状·问题·建议》，载《中国社会科学评价》2015年第1期。

论著代表了前沿水平,他们分别表达的判断或许有所不同,但重叠率会比较高。因此,相比那些用文献计量学方法制造出来的国内外各种"核心期刊"体系,同行专家的综合评价还是要更准确一些。[1]

不过,有些职业的期刊编辑则提出,要在打造学术共同体的过程中更加重视综合性期刊的作用,让学术期刊的评价功能回归正常。比如王浩斌就提出,学术期刊的学术评价功能依赖于学术共同体,所谓的学术共同体指的是拥有某种共同的学术范式、旨趣的学术同仁(学派)。到目前为止,中国还没有形成真正意义上的学派,缺乏共识,形成学术共同体的条件和群体意识还不完全具备。学术共同体的缺失是学术期刊之学术评价功能异化的重要原因:原初的、根本性的学术传播功能被忽视,而后来演化出来的学术评价功能则备受关注。就当下中国的学术评价与期刊评价问题而言,最关键的是学术共同体的缺失以及如何建构的问题。这需要在引进SSCI时对其进行消化吸收和转化,同时结合中国国情建构学术共同体,以形成具有中国特色的学术评价体系。此外,在建构学术共同体与进行学术评价的过程中,要注意为个性化的创新留下足够的空间,要发挥综合性期刊适应多学科、综合性研究的优势,要关注学术的民族性问题。[2]

而在建构学术共同体与进行学术评价的过程中,行业学会的作用更是不容忽视。学会作为最具学术共同体同行特性的学术社团,既有学术评价的悠久历史,又有其独特的优势,即学科同行性、评价民主性、学术交流性、利益超越性等。然而,学会评价却未能发挥应有的作用,其原因既有学会本身发展制度建设不足、缺少政策环境的支撑,也有评价机制的不够完善,学术生态文化的影响等。近年来,学会所显示出的同行评价的重要意义和价值越来越受到重视,如何更有效地发挥学会评价功能,需要对学会评价的路径和改革方向进行深入探索和思考。[3]

---

[1] 牛大勇:《中国近代史前沿的评价标准》,载《中国社会科学评价》2019年第1期。

[2] 王浩斌:《学术共同体、学术期刊与学术评价之内在逻辑解读》,载《中国社会科学评价》2015年第3期。

[3] 夏东荣:《作为学术共同体的同行评价——学会学术评价的探索思考》,载《中国社会科学评价》2018年第4期。

（二）努力构建综合平衡的评价体系

针对中国学界学术评价的各种弊病，早在十多年前就有学者提出，要构建"六位一体"的综合平衡评价体系。这套学术评价体系由评价主体、评价客体、评价目的、评价标准及指标、评价方法和评价制度六大要素组成。评价主体是指评价的实施者，如对评价对象发表评价意见的个人、团体、社会及媒体等。在具体评价实践中，评价主体是多样的，可以是学者、专家、同行个人或群体、学术机构、学术期刊、报纸、网站、电视、科研管理部门等，它们都按照一定的标准对评价对象发表自己的看法，都能发挥不同的评价作用，但起主导作用的应该是学术共同体的评价或同行评价。

学术评价的客体是指评价的对象，包括研究人员和学者、学术机构、研究项目和计划、学术成果、学术媒体等。评价目的是指评价要达到的预期目标和总的原则要求，即评价的理由，为什么要评价。评价目的可有多种分类方法，比如从时段上可分为长远目标、中期目标和短期目标。不同的评价目的决定着不同的评价标准和指标、不同的评价方法和评价专家的选择以及评价程序的确定，它是评价的龙头，分类评价的动因规定、制约和导引着整个评价的方向和具体做法。评价标准是指人们在评价活动中应用于对象的价值尺度和界限。评价的客观性因素是评价标准具有科学性的重要依据。评价标准是评价活动的关键和核心部分，是人们价值认识的反映，它表明人们重视什么、忽视什么，具有引导被评价者的作用。

评价制度是有关部门制定的保证评价活动进行、要求有关人员共同遵守的规程，包括评价专家遴选制度、监督制度、评价对象申诉制度、评价结果公示制度、反馈制度、评价结果共享制度、第三方独立评价制度等。[1]

对于历史学而言，可以考虑从以下两个方面改进学术评价：①增加专业协会评价，由各领域的研究会建立专门的学术委员会，以质量评价为核心，数量评价为辅助；②鼓励提交尚未发表的论文和尚未出版的著作，作为参与评价作品，避免"名义上匿名、实质上实名"所带来的人情和专业

---

[1] 叶继元：《建立"六位一体"的学术评价体系》，载《中国社会科学报》2010年6月22日，第17版。

协会内部的人事干扰。

实际上，以质量评价为主，以数量评价为辅，也是目前国际学界所倡导的基本原则。2014年在荷兰莱顿召开的一次国际会议上，美国佐治亚理工学院公共政策教授迪安娜·希克斯（Diana Hicks）等提出了合理利用科学评价指标的7条原则，后来扩充为10条，并于2015年4月发表在《自然》杂志上，后被称为《莱顿宣言》。《莱顿宣言》共有10条原则：①量化评估应当支撑质化的专家评估，而不是取而代之；②衡量绩效应基于机构、团队和个人的科研使命；③保护卓越的本地化的相关研究；④保持数据采集和分析过程的公开、透明和简单；⑤允许被评估者验证数据和分析；⑥考虑发表和引用的学科差异；⑦对个人研究的评价应基于其综合作品的质性评价；⑧应避免评估指标不当的具体性和虚假的精确性；⑨识别认清评价指标对科研系统的影响；⑩定期审查评价指标并加以改进。[1]

最近几年，党中央、国务院和教育主管部门也充分意识到教育和学术评价的重要性，连续推出了一系列重大改革举措。比如，2017年1月8日，中共中央办公厅、国务院办公厅印发《关于深化职称制度改革的意见》，要求"以职业分类为基础，以科学评价为核心，以促进人才开发使用为目的，建立科学化、规范化、社会化的职称制度，为客观科学公正评价专业技术人才提供制度保障"。2018年1月20日，《中共中央 国务院关于全面深化新时代教师队伍建设改革的意见》提出，"深入推进高等学校教师考核评价制度改革，突出教育教学业绩和师德考核，将教授为本科生上课作为基本制度"。

2020年12月31日，《人力资源社会保障部 教育部关于深化高等学校教师职称制度改革的指导意见》（人社部发〔2020〕100号）更是明确提出，"创新评价方式。鼓励采取个人述职、面试答辩、同行评议、实践操作、业绩展示等多种灵活评价方式，完善同行专家评议机制，健全完善外

---

〔1〕 严蔚刚：《科研评价应遵循什么基本原则——"A类期刊"与莱顿宣言、旧金山宣言的对话》，载《光明日报》2016年7月12日，第13版。

部专家评审制度,探索引入第三方机构进行独立评价"。[1]

在此之前(2020年10月13日),中共中央、国务院印发了《深化新时代教育评价改革总体方案》,包含重点任务22条,其中第12条要求,在评价高校教师科研水平时,突出质量导向,重点评价学术贡献、社会贡献以及支撑人才培养情况,不得将论文数、项目数、课题经费等科研量化指标与绩效工资分配、奖励挂钩。根据不同学科、不同岗位特点,坚持分类评价,推行代表性成果评价,探索长周期评价,完善同行专家评议机制,注重个人评价与团队评价相结合。[2]同年10月23日,中央教育工作领导小组秘书组、教育部召开电视电话会议,贯彻落实《深化新时代教育评价改革总体方案》。

目前,各级教育主管部门和各学校,都在根据中央精神和部署,加紧研究完善本部门和本学校的教育评价文件。本课题的相关研究,希望能在这方面提供一定的参考和借鉴,尤其是在历史学研究成果的学术评价方面,希望建立多方并入、以质量和代表作为主,以数量和引用量为辅的学术评价模式。

---

[1]《人力资源社会保障部 教育部关于深化高等学校教师职称制度改革的指导意见》,载 http://www.gov.cn/zhengce/zhengceku/2021-01/27/content_5583094.htm,最后访问日期:2021年8月31日。

[2] 中共中央、国务院印发《深化新时代教育评价改革总体方案》,载 http://www.gov.cn/zhengce/2020-10/13/content_5551032.htm,最后访问日期:2021年8月31日。

探索 MBA 教育全过程提升学员职业能力路径

晏 鸿*

工商管理硕士（MBA）作为重要的管理学位类型创立于美国哈佛大学商学院（HBS），培养对象针对各类经济部门和知名企业的中高层机构管理者与战略决策者。和普通科研型与教学型研究生教育不同，工商管理硕士更注重对于管理理论与方法的经验实践，强调以过程逻辑为中心的教育框架，提升学员的实战能力，关注教学过程中理论方法与职业行为的有机结合，提升学员扮演市场角色和参与职业竞争的综合素养。本文从 MBA 学员接受 MBA 教育全过程管理的新角度出发，以如何提升学员职业能力问题为导向，考察中外 MBA 教育模式，研究分析教育过程中各环节提升学员职业能力的路径。具体来讲，主要从招考录取、入学导向、课程设置、师资建设、实习实践、反馈评价、后 MBA 时代等方面展开研究，探索教育过程中各环节提升学员职业能力的有效路径。

一、招考录取选拔促进学员加速自我提升

MBA 学员招考录取环节分为 MBA 联考和学校面试，充分运用人才测评等方法，对待录取学员进行知识水平、实践能力、心

---

* 晏鸿，中国政法大学学校办公室机要室主任。

理素质等全方面的考察，充分了解学员的学习意愿、学习目标、学习能力，据此对学员进行筛选与分类。

（一）MBA 联考考察标准分析

MBA 联考是为高等院校和科研院所招收管理类专业学位硕士研究生而设置的具有选择性质的全国联考科目，分为综合能力和英语，其目的是科学、公平、有效地测试考生是否具备攻读专业学位所必需的素质、能力和培养潜能。评估的标准是高等学校本科毕业生所能达到的及格或及格以上水平，以利于高等院校和科研院所在专业上择优选拔，确保专业学位硕士研究生的招生质量。具体而言，MBA 联考着重测试学生的思维能力、分析问题和解决问题的能力，以确保选拔有实践经验的优秀管理人才。考生通过备考 MBA 笔试，有助于建立科学严谨的知识结构、构架科学的知识网络，实现对知识概念、理论原理的透彻理解，融会贯通则有利于在应试中快速做出正确反应。

（二）学校面试考察标准分析

MBA 院校面试会针对考生的教育背景、职业背景、管理经验、领导潜质、逻辑思维、沟通表达、创新能力、目标路径等维度进行考察；如果设置有小组面试环节，还会着重考察考生的团队协作、分析问题、解决问题的能力。

1. 教育背景

教育背景是学习能力一个很重要的体现形式，包含学历、语言成绩、工作后的学习经历等。考官一般依据 MBA 考生提交的个人文字材料，通过提问加以判断核实。首先，MBA 的课业压力重，考官需要评判考生是否能够适应学习强度、如期完成各课业学习任务；其次，MBA 教学偏重实践教学，而不是简单的系统知识灌输，学习能力和思维能力欠缺的学员可能无法达到 MBA 培养的预期效果。对于学历背景不够，又想申请 MBA 的考生，会在报考 MBA 前更加注重培养自己的学习能力和思维能力，积极发挥主观能动性，激发主动学习的意识。

2. 职业背景

职业背景一般包括工作性质、工作业绩、所担任的职务、所服务企业的规模和水平。考生工作背景的介绍,在申请材料和简历里已预先呈现给考官。在面试过程中,考官会考察考生是否具备一定成长性的职业轨迹,提出行业具体问题考察考生行业分析判断能力。面试环节对考生产生积极的启示作用,深入了解自己在职场的优劣势,科学理性做好职业规划,为提升职场工作能力确定具体方向。

3. 管理经验

面试环节,考官会依据考生的管理岗位层级、分管业务内容提出具体管理问题,考察考生是否具备基本的管理素养。考生须撇开"管理就是计划、组织、领导、控制"这样的书本理论阐述,而是需要以叙事表达方式呈现出来,描述当时面临的困境、目标是什么、解决方案是什么、最后达成一个怎样的结果,对组织造成了怎样的积极影响,在描述过程中尽量全面的体现出计划性、组织性、领导力、控制力等管理要素。对管理经验的考察,促使考生积极思考在商事环境中如何提高分析问题和解决问题的能力。

4. 领导潜质

领导潜质,可归入管理经验的描述中,在此单独提出,是为了突出"领导力"和"潜质"两方面因素。"领导力"更多是基于人的,而商学院所寻找和培养的是一个个"超级个体",即未来的商界领袖。由此塑造人的特质显得尤为重要,比如个人的感召力、影响力以及个人对团队起到的关键作用。在面试环节中,绝大部分考生是不具备这样的显性能力的,但通过小组讨论可以考察考生是否具备这样的潜质。提到"领导潜质"或"管理潜质",还可以从另外一个角度去理解,即当考生的管理层级越高,对具体知识的需求会越来越少,反而对复杂问题分析判断能力的要求会有所提高。当考生缺乏足够管理经验和领导能力的时候,考官可以从考生对复杂问题的分析、拆解能力,来进一步判断考生的潜力。

5. 逻辑思维

在面对复杂问题的时候,需要去拆解问题,管理者必须具备较强的结构化思维能力,这是分析问题时的底层能力。在面试中,当考生遇到认知领域之外的问题时,或者一个较为庞大复杂的问题时,考生需要按照一定的逻辑层次去拆解问题，只有这样才有可能在短暂的面试瞬间抓住考官的耳朵。考官考察的是考生思考问题的逻辑，以此判断考生考虑问题是否周全，说话是否有逻辑性，能否抓住问题的重点，有创新意识，有解决问题的目标，一般是在单独面试时根据考生对问题的回答加以判断，小组面试加以印证补充判断。

6. 沟通表达

考生的内在逻辑思维通过沟通表达对外展现。逻辑思维训练和表达训练，对个人的职业进步起到很关键的助力作用。在面试的小组讨论中，考官能够同时考察考生的团队意识和沟通能力，主要考察考生能否理解他人，是否善于发现他人的长处，是否善于团队工作。

7. 创新能力

创新能力是面试考官侧重关注的考察点，但不是对所有考生都提出要具备创新能力的要求，也不是说只有考生做科研工作才能展现优势。其实从广义来讲，只要考生所做的贡献，帮助组织打破原有陈旧的模式，进化到一个效率更高或利润更高的状态，这就是创新的行为体现。比如重新设计组织架构，使信息的上传下达更流畅；再比如开拓了新市场，增加盈利点，等等。

8. 目标路径

面试中目标路径会被考官纳入到考察范围。考官比较关心考生是否具有清晰的目标，以及在实现目标的过程中，是否有自己的思考。这里的目标既包含求学目标，又包含职业目标。问题很直接，比如考生为什么考MBA、为什么考我们学校的MBA、考生未来3年至5年甚至更长时间的职业规划是什么样的。也主要看志向是否明确、符合实际，是否有很强的责任感，对自己的长处和短处是否有清楚的认识，具体行动能否体现实现抱负的努力，一般是在单独面试中根据考生对有关问题的回答加以判断。

通过以上的评述和分析，可以发现，MBA选拔公式＝商业视野+商业分析能力+个人的特质及结构化表达。MBA院校希望选拔的人才是具有一定的商业视野，对商业有深度理解，拥有较好的商业分析能力，对行业事件有独到见解，同时具有个人特质及结构化表达能力，比如说有鲜明的管理特点。院校的测评项包括：①求学动机和职业规划，也就是前瞻性和规划性；②商业的知识面和分析商业的能力以及考生的职业的专业度；③团队精神、人际关系职业道德或商业伦理价值观；④在竞争中的应变能力和表达水平；⑤礼仪和心态。在招考录取环节，考生完成了与院校的第一次接触，考场经历已经触发了考生自身职业能力提升的按钮。

二、入学导向活动促使学员快速进入最佳学习状态

MBA入学导向活动是MBA学员进入校园生活的第一堂课，是MBA培养环节非常重要的组成部分。MBA中大部分学员来自不同的行业和领域，在工作多年后回归校园，对MBA教育的理解与认识存在差异。MBA入学导向活动的主旨在于实现MBA学员从社会人到校园人的转变，适应学校生活和学习，做好职业生涯规划，同时注重对学员职业道德、社会责任、团队合作意识的培养。此外，在入学导向活动中可以进一步完善对学员的实际考察，具化学员的自身特色，弥补招考录取过程中难以了解到的信息。MBA入学导向活动内容可以划分为教育讲座、职业规划、团队建设、班级建设、心理测试五个方面的内容。

教育讲座既包括校情院情教育、规章制度教育和培养方案解读等基础教育，又包括对MBA学员的培养导向教育。作为入学导向活动中必不可少的内容，解读学校的规章制度教育与培养方案有利于学员有计划地顺利开展学习活动，如期完成学业以及论文答辩等内容。对培养方案的解读有助于学员根据自身的兴趣与优势自主选择课程，通过选修课丰富自己的视野，弥补自身的不足。部分学校还专门制定了《MBA学员手册》，为MBA学员做好导航，便于其尽快地适应新的学习生活。培养导向教育是指对于MBA学员的教育要有一个较为清晰的目标导向，明确导向教育，有利于提升办学质量，凝练办学特色。通过奖学金评选、学生思想政治与管理工作、案例教学等形式引导学员按照学校培养要求有目的地安排学习和参与学校的活动，积极结合工作实际进行案例撰写和论文写作等，使学习成果更具有针对性。

MBA职业规划教育主要是针对全日制MBA学员和有职业转换需求的

在职 MBA 学员进行的。不是每一个 MBA 学员对自己的职业规划都有一个清晰的认识，大部分学员对于自身的规划、定位以及行业认知仍然存在着疑惑。职业规划教育通过举办专家报告、职业测评、职业发展、校友访谈等活动，促使学员能够清晰认知个人优势与行业定位。此外，MBA 职业发展老师会对职业发展工作进行具体的介绍，告知学生职业规划的重要性以及工作安排与资源服务等。部分学校还会邀请优秀的校友代表进行个人职业生涯规划的介绍，通过激励作用敦促学员完成职业规划，同时为 MBA 学员与优秀校友搭建沟通的平台，推动新老学员的深入交流，发挥传帮带的作用，充分体现 MBA "薪火相传"的优良传统。

素质拓展是以学员为活动主体囊括认知活动、情感活动、意志活动和交往活动等在内的训练。学员通过完成个人或小组任务切实感悟和学习技巧。拓展训练的项目通常具有一定的难度，主要表现在对心理素质的考验上，需要学员向自己的能力极限挑战，跨越"心理极限"。素质拓展致力于营造具有挑战性的学习氛围，在尊重个人意愿的原则之下，透过对未知的探索，激发身体与心灵的潜能，同时其允许所有团队成员发挥其独特的力量和能力，由此可以考察结构和关系，帮助学员掌握一定的科学管理思维和相关的管理方法，注重培养学生运营管理、沟通技巧等方面的综合素质能力。

团队建设是指学员们通过随机的团队组合，为了一个共同的目标协同合作，同时建立团队信任、感情的过程。MBA 学员主要通过集体活动、体育竞赛等方式，在良性竞争的基础上培养团队意识，激发团队凝聚力，与此同时，学员在团建过程中可以磨炼坚强毅力，提升自我管理的能力。具体而言，团队建设具有团队预热、团队磨合和团队成长的不同阶段，通过不同的团队合作项目逐渐拉近学员之间的距离，明确各自在团队中的分工，各尽其能，协同合作。通过启发式教学手段，从团队合作、管理沟通、战略制定等方面提升学员的综合能力。此外，MBA 学员的班级建设亦是团队建设变化为学习组织自我管理的另一种重要表现形式，实现个体进步与团队整体提升的有机结合。

入学导向中的心理测试通常是指通过一系列的科学方法来测量学员的

智力水平和个性方面差异。心理测试尚未成为 MBA 入学导向的必备内容。但笔者认为心理测试仍是入学导向教育的重要组成部分。进行心理测试的主要目的在于加深学员对自身性格与特点的了解，发现学员的潜在才能，深入了解其长处和发展倾向。学员依据测试结果与个人情况综合分析，确定自身优势，选择适合的职业导向，或者发现自身弱势，提升不足之处。

三、课程设置的多样性，满足各类复合型人才培养需求

MBA 课程设置是与社会的发展紧密相关的，它随着新技术、新思想、新结构、新理论的产生而变化应该成为常态。与时俱进地调整课程体系是 MBA 教育发展的持久之道。在此借鉴参考世界各大 MBA 强校以及国内其他名校的经验，同时结合我校的自身特色，分析我校 MBA 课程设置的情况，具体论述优化我校 MBA 课程提升学员职业能力的途径。

（一）国外 MBA 课程设置情况

2020 年 1 月 27 日，英国《金融时报》(Financial Times，FT) 发布了 2020 年全球 MBA 百强排行榜。[1] 哈佛大学商学院（Harvard Business School）、宾夕法尼亚大学沃顿商学院（The Wharton School of the University of Pennsylvania）、斯坦福大学商学院（Stanford Graduate School of Business）、欧洲工商管理学院（INSEAD）和中欧国际工商学院（CEIBS）位列前五。其中，中欧国际工商学院连续两年跻身全球前五。

笔者结合以上院校官网数据，对国外 MBA 教育的课程设置进行分析，以上院校均将金融与会计学、市场营销学、战略与创业学、经济与决策科学、人力资源与组织行为学专业领域纳入到课程设置中，在较多专业领域开放各类课程，其中选修课学分比重大于必修课，同时海外探索模块设计丰富，包括双学位、联合学位、海外选修、国际交换、沉浸体验、全球峰会。由此可见，世界 MBA 名校的课程设置多样性特点显著。这对我校 MBA 课程的优化设置起到借鉴性以及指导性的作用。

---

[1] 参见腾讯网，https://new.qq.com/omn/20200214/20200214A0Q0EM00.html，最后访问日期：2021 年 10 月 5 日。

(二) 国内各高校 MBA 课程体系

1. 上财商学院 MBA 课程体系框架

上海财经大学商学院（以下简称"上财商学院"）MBA 的培养目标是训练和发展"具有导向能力和组织能力，未来在全球商业竞争中居领导地位者"，强调国际化和商业竞争。其具体课程设置见下表1[1]所示。

表1 上财商学院 MBA 项目课程体系一览表

MBA培养阶段	课程体系	课程名称	课程设置目标考虑
入学前	入学导向	预修课程模块、文化传承模块、职业发展模块、团队融合模块。	涉及文化、社交、新思维、新时代的职业取向等知识，提供多视野、多层次、多形态的预备课程。
第一学期 & 第二学期	核心课	• 领导力要素模块：领导力开发和组织行为、商业伦理与企业社会责任、管理思维和沟通等； • 分析能力模块：管理经济学、不确定性的决策模型等； • 商学核心基础模块：会计学、运营管理、金融市场、机构与工具等。	提供专业知识基石，培养学生的知和智，培养领导力，开放、交流与创新能力，提高移动互联网时代下的思维和应变能力。
第三学期 & 第四学期	专业选修课	综合管理模块；金融管理模块，会计与财务模块、量化金融模块、营销管理模块；互联网金融系列课程；会计微课程。	构建财经特色课程，体现财经特色的时代特征，大幅度节约有限的师资资源。
	任意选修课	全球化模块（含海外学习板块）、中国根基模块、创业与创新模块、其他选修课、全校研究生选修课、公益与第二课堂。	培养学生的开放性思维、分享，及不断的与外部环境进行资源信息的交换，提高个人影响力及对周边、社会的影响。

---

[1] 薛丽萍、吴云珍：《基于 CAMEA 认证的 MBA 课程体系创新探索与实践——以上财商学院 MBA 课程体系改革为例》，载《上海管理科学》2014年第6期。

续表

MBA培养阶段	课程体系	课程名称	课程设置目标考虑
	整合实践项目	移动互联网创业创新项目。	行动式学习,实践基于工作任务搭建培训体系的理论,模拟企业工作场景,获取实用性解决问题的知识。
第五学期	论文阶段	论文设计辅导。	平衡学生学术参与和实践参与,达到学以致用,解决商业实际问题。
毕业后	后MBA	校友活动、定制返校课程、公益课堂、终身职业发展、微课程。	营造移动互联网时代柔性学习文化平台——社区化学习,为毕业校友提供移动在线教育自主学习服务,也便于校友间进行碎片化电子互动和学习交流。

上财商学院课程设置丰富,赋予学员更多的自主选择权,充分体现了课程体系的个性定制特点。

2. 清华经管学院 MBA 课程

清华大学经济管理学院(以下简称"清华经管学院")MBA 课程体系由核心课、选修课和毕业报告三个部分组成,具体内容如下图1[1]所示。核心课全部为通用性、基础性课程,能够为 MBA 学生后续的学习打下坚实基础。在核心课后 MBA 学生可以根据个人的需要选修清华经管学院、清华大学和海外院校的课程,进行个性化的学习。在最后的毕业报告阶段,MBA 学生可以结合自己的工作实际和学习兴趣,完成综合性、实践性的毕业报告,达到将在校所学融会贯通、深入掌握的目的。

---

[1] 清华大学经济管理学院官网,载 http://mba.sem.tsinghua.edu.cn/cource/index.html,最后访问日期:2021 年 10 月 17 日。

探索 MBA 教育全过程提升学员职业能力路径

方向性选修课程
- 商业计划的设计与开发
- 战略
- 营销规划
- 领导力开发与人力资源管理
- 金融咨询
- 信息时代的管理创新
- 战略与领导力类选修课
- 市场营销类选修课
- 金融与财务类选修课
- 电子商务与供应链类选修课
- 创新与创业类选修课
- 人力资源与组织行为类选修课
- 财务分析与管理控制类选修课
- 人工智能类选修课

产业选修课
- 新能源产业类选修课
- 房地产产业类选修课
- 金融产业类选修课
- 互联网+主题选修课

毕业报告

清华大学选修课
55个清华院所，每学期上千门清华研究生选修课，为MBA学生提供更加丰富广泛的各类专业选择。

清华经管学院选修课
包括7个系、60多门经管类研究生选修课，为MBA学生提供更加深入、专业的课程选择。

海外交换项目选修课
百余所海外交换院校的交换生选修课，为清华MBA学生开阔全球视野。

清华MBA特色选修课
八大方向性选修课程四个产业选修课和一个覆盖面更广的其他课程组，为学生提供丰富的个性化课程选择。

整合实践项目模块

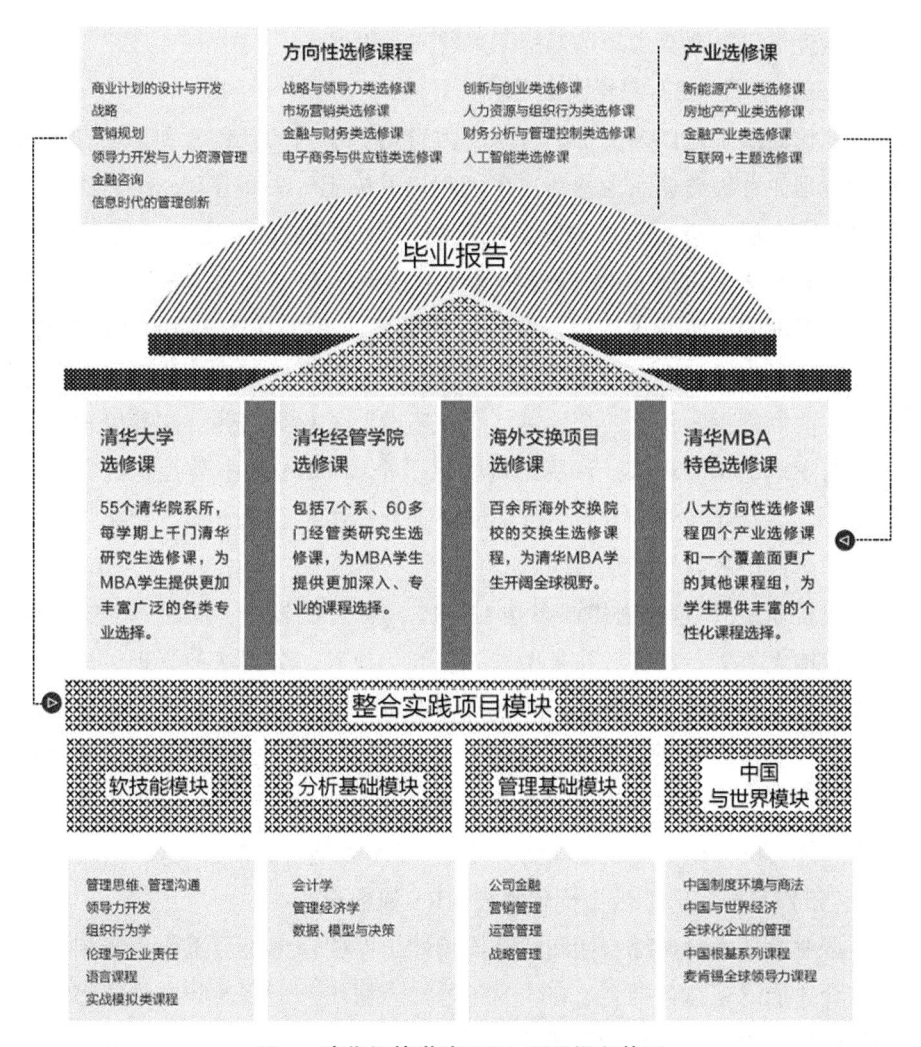

软技能模块	分析基础模块	管理基础模块	中国与世界模块
管理思维、管理沟通 领导力开发 组织行为学 伦理与企业责任 语言课程 实战模拟类课程	会计学 管理经济学 数据、模型与决策	公司金融 营销管理 运营管理 战略管理	中国制度环境与商法 中国与世界经济 全球化企业的管理 中国根基系列课程 麦肯锡全球领导力课程

图 1　清华经管学院 MBA 项目课程体系

清华经管学院核心课程由五个模块组成，这些模块组成一个有机的整体，专注于对学生软技能及实践能力的培养。清华经管学院 MBA 选修课程包括八大方向性选修课组、四个产业选修课组和一个覆盖面更广的其他课程组。既能够照顾到学生自身兴趣特点、职业倾向性需求偏好，又能够为其储备日后职业发展所需要的广博工商业管理知识，实现二者的互动和统一。清华经管学院为 MBA 学生准备了围绕不同系统知识展开的选修课程，学生可以充分自由地选择所感兴趣的课程。

(三) 我校 MBA 课程设置现状

我校商学院是国内"法商管理"教育培养模式的开创者和推动者，以法商管理教育理念体系为基础，在法商知识技能、法商管理思维、法商智慧升华三个层面进行人才培养模式创新，形成了成体系的法商管理 MBA 教育理念。法商管理 MBA 课程在设计上体现了知识层面的法商结合，工具方法层面的法商管理运用以及价值观层面、思维融合方面的法商智慧，注重理论与实践的融合。课程包括管理学核心课、管理学选修课、法学选修课、法商管理案例课四个模块；同时还设计了社会实践、法商管理专题讲座与学术论坛等环节。课程结构中除了全国 MBA 教指委规定的专业核心课外，在专业选修课方向上特别增加了公司法务管理方向，旨在培养职业化的企业法务高级管理人才。

我校 MBA 课程中必修课多达 13~15 门，占比较大，同时专业选修课模块仅按大类进行设置，并未做进一步细化设置。公司法务管理、法学选修课等偏向法学类别课程具有单一行业特色，总体而言，我校课程设置并不丰富。受传统的学术型研究生教学模式影响，我校 MBA 课程设置重理论学习，轻能力培养，体现在着重于培养能力的课程较少，对学生提高实际操作能力的帮助有限，这显然有悖于 MBA 教学目的的实现。

(四) 基于提升职业力优化我校 MBA 课程设置

职业胜任力强调综合性和情景依赖性，即胜任力是与工作情景相联系的综合才能。现在包括企业在内的各种社会组织，遇到的问题往往都是综合性的。作为培养复合型管理人才的 MBA 教育，要想提升学员整体职业能力，就需要增加课程类别，进行全面整合。

首先，创新完善法商管理课程体系，进一步降低必修课比重，提高选修课比重。必修课过多将降低学习的实用性和学生学习的积极性，很多 MBA 院校将必修课降至 5~10 门。这有助于使课程结构更具有适应性，随时对市场变化作出反应，进一步提高学员的职业力。打破课程设置中各学科课程间的条块分割状况。企业出现问题时往往不能简单地归咎于某一个职能部门，所以 MBA 教育也应尝试综合这些课程，以使学习成果能更加适应企业的需要。其次，加强对学生"软技能"的训练和创业素质的培养，增设"软"课程，以培养学生的交际能力、合作能力、领导能力、演讲能力。开设有关创业的课程，提供有行业领域针对性的创业指导平台。加强课程与现实社会和经济发展的结合，随着社会经济发展周期的变化，敏锐地捕捉新的热点，根据这些热点及时调整增加新的 MBA 课程。最后，注重理论和实效融合，每年应根据实际情况修订补充课程内容，力求实现培养内容与世界管理发展同步，使学员在复杂的国际竞争中更有竞争力。此外，积极推进法商管理 MBA 与国内外高校的合作交流，突显自身法学特色。我校可以利用地域优势，整合相邻高校的教育资源，如与北京航空航天大学，北京邮电大学等，可以加强合作，构建跨专业人才培养基地，弥补行业领域单一的专业课程缺憾。

四、加强 MBA 导师队伍建设，提升 MBA 学员实践和创新水平

我国在 MBA 教育过程中学习他国的优秀经验，实行"双导师"制，2001 年，南开大学商学院在 MBA 项目中首次引入双导师制。[1]在校内外导师合作形式方面，形成了"校内导师合作模式""校际导师合作模式"与"校企导师合作模式"，以及"校内导师主导""校外导师主导"和"平衡协调"模式。[2]"双导师制"为 MBA 研究生配备校内学术导师和企业导师两位导师，校内学术导师主要承担 MBA 学员的专业知识课程的讲授以及论文写作和研究的相关指导，企业导师负责研究生实践能力的培养以及实际工作的指引，两位导师共同发挥作用，全面培养 MBA 学员。

但我国目前的"双导师"制度在运行中逐渐呈现出部分问题。首先，实践导师的作用没有得以很好的发挥。导致这一问题的原因有两方面：一是实践导师对于 MBA 学员的指导处于实践和工作方面，对于研究生前期学习过程中的学业完成没有实质性帮助，所以会导致部分 MBA 学员对于

---

[1]《南开大学在深圳首创 MBA 双导师制》，载 http://edu.sina.com.cn/l/2001-10-25/17240. html，最后访问日期：2021 年 10 月 10 日。

[2] 李太卫、邱法宗：《专业硕士培养体制调整下的双导师问题及对策》，载《长春工业大学学报（高教研究版）》2010 年第 4 期。

实践导师的不重视以及忽视其作用，不能主动与实践导师联系沟通。二是实践导师对于 MBA 学员缺乏一定的控制力。高校为学员配备的实践导师往往是有自身职场工作的人士，他们一方面忙于自身事业，无暇过多顾及研究生培养，另一方面是学校缺乏相应的制度规定，所以也不受学校管理方面的约束，学校对实践导师难以做到深入的要求。

其次，学术导师缺乏实践经验。在我国目前的 MBA 学术导师群体中，大部分都是具有博士学位和副教授以上职称的专业人才，他们都接受过良好的教育和学术的积累，具有深厚的学术修养和眼光，但与此同时他们也大都是在传统培养模式下成长起来的人才，缺乏实战和实践经验。对于 MBA 这样一个对实践和应用的能力要求较高的专业来说，仅仅停留在书本的理论知识不能满足现在经济社会对于 MBA 人才的要求。学术导师缺少对于工商企业管理经营的亲身体验和感悟，就会导致教学缺乏前瞻性和实践性。

最后，实践导师与学术导师存在分工不明确的问题。"双导师"制度的最终目的是在两者的相互协作下共同完成 MBA 研究生的培养任务，应该始终贯穿于 MBA 培养的全过程。从 MBA 学员学术型专业知识课程设置，实践能力的培养、毕业论文指导撰写答辩等各环节都需要实践导师与学术导师共同参与，一起完成。在实际"双导师"制度实施的过程中，存在实践导师与学术导师缺乏有效沟通，致使不能及时掌握学员的学习状态，如学术导师不清楚学员在企业单位承担的实践课题情况，疏于对学员进行学术指导。

基于以上"双导师"制运行过程中出现的问题，可以从以下方面寻找解决路径：

(一) 提升 MBA 校内导师自身的创新思想认识和实践能力

一是培养校内学术导师的创新思维，关注管理学科的前沿，锻炼具备国际化视野的创新思维。二是可以通过教师职称和评优评选与到企业锻炼适当挂钩的激励机制，鼓励校内学术导师到企业开展案例项目研究，丰富实战经验，充实教学内容。

（二）加强与企业的交流参观与合作，引入高质量的企业导师队伍[1]

借鉴国外的优秀经验，在 MBA 人才培养过程中，企业参观调研和模拟运营是实践能力培养中非常重要的环节，鼓励学员到实践导师所在的企业去参观学习。前期实践导师需要向学员简单介绍参观企业的相关知识以及重点学习内容，在参观学习过程中注重双向沟通和交流，实践导师可以以企业管理者和导师的双重身份，精准深入地向学院介绍企业和整个行业的经营情况，后期参观结束，可以组织座谈会，在座谈会期间，学员对学习参观内容进行回顾和总结，导师对于学员问题集中回答和复盘，在此基础和流程之上，才能完成有效有力的参观实习，有的放矢。

（三）促进校内外导师沟通协作

培养 MBA 单位应该强化联合意识，构建有效的校内外导师交流渠道，构建双导师制的 MBA 协同培养的新模型，从而建立起具有实效的校内外合作体制。[2]校内学术导师主要负责教授学员学术型专业理论知识，在理论研究上帮助学员进行更加深入的学习，校外实践导师则只要负责引导学员了解行业的最新动态，培养解决实践问题的能力，增加 MBA 学员的社会阅历。学术导师与实践导师要加强沟通，及时有效地掌握学员的学术水平和实践能力提升情况，充分调动校内和校外合作的积极性，共同协作培养务实型、复合型和应用型高层次管理人才。[3]

五、开启后 MBA 时代，形成学校与毕业学员联动机制共同成长

毕业学员完成 MBA 学业后，在职场的职业竞争力是验证 MBA 人才培养成果的重要考核标准。大多国内 MBA 院校采用问卷调查方法，请已毕业 MBA 学员评价 MBA 教育培养的效果。问卷调查的范围大多包括：学员学习期间主要收获、对事业发展的帮助、最有帮助的课程、教学中存在的

---

[1] 刘美清：《导师指导下的 MBA 研究生理论与实践培养模式创新研究》，载《学理论》2019 年第 2 期。

[2] 王作铁、陈江、李平：《基于双导师制的应用技术型大学实践教学模式研究》，载《绥化学院学报》2015 年第 6 期。

[3] 刘召山、李焕荣、张均燕：《工商管理硕士专业学位研究生双导师制建设问题与策略探索》，载《教育现代化》2018 年第 41 期。

问题、对师资满意度、毕业后求职状态、毕业后所在行业及职位、现工作与就读前工作是否相关、现工作与论文方向是否相关、现工作与就读前工作薪资增幅等方面。每一年毕业学员问卷反馈的信息，MBA 院校会统计分析，作为调整 MBA 培养方案的重要参考依据，进而提升 MBA 教育质量，提高学员职业能力。

MBA 教育的发展总是紧追时代前进的步伐，MBA 优秀校友在各自事业中担任要职，是接触中国经济组织发展最前沿的中坚力量，是 MBA 院校宝贵的资源。为了结合中国经济产业的实际发展需要，创新经济管理知识，服务于产教融合，MBA 院校将校友导师工作作为一项重要工作。校友导师带来行业实践的经验总结与敏锐洞察，这对于提升 MBA 学员职业能力尤为重要。如何更好开展校友导师工作？清华大学副校长杨斌教授提出了"五个一"，即每学期与学生面对面见一次面，每学期与学生共同读一本书，每年邀请学生参访自己的岗位，每年与学生游玩一次，每年给学生就某一主题写一段文字。他认为，这"五个一"是底线要求，校友导师与 MBA 学生之间还应扩大身心、精神层面的交流。以清华经管学院为例，MBA 校友人数在学院校友总数中居冠，从学院校友会及校友组织的划分情况看，按教学项目划分，有本硕博、MBA、EMBA 及高管教育 6 个校友会；按区域分布，划分为中国、亚洲其他国家、北美洲、欧洲等 18 个区域校友会；按行业领域，则有金融协会、房地产协会等 9 个校友组织。校友组织架构清晰明了，工作方向包含四个维度：增强校友凝聚力和归属感，支持校友终身学习与职业发展，整合学院校友资源并搭建校友平台，鼓励校友参与学院的建设与发展。校友工作从不同纬度构建了广阔的职场资源信息平台，推进了 MBA 教育校企合作、增加校外实践导师人选、拓宽学员实习实践领域、实现毕业生职业转变、助力 MBA 学员职业能力可持续提升。

课程与教学

Ke Cheng Yu Jiao Xue

全英文中国部门法课程的定位分析及教学体系构建

杜 闻*

一、我国目前存在对外专业信息交流的失衡状况

经改革开放 40 多年的高速发展,我国目前已成为全球第二大经济体。例如,在新冠肺炎疫情冲击全球的背景下,我国成为 2020 年唯一正增长的主要经济体。国家统计局数据显示,按目前测算的年平均汇率折算,2020 年我国 GDP 达到 14.7 万亿美元,稳居世界第二,占世界经济比重约 17%。[1]这一方面表明中国政府扩大内需的经济政策是富有成效的,另一方面也显示出对外开放的红利非常充足。中国是自由贸易的坚定维护者,也是多边主义的坚定维护者,我们积极对外开放的大门是越开越大。我们坚持共商、共建、共享,积极推动"一带一路"的建设,建设发展的红利逐步显现。2019 年前 5 个月,中国对"一带一路"沿线国家的进出口增长 9%,引进外资数量同比增长 6.8%。[2]

在上述大背景下,我国未来与世界各国及各国际组织之间的

---

* 杜闻,中国政法大学民商经济法学院民诉法研究所副所长、副教授。
〔1〕《2021 年中国经济八大趋势》,载新浪财经,https://baijiahao.baidu.com/s?id=1689916598891957357&wfr=spider&for=pc,最后访问日期:2021 年 5 月 26 日。
〔2〕《中国经发发展前景有良好支撑》,载中国经济网,http://www.ce.cn/xwzx/gnsz/gdxw/201906/14/t20190614_32368809.shtml,最后访问日期:2021 年 5 月 26 日。

交流与合作不但不会减少，反而会继续增多增强。为此，国家需要进一步培养大批既精于专业知识又能熟练运用专业外语进行口头及书面交流的人才。由于英语在国际交往中占据着通用语（lingua franca）的优势地位，故就此处所言的"外语"来说，专业英语应占很大的比重。因此，所谓既精于专业又能熟练运用专业外语的人才在很大程度和比例上是那些能熟练用英语做专业交流的人才。而在这些人才中，相当一部分应为"精英明法"型的人才。在此，所谓"精英"指的是能够熟练运用法律英语，而"明法"的含义则是精通相关的中外法律。

所谓"精英明法"的人才，也被称为"涉外法律人才"。其是在经济全球化背景下，具有国际视野、通晓国际规则、善于处理涉外法律事务、能够参与国际合作与国际竞争的高端复合型法律人才。涉外法律人才需要具备两方面的能力：一方面，精通外语具有国际视野；另一方面，熟悉国内外法律，明晰国际规则，具有参与国际法律事务的实务能力。[1]在上列表述中，有两点值得注意：一是这些人才应具有"善于处理涉外法律事务"的能力。而所谓"涉外法律事务"则包含两点：其一须在境外处理的涉外法律事务，其二需要境内处理的涉外法律事务。很明显，就后一法律事务的处理而言，有关人才必须具有以地道外语（主要是英语）准确表达有关中国法知识的能力。此外，前面提到的"熟悉国内外法律"，既是指熟悉外国的相关法律，也是指熟悉有关的中国法律。二是这些人才也应具有将中国法知识以地道外语，与外籍当事人及无国籍当事人及时和充分沟通的能力。

我国政府不仅一直高度重视培养"精英明法"型人才，而且已经在这方面做了大量富有成效的工作。例如，我国司法部早在《法学教育"九五"发展规划和2010年发展设想》中就明确提出"'重点培养高层次的复合型、外向型法律人才和职业型、应用型法律人才'的教育培养模式，第一次对法学素质教育和技能教育提出了新的教学要求。与此相呼应的是高等学校大学外语教学指导委员会于1998年制定了新修订后的《大学英语教学

---

[1] 祖彤、周淼：《"一带一路"倡议下涉外法律人才培养策略探究》，载《理论观察》2019年第7期。

大纲》。该大纲将原大纲中规定的'专业阅读'修改为'专业英语'"。〔1〕2011年12月23日,教育部、中央政法委联合发布的《关于实施卓越法律人才教育培养计划的若干意见》也明确提出:"适应世界多极化、经济全球化深入发展和国家对外开放的需要,培养一批具有国际视野、通晓国际规则,能够参与国际法律事务和维护国家利益的涉外法律人才。"据此,教育部于2012年遴选出了北京大学、中国人民大学、清华大学等22所高校设立"涉外法律人才教育培养基地",改变了以往法科院校自觉自发的培养模式,开启了以国家财政为保障的"相对建制化"的发展新阶段。〔2〕

国家主席习近平在2013年提出了"一带一路"的倡议。这一高屋建瓴的决策不但顺应了时代发展的潮流,而且对我国的进一步发展繁荣具有里程碑意义。为了加大推进"一带一路"法律人才培养,2014年10月23日发布的《中共中央关于全面推进依法治国若干重大问题的决定》明确提出"创新法治人才培养机制";2015年11月29日发布的《中共中央关于制定国民经济和社会发展第十三个五年规划的建议》指出,推进"一带一路"建设要"广泛开展教育、科技、文化、旅游、卫生、环保等领域合作";2016年12月30日发布的《司法部、外交部、商务部、国务院法制办公室关于发展涉外法律服务业的意见》提出进一步建设涉外法律服务机构,健全涉外法律服务方式。2016年7月13日教育部发布的《推进共建"一带一路"教育行动》提出开展教育互联互通合作,共建丝路合作机制。〔3〕此外,无论是习近平主席所作的党的十九大报告,还是《国家中长期教育改革和发展规划纲要(2010—2020年)》,教育部、中央政法委联合发布的《关于坚持德法兼修实施卓越法治人才教育培养计划2.0的意见》、党的十八届四中全会审议通过的《中共中央关于全面推进依法治国若干重大问题的决定》等,都明确表达了同样或类似的要求,即我国应有

---

〔1〕 牛晓:《法律英语教学模式的探索》,载《云南大学学报(法学版)》2009年第6期。
〔2〕 方桂荣、宋群力:《培养涉外法律人才的路径优化》,载田士永主编:《中国法学教育研究》(2020年第1辑),中国政法大学2020年版。
〔3〕 聂帅钧:《"一带一路"倡议与我国涉外法律人才培养新使命》,载《重庆高教研究》2019年第2期。

计划地培养一批具有国际视野、通晓国际规则,能够参与国际法律事务和维护国家利益的涉外法律人才。

在党中央和各级政府的关心和支持下,我国"精英明法"人才的培养取得了长足的进展。这主要体现在以下两个方面:第一,"目前,全国有 300 多所院校开设了法律英语课程,约 30 所高校设置了法律英语复合专业(张法连,2018)"。[1]第二,国际化法律人才培养基本上包括了两个方向:一是擅长比较法研究的法学研究和教育机构,以外国法理论的知识为出发点,长期以来进行着法基础理论和法律制度移植的努力,完成了权利本位、正当程序、法治国家、宪政理论、司法改革、人权理论、法律解释、犯罪构成、判例研究等主要法学理论和部门法领域的学术构建基本作业。二是"以培养外事、经贸法科人才为目标的法科院校及比较强势的国际法专业,基本上成为以职业主义为导向的国际化法律人才培养的重镇。前者主要有北京大学、外交学院、武汉大学、北京外国语大学、复旦大学的国际法专业,后者主要是对外经济贸易大学、上海海事大学、厦门大学、华东政法大学、大连海事大学、中山大学等外贸、海事和语言类等涉法专业。可以说,以上综合性大学的国际法专业,抑或外贸、海事和语言类的法科毕业生们,长期以来占据着中国外交、外贸和国际航运法务界的主流。[2]

在肯定上述成就的前提下,我们也应注意到我国在这一领域中尚存一些缺陷。这些缺陷主要表现在两个方面:第一,我国的法律英语教学及学理研究存在一定的不足。因相关领域的学者对此已多有论述,故本文不再就此赘述。第二,改革开放 40 多年来,作为"精英明法"人才培养必要前提的中外信息交流一直存在失衡的问题。其具体表现是:多年来,中外交流在很大程度上并非双向并重的,而是侧重单向引进的,即我国引进来的国外信息很多且很充分,而能以地道外语方式发送出去的我国专业信息则较少。这种失衡性的单向信息交流有两个具体的外化标志,即西学东渐,以及与国际接轨。随着我国国家实力的日益上升,这种失衡状态将愈

---

[1] 叶洪、王凯伦:《〈国标〉视域下法律英语专业课程需求与建构研究》,载《外国语文》2019 年第 6 期。

[2] 杨力:《国际化法科人才培养格局及协同》,载《法学》2015 年第 6 期。

发严重。这种状态将不利于两个目标的达成：一是及时准确地将我国法律行业的信息传递出去，从而力争得到更多国外受众的理解。这种理解的"基本盘"做大以后，对我国在国际上各个法律领域争取话语权甚至是领导权大有好处。二是培养更多、更优秀的"精英明法"人才，从而进一步助力我国的国力提升。

一般来说，一个国家的实力分为两种：硬实力和软实力。所谓硬实力是指支配性实力，是指一国的经济力量、军事力量和科技力量。通俗地说，硬实力是指看得见、摸得着的物质力量。我国政府近年来大力倡导的"走出去"主要是指我国企业等实体的对外投资与合作。这是硬实力的典型体现。对比而言，所谓软实力是指一个国家的文化、价值观念、社会制度等影响自身发展潜力和感召力的因素。与硬实力的建设相比，软实力的建设和发展更为困难和复杂。

就我国的软实力提升而言，不但应在对国内宣传上做得更好，也应持续增强对国外的信息投送力度。其目的是使世界各国及各地区能及时和准确地获得有关我国各个行业的最新信息和动态。换言之，要确立中国在世界上的话语权和领导地位，前提在于把中国各行业的真实情况及时传送出去。外语仅是对外信息传递的手段，通过传播准确信息而获得理解才是目的所在。而获得理解是建立互信和认同的必要前提。只有通过坚持不懈的努力和建设性工作的积累，才会有越来越多的国外人士对我国的文化、价值观念、社会制度等产生兴趣，进而对我国的发展潜力及感召力作出积极正面的评价。

本文认为，将我国的各种专业信息以地道生动的外语传播到国外也是一种非常重要的"走出去"内容。在本质上，其也属于我国软实力建设的重要组成部分。其中，就我国法律领域而言，这种"走出去"是指以地道的外语（主要是英语）对中国的法律及司法解释等规范、法学理论、司法实践活动、法学教育活动，以及独特法律文化等做及时和系统的对外介绍。从学理角度看，这种及时和系统的对外介绍可以分为两大部分：一是书面的介绍。这主要是指撰写和发表高质量的英文专业论文及出版高质量的英文法律专业书籍（如部门法教材和专著等）。二是口头的介绍。这主要是指开设各种涉及中国部门法的全英文专业课程，系统性地对有志成为"精英明法"人才的中国学生及感兴趣的外国留学生做专业性的授课。

本文认为，上段所说的两大部分都是我国在软实力"走出去"方面短板的典型体现，亟待改进。首先，就法律专业课的全英文教学而言，我国有关高校开设的相应课程一般局限于国际法领域（如国际公法、国际私法、国际商事仲裁等）。例如，近年来，依托法英双学位班和国际型卓越法律人才实验班，山东大学法学院逐步实现了国际法类所有课程全部采用国际通用原版教材且全英文授课的目标。目前，共开设全英文授课课程14门。[1]与此同时，对于本土色彩比较浓郁的部门法（如我国的刑法、刑事诉讼法、民法、民事诉讼法、强制执行法等），我国高校则面临着此类课程开设严重不足的问题。其次，我国学者撰写和出版的全英文中国部门法教材及学术专著不但数量稀少，且种类不全。这种状态既难以满足国外专业人士（含来华的外国留学生）了解相关情况，也不利于那些有志于成为"精英明法"人才的我国学生学习。例如，通过在百度搜索引擎中输入"全英文中国部门法教材"的关键词，作者仅找到以下5本全英文的部门法书籍。它们分别是：①袁达松所编著的《中国证券法——案例与规则（英文版）》（*Chinese Securities Law: Cases and Rules*）（高等院校双语示范教材·法学系列，对外经济贸易出版社2013年版）；②朱羿锟所著的《中国商法（英文版）》（*China's Commercial Law*）（法律出版社2003年版）；③曲三强所著的 *Copyright in China*（外文出版社2002年版）；④胡良荣、冯涛、林丽编写的《知识产权法（英文版）》（*Intellectual Property Law*）（法学双语教材，江苏大学出版社2012年版）；⑤阎铁毅、王馨德、谭万成及许民强合著的《中国行政法（英文版）》（*China's Administrative Law*）（大连海事学院出版社2005年版）。再如，就我国民事程序法专业而言，作者只在国内找到了以下两本全英文的教科书：一是 *Chinese Civil Procedure and the Conflict of Laws*（by professor Chen Weizuo, Tsinghua University Press 2011 edi-

---

[1] 周长军、石莹：《涉外法律人才培养的探索与实践——以山东大学法学院为例》，载王瀚主编：《法学教育研究》（第15卷），法律出版社2016年版。

tion）；二是 *Chinese Civil Procedure and the Conflict of Laws* （by professor Wang Shizhou, the Law School of Peking University, Wolters Kluwer Law & Business）。这两本书存在的主要问题是：①出版年代较早，既无法反映经 2017 年 6 月修改后的《中华人民共和国民事诉讼法》的最新内容，也无法反映相关配套司法解释的最新立、改、废情况；②该两本书的篇幅都较短，且都用一定的章节介绍我国有关冲突法的内容，故其对我国民事程序法（含民事诉讼法、民事证据法及强制执行法等）内容的介绍是基础性和粗线条的。申言之，这两本书的内容缺乏足够的专业深度和充分的体系性，难以让国外读者对我国民事程序法的内容及其在司法实践中的运用情况有一个全面且深入的了解和认识。又如，2017 年到 2018 年间，本人到美国哥伦比亚大学法学院做为期 1 年的公派访问学者。在法学院的图书馆里，竟然没有一本介绍我国内地民事诉讼法或民事司法审判制度及活动的英文书籍或专著！对比来看，介绍我国香港地区民事程序法的英文专著却有 3 本之多。[1]与此同时，笔者也找到了英文版的德国[2]、法国[3]和日本民事程序法方面的书籍和专著。其中，数量最多的是日本民事程序法的书籍，竟然有 16 种之多（10 本专著、2 本简介日本民事司法制度的书以及 3 本日本民事程序法律法规的英译本）！其中，既有作为几代美、日两国作者（法官及律师）团结协作结晶的大部头权威著作，[4]也

---

〔1〕 它们分别是：Crispin Rapinet & Allen Leung, *Civil Litigation* (3rd edition), Hong Kong: Sweet & Maxwell Asia, 2002; Sala Sihombing, Christopher To & James S. P. Chiu, *Mediation in Hong Kong: Law and Practice*, Hong Kong: Wolters Kluwer Law & Business, 2014; Micheael Moser & Chiann Bao, *A Guide to the HKIAC Arbitration Rules*, Oxford, UK: Oxford University Press, 2017。

〔2〕 它们分别是：Peter L. Murray & Rolf Stürner, *German Civil Justice*, Durham, NC: Carolina Academic Press, 2004; co-edited by Karl-Heinz Böckstiegel, Stefan Michael Kröll & Patricia Nacimiento, *Arbitration in Germany: The Model Law in Practice* (2nd edition), the Netherlands: Kluwer Law International, 2015。

〔3〕 它们分别是：Peter Herzog, with the collaboration of Martha Weser, *Civil Procedure in France*, the Hague, the Netherlands: Martinus Nijhoff, 1967; trans. By Philip Raworth, *The French Code of Civil Procedure Law in English*, London, UK: Thomson Reuters, 2017。

〔4〕 Co-edited by Yasuhei Taniguchi, Pauline C. Reich & Hirot Miyake, *Civil Procedure in Japan* (revised 2nd edition), New York: Juris Publishing Inc., 2009。

有相当数量的专题性著作。[1]尽管这仅为作者就自身所学专业（民事程序法学）得出的管窥蠡测，但笔者认为其应该带有一定的普遍性。如不设法改变这种对外专业信息交流的失衡状况，则国外对中国法律及司法活动就会缺乏及时和准确的了解。时间长了，不但会对实施"走出去"形成巨大的阻碍，而且会导致在国际社会中树立中国法律正面形象的工作遭遇挫折。

二、全英文中国部门法课程的定位分析

（一）全英文中国部门法课程与法律英语课程判然有别

就本文第一部分揭露出来的诸问题，因就中国部门法写作及出版全英文书籍的事项已超出本选题范围，故下文中不再赘述。笔者接下来将全力解决另一个制约我国法律及法学走向世界的问题，即全英文中国部门法课程的开设问题。具体来说，其包括两个方面的事项：一是该课程的定位分析，二是该课程相应的教学体系构建。就此而言，可能有学者会认为：在

---

[1] 它们分别是：Takeshi Kojima, Civil Procedure and ADR in Japan, *The Institute of Comparative Law in Japan*, Tokyo: Chuo Univeristy Press, 2004; Masaaki KONDO, Takeshi GOTO, Kotatsu UCHIBORI, Hiroshi MAEDA & Tomomi KATAOKA, *Arbitration Law of Japan*, Tokyo: Shojihomu Co., Ltd., 2004; Yasunobu Sato, *Commercial Dispute Processing and Japan*, the Hague, the Netherlands: Kluwer Law International, 2001; Dan Fenno Henderson, *Conciliation and Japanese Law Tokugawa and Modern* (Vol. I), Tokyo: University of Tokyo Press, 1965; Dan Fenno Henderson, *Conciliation and Japanese Law Tokugawa and Modern* (Vol. II), Tokyo: University of Tokyo Press, 1965; Joseph W. S. Davis, contributed by H. ODA & Y. Takaishi, *Dispute Resolution in Japan*, the Hague, the Netherlands: Kluwer Law International, 1996; Matthew J. Wilson, Hiroshi Fukurai & Takashi Maruta, *Japan and Civil Jury Trials: the Convergence of Forces*, Cheltenham, UK, Edward Elgar Publishing, 2015; Anna Dobrovolskaia, *The Development of Jury Service in Japan: A Square Block in a Round Hole?*, London: Routledge, Taylor & Francis Group, 2017; Carl F. Goodman, *Justice and Civil Procedure in Japan*, New York: Oceana Publications, Inc., 2004; Frank K. Upham, *Law and Social Change in Postwar Japan*, Cambridge, MA: Harvard University Press, 1987; the Supreme Court of Japan, *Outline of Civil Litigation in Japan*, 2005, Columbia Law School Library 3 5005 01079 620; Court System of Japan, Columbia Law School Library, 3 5005 00523 921Z; Ministry of Justice of Japan, Research & Training Institute, Civil Execution Act, Japan International Cooperation Agency, Columbia Law School Library 3 5005 006 16 813; Ministry of Justice of Japan, Research & Training Institute, Executors' Law Regulations for Executors, Japan International Cooperation Agency, Columbia Law School Library 3 5005 00383 048 $; Ministry of Justice of Japan, Research & Training Institute, Civil Preservation Law Regulations for Civil Preservation, Japan International Cooperation Agency, Columbia Law School Library 3 5005 00383 051X。

我国已逐渐发展成熟的法律英语课程体系、数量巨大的配套教材及日益系统化的教学方式方法应能够解决这两个问题。但笔者却无法认同该观点。其原因在于：尽管从表面上看，我国部门法的全英文课程与我国的法律英语课程有一定的相似性，但实际上两者却迥然不同。

具体来看，全英文中国部门法课程与法律英语课程的区别主要表现在以下17个方面：第一，这两门课的学科归属和定位不同。就前者而言，它是用英语讲授的法学课程，故其为典型的特定部门法学的组成部分。与用汉语教授的我国部门法相比，其最大的区别是将教学媒介语（medium of oral and writing instruction）改成了英语。对比来看，"法律英语是英语语言学与法学有机结合而衍生的一门新兴交叉学科。法律英语隶属于法律语言学之下，源起于应用语言学中的专门用途英语（English for Specific Purposes，简称ESP）"。[1]例如，根据《中华人民共和国国家标准学科分类与代码》（GB/T 13745-2009），法律英语隶属于"语言学"门类下的"应用语言学"。[2]而根据《普通高等学校本科专业目录（2012年）》，法律英语学科应归属"文学"学科门类下的"外国语言文学"。[3]申言之，法律英语不是法学课程体系的组成部分，而属于专门用途英语课程体系中的一部分。第二，这两个课程设置的指导思想不同。就全英文中国部门法课程而言，其指导思想非常明确，即以英语为语言载体，全面系统地讲授某个中国部门法的知识点。其教学目的有二：其一，通过学习本课程，使学生具有向母语或工作语言是英语的外籍或无国籍人士正确讲述（含口头和书面两种方式）我国相关部门法的规定，以便后两者能够理解这些法律制度的含义、作用和效果，能够合法恰当地处理涉及我国法律的诉讼及非诉事务。其二，作为我国软实力"走出去"的组成部分之一，将涉及该部门法的有关信息准确且及时地传送出去。对比来看，法律英语课程却一直饱受指导思想不明确的困扰。其具体表现是：学界对于法律英语是通过英语学法律，还是通过法律学英语，以及它究竟是一门知识性课程还是一门

---

[1] 华裕涛：《基于需求导向的法律英语课程建构研究》，载《外语学刊》2017年第6期。
[2] 张法连：《法律英语学科定位研究》，载《中国外语》2019年第2期。
[3] 张法连：《法律英语学科定位研究》，载《中国外语》2019年第2期。

技能性课程一直存在争议。"关于法律英语教学，教师是要用英语教法律，还是要借助法律的形式来达到教授英语的目的？简单地说，法律英语教学究竟是要教法律，还是要教英语？怎么教，才能实现法律英语的教学目标？这是一个教学理念问题，也是一个有争议的话题。"[1]甚至就法律英语课程的标准英文表达，学界也有人持不同的看法。例如，"我国学术界多认为法律英语就是英美等国家所使用的法律语言。如：法律英语（Legal English），即英语国家中的'Legal Language'或'Language of the Law'，指在英文中阐述法律原理、立法、诉讼或非诉讼法律事务等所使用的专业语言"。[2]但也有学者对此表示异议。其认为，"英美法律语言（the Language of the Law）是指在以英语为官方语言的国家里，法律工作者在司法活动或者与法律相关的活动中所使用的语言。法律英语（English of the Law）是指各国的法律工作者在涉外司法活动中或者在从事与法律相关的涉外活动中用以处理法律事务的英语"。[3]在某种程度上，这种课程定位不清的尴尬局面甚至对法律英语课教材的编写造成了负面的影响。例如，"许多法律英语教材对此没有清晰认识，在教材编写过程中，总是纠结于法律知识的完整性和英语语言技能的实用性，不知道应该把重心放到哪一个方面。这也造成学习者的混乱，以至于他们读完一本法律英语教材，感觉对法律知识和英语技能都是一知半解，不知所云。这是制约法律英语教材内容优化和水平提升的主要瓶颈"。[4]对比来看，全英文中国部门法的教材编写工作并不存在此类问题。第三，全英文中国部门法课程并不具备形成独立学科的可能与潜力。其仅为我国现有各部门法之学科及课程体系的组成部分。此外，就涉及该课程的理论基础、课程设置及教学方式方法等问题而言，我国学界尚未做系统性的学术研究，基本上属于尚待开发的"处女地"。例如，笔者以"全英文法律""全英文中国法""全英文中国部门法"，以及"全英文中国法律"等4个关键词在"知网"上进行检索，得

---

[1] 屈文生：《法律英语教学须直面的若干问题》，载《中国外语》2017年第4期。
[2] 何柳青：《法律英语含义探究》，载《长江大学学报（社会科学版）》2012年第3期。
[3] 何柳青：《法律英语含义探究》，载《长江大学学报（社会科学版）》2012年第3期。
[4] 张瑞嵘：《我国法律英语教材编撰与出版探析》，载《出版科学》2016年第3期。

到的结果显示：自 2004 年迄今，发表的相关论文仅有 9 篇。而 2004 年前，则 1 篇也没有。[1] 对比来看，"我国的法律英语学科起始于 20 世纪 70 年代末，经历了起步和形成、探索与多元发展、快速发展与独立学科地位形成等 3 个发展阶段。经过近 40 年的发展，法律英语学科体系日趋成熟，逐渐显现出独立学科性质"。[2] 例如，在学术研究方面，国内学界已有了一定的积累。"国内法律英语研究肇始 1984 年《商业法律英语的语言特点》（胡润福，1984）。"[3] 据有关学者调研，"在 2000 年 5 月至 2019 年 5 月期间发表在北大核心和南大 CSSCI 期刊上的 172 篇有关法律英语的研究论文"。[4] 此外，从 1993 年到 2012 年，法律英语界获得了一定数量的官方研究立项。例如，"从 2011 年起，平均每年有两项法律英语相关的国家社科项目立项，如'基于文化视角的法律语言翻译研究''现代英汉法律大词典''法律术语译名统一与规范化研究'等。此外，还有一批教育部人文社科基金立项，如'法律英语课程体系研究'（重点项目）、'法律英语学科规划研究'等"。[5] 又如，在教学实践操作方面，"法律英语作为一门专业的时机已经成熟。事实上，早有高校走在了改革的前沿。西北政法

---

[1] 这 9 篇论文是：王久灵：《高校非语言专业全英文教学探索与实践——以北京理工大学珠海学院民商法律学院全英文教学改革为例》，载《英语教师》2016 年第 8 期；胡袁园、于书娟：《面向来华国际学生的全英文中国概况课程教学——基于江南大学全英文中国概况课程的实践探索》，载《教育观察》2019 年第 35 期；骆梅英、韩宁、罗文燕："卓越"导向下留学生法学本科专业课程建设与教学方法——以中国行政法全英文课程为例》，载《法学教育研究》2019 年第 2 期；彭海青：《全英文法律教学的经验、困难与发展探索——北京理工大学法学院实践的个案分析》，载《法学教育研究》2019 年第 2 期；张曼：《法律硕士商法全英文教学实践与改革探索——以陕西高校为例》，载《辽宁教育行政学院学报》2019 年第 6 期；李文：《全英文金融法学教学的思考——以中国政法大学研究生通选课为例》，载田士永主编：《中国法学教育研究》（2020 年第 2 辑），中国政法大学 2020 年版；张曼：《法律硕士商法课程全英文教学障碍与解决路径》，载《宜春学院学报》2020 年第 4 期；宗雪萍、崔勇涛：《法学研究生"沉浸式"全英文教学困境与探索》，载《牡丹江大学学报》2020 年第 5 期；王哲、王慧：《留学生知识产权法全英文教学实践研究与探讨》，载《教育现代化》2020 年第 49 期。

[2] 张法连：《法律英语学科定位研究》，载《中国外语》2019 年第 2 期。

[3] 苗青：《高校开展专门学术英语教学之瓶颈与对策刍议——以法律英语教学为视角》，载《外语教学理论与实践》2014 年第 3 期。

[4] 胡朝丽：《近 20 年我国法律英语教学研究现状及走向》，载《外国语文》2019 年第 6 期。

[5] 张法连：《法律英语学科定位研究》，载《中国外语》2019 年第 2 期。

学院在 1995 年就设立了法律外语系，并取得了显著的效果"。[1]"到目前为止，我国已有超过 400 所高校开设了法律英语课程或设置了法律英语专业（方向）。"[2] 其中，"有的院校将其作为英语专业本科生的重要选修课，有的院校设置了法律英语双学位班，有的院校设立了法律英语本科专业，还有一些高校已招收法律英语相关的硕士生和博士生"。[3] 第四，两者的授课内容差异很大。全英文部门法课程以英语来传授中国特定部门法的知识，而法律英语则主要是对外国（特别是英美法系）的法律知识、法律术语、法律表达方式、法学理论和法条内容做一种原则性、基础性和体系性的传授。第五，全英文部门法课程属于 14 门法学核心课程在讲授语言方面的新发展。其基本特点是：讲授的内容是传统的，但讲授所使用的语言却改用全新的外国语（英语）。对比而言，法律英语课程则属于存在时间更久且较为成熟的课程及课程体系。在国外，"法律英语特征研究在十九世纪中叶已有初步探讨。"[4] 而"我国的法律英语教育兴起于民国时期，当时一部分高校开设相关课程，采用英文原版或者译介的教材"。[5] 就新中国而言，"法律英语教学在 20 世纪 70 年代末 80 年代初已经出现"。[6] 其中，"中国政法大学和中山大学率先尝试开设法律英语课程，开创了国内法律英语教育先河。之后，中南政法学院于 1994 年成立'法律外语系'，华东政法大学于 1994 年成立'中美国际律师培训中心'，西北政法学院英语系于 1995 年设立四年制英语专业法律英语方向，开启法律英语专业本科生的培养，《西南政法大学学报》率先开辟发表法律英语教学与研究的专栏"。[7] 第六，承担这两门课程教学任务的教师不同。"关于法律英语，从

---

[1] 胡朝丽：《近 20 年我国法律英语教学研究现状及走向》，载《外国语文》2019 年第 6 期。
[2] 张法连：《法律英语学科定位研究》，载《中国外语》2019 年第 2 期。
[3] 张清：《以内容为依托的法律英语教学探究——以美国合同法为例》，载《中国外语》2019 年第 2 期。
[4] 李立、官明玉：《法律英语研究可视化分析：发展与展望》，载《浙江工商大学学报》2018 年第 4 期。
[5] 张瑞嵘：《我国法律英语教材编撰与出版探析》，载《出版科学》2016 年第 3 期。
[6] 胡朝丽：《近 20 年我国法律英语教学研究现状及走向》，载《外国语文》2019 年第 6 期。
[7] 张法连：《法律英语学科定位研究》，载《中国外语》2019 年第 2 期。

课程的主要提供者来看，既有外语院系也有法律院系。"[1]对比来看，由于英语专业老师难以在相关部门法上有较深层次及系统化的学术造诣，故全英文中国部门法课程应仅由精通英语的法律专业教师任教。第七，全英文中国部门法课程在传授内容上窄且深，自成体系。对比来看，后者在传授内容上则具有广、碎及浅的特点。为此，研究法律英语教学的学者坦言："法律知识广博浩瀚，而法律英语课程课时数长短不一。我们无法把一门法律英语课按照个专业来讲授。"[2]此外，讲授内容的广、碎及浅在配套的法律英语教材内容中也有同样的体现。例如，据张法连教授介绍，"法律英语的专业课程体系分为3个模块：英语语言知识模块、法律英语知识模块和法律英语技能与实践模块。其中，仅在第二个模块（即法律英语知识模块）中有一门名为'中国法概况（英文）'的课程"。[3]第八，两者在具体的教学方法上存在明显区别。法律英语课程的基本教学方法与传统的通用英语基本一致。"传统语言教学的遣词造句、语篇分析、英汉互译等教学方法同样适用于法律英语课堂教学。换言之，基于 ESP 的法律英语教学仍然是以听、说、读、写、译的语言技能训练为主。"[4]对比来看，全英文中国部门法课程则完全不同。该课程强调以英语作为语言载体，对本部门法的相关知识点做全面系统的讲授。其主要的教学方法是法条解释法、案例分析法、法经济学方法、法社会学方法及法历史文化学等传统法学教学方法。在此期间，所谓传统语言教学的遣词造句、语篇分析、英汉互译等教学方法只是次要的辅助手段而已。此外，这两门课程在教学媒介语言的使用方面，差异也较大。具体来说，全英文中国部门法课程百分之百用英文完成各项知识点的讲述。与此同时，学习本课程的学生也须全部用口头及书面英文完成该课程中的师生互动、论文写作及考试作答。对比来看，法律英语课程的相关情况则比较复杂。例如，据国内学者研究，在课堂媒介语使用上，全英文授课的近几占 7%，中英文使用比例等量的占 29%，

---

[1] 屈文生：《法律英语教学须直面的若干问题》，载《中国外语》2017 年第 4 期。
[2] 屈文生：《法律英语教学须直面的若干问题》，载《中国外语》2017 年第 4 期。
[3] 张法连：《法律英语学科定位研究》，载《中国外语》2019 年第 2 期。
[4] 华裕涛：《基于需求导向的法律英语课程建构研究》，载《外语学刊》2017 年第 6 期。

43%以英文为主，21%以中文为主。[1]第九，相关领域学者的关注热点和焦点不同。有关学者的研究显示，"国内法律语言研究主要集中在翻译、法律术语、法律语言、教学模式等几个方面，该网络有三个高中介中心性节点，即'翻译''法律翻译'及'法律语言'，这三个节点是连接国内法律英语研究各个热点的桥梁"。[2]对比来看，全英文中国部门法的研究与其用汉语讲授的同类课程一样，它们都关注相关中国法律制定、适用及修改中的热点制度问题及相应的学理问题、制度与学理之间的关系问题、现有制度存在的弊端及其完善方案等事项。第十，就法律英语课程而言，其可采取"拿来主义"的态度，直接引进西方发达国家法学院校（特别是英美法系法学院校）常年行之有效的教学方法和模式。而就全英文中国部门法课程来说，并不存在类似的"直接移植或借鉴的便利条件"。第十一，在我国很多高校中，法律英语课为必修课。例如，经 1998 年新修订后的《大学英语教学大纲》明确规定"大学专业英语（政法类院校的'法律英语'）是必修课程，并对听、说、写、译等基本技能都提出了相当于大学英语六级水平的具体要求"。[3]对比来看，全英文中国法律课程应设定为限选课。有关理由，容后文第三部分再做阐释。第十二，在可利用的教材和课本方面，两者有云泥之别。就法律英语课程而言，不但有大量国内学者编写的教材可以选用，也可直接选用由外国作者撰写的英文原版教材。就前者而言，"自从 20 世纪 70 年代末法律英语学科在我国诞生以来，先后有何家弘、宋雷、杜金榜、张法连等一批国内学者主编出版了法律英语教材并形成影响。有的法律英语专业系列统编教材包括法律英语精读、泛读、写作、翻译、视听说、英美法律文化教程，并配有配套课件，便于教师根据不同层次的学生全方位地开展法律英语教学"。[4]据不完全统计，20 世纪 80

---

[1] 张振达、李文龙：《法律英语教材及课堂媒介语调查研究》，载《语言战略研究》2021 年第 2 期。

[2] 李立、宫明玉：《法律英语研究可视化分析：发展与展望》，载《浙江工商大学学报》2018 年第 4 期。

[3] 李剑波：《论确立"法律英语"学科地位的必要性》，载《西南政法大学学报》1999 年第 1 期。

[4] 张法连：《法律英语学科定位研究》，载《中国外语》2019 年第 2 期。

年代，我国出版法律英语类图书 54 部；到 20 世纪 90 年代，这一数字达到 104 部；2000 年以后，法律英语类教材的编撰与出版更是进入快车道，截至 2014 年，我国共出版法律英语类教材及专著 742 部，其中 2007—2010 年四年间，年均出版法律英语类教材及专著超过 65 部，2011 年更是达到创纪录的 79 部。2012—2014 年虽然数量上有所回落，但年均数量仍然将近 40 部。[1] 与此同时，我国也引进了一定数量的英文原版教材。具体来说，这些引进的法律英语教材主要表现为以下两种形式："一种是完全引进原版教材，除封面为中文外，没有任何中文前言、注释和评述，如法律出版社出版的'美国法精要'系列丛书。第二种的内容是英文原版，但有编选者撰写的中英文前言，对书的重要内容进行归纳和阐释，同时文内有中文注释或者译文，如武汉大学出版社出版的《刑法》《劳动法》和《家庭法》等英国法系列丛书。"[2] 对比来看，就全英文中国部门法课程而言，如本文第一部分所示，尽管一些国内学者在这一领域出版了少量教材，但这方面的教材建设还很不完备，基本上处于"开荒"阶段。第十三，在可兹利用的研学参考书方面，两者也差异明显。经过几十年的积累，我国法律英语课程目前已有一些高质量的辅助学习工具书。例如，"由于法律英语的表达及其词义与一般英语不同，作为英语中的专门用语，在法律英语教材变化的同时，各类法律英语辞书也为法律英语教学提供了有力的帮助。如法律出版社出版的李宗锷、潘慧仪主编的《英汉法律大辞典》、科尔森主编的《朗文法律词典》、以及 2003 年由潘汉典教授等学者组织编写的《元照英美法词典》等法律辞书"。[3] 对比来看，除了已由有关机构系统翻译为英文的我国各个部门法、相关司法解释及重要案例外，全英文法律部门法在这方面还处于空白状态。第十四，大部分法律英语的教材所介绍的是比较法和外国法的知识点及学理（主要是英美法系的法律知识点和学理）。在很大程度上，这些教材内容与学生所学的国内法律知

---

[1] 张瑞嵘：《我国法律英语教材编撰与出版探析》，载《出版科学》2016 年第 3 期。
[2] 张瑞嵘：《我国法律英语教材编撰与出版探析》，载《出版科学》2016 年第 3 期。
[3] 张纯辉：《我国法律英语教材的编写与出版现状研究》，载《山西财经大学学报》2012 年第 S3 期。

识点和学理不对接，处于相互隔绝的状态中。换言之，法律英语课程讲授的内容往往也与学习此课程的学生的现实需要脱节，造成学的东西不能用、用的东西没处学的困境。对比来看，全英文中国法律课程的教材与学生所学的汉语中国部门法教材相互呼应，这有助于专业学习及专业英语学习的互相促进。第十五，该两种课程对授课对象的知识背景要求是不同的。例如，就法律英语课程而言，因其对相关的中国部门法课程并无强制性的提前研习要求，故有关学者"提出较具体务实的建议，如在政法类院校从'大一'开始选修法律英语"。[1]对比来看，如要有效提升全英文中国部门法课程的教学效果，则已学过相应汉语版部门法课程的学生应更适合选修本课程。申言之，就本科生而言，与低年级学生（如大一及大二学生）相比，高年级学生（如大三和大四学生）更适合一些。此外，与本科高年级学生相比，研一学生的适合程度则又高一些。第十六，从宏观角度看，全英文中国部门法课程更有助于实现我国软实力的提升及"走出去"的目标。对比来看，尽管法律英语课程也有助于我国软实力"走出去"这一目标的实现，但其在主体上是改革开放40多年来"引进来"在法学教育方面的体现和结晶。第十七，由于相关的学科定位、课程设置、教材建设、师资培训、教学方法等基本上处于空白状态，故开设及讲授全英文中国部门法课程的难度要大大高于法律英语课程。

从上段内容看，全英文中国部门法课程与法律英语课程判然有别。当然，这两种课程也非绝对的相互隔离，"老死不相往来"。本文认为，该两者会在以下五个方面发生交集：第一，在教学英语的使用百分比上，全英文授课的法律英语课程与全英文中国部门法课程是一样的。第二，学生在法律英语课上学会的知识对其进一步学习全英文中国部门法课程具有帮助和促进作用。申言之，"ESP教学对母语非英语的学生来说，是普通英语技能学习向全英文的专业学习之间的非常重要的过渡"。[2]第三，就讲授式教学法、交际式教学法、情景模拟式教学法、案例式教学法、苏格拉底

---

[1] 龚茁：《国内法律英语研究二十年》，载《河北法学》2014年第11期。
[2] 华裕涛：《基于需求导向的法律英语课程建构研究》，载《外语学刊》2017年第6期。

式教学法、专题研讨法和模拟法庭等不同教学方法与手段而言，这两门课程都可考虑选用。第四，以内容为依托的教学法（CBI）既可以适用于全英文中国部门法课程的教学，也可运用于法律英语课程的教学。所谓"以内容为依托的教学（CBI）是指将语言教学构建于某个学科或某种主题内容的教学之上，把语言学习与学科知识学习结合起来，在提高学生学科知识和认知能力的同时，促进其语言水平的提高（Mohan，1986）"。[1]需要注意的是，"在语言与内容连续统一的教学过程中，由于语言与专业内容受到的重视程度不同，CBI 有强式（strong form）与弱式（weak form）之分，前者以语言为依托进行专业学科教学，偏重专业学科知识，后者以学科内容为依托开展语言教学，以语言教学为主要目标"。[2]笔者认为，强势 CBI 更适用于全英文中国部门法的教学，而弱势 CBI 则与法律英语课程的契合度更高一些。第五，在我国，这两门课程的发展和完善都长期受到以下因素的困扰：专业教师的匮乏以及相关教材的缺失和不规范。

需要指出的是：尽管全英文中国部门法课程与法律英语课程在上述 5 个方面存在交集，但这些共通之处却是非本质的。基于上文阐述过的两者间 17 个方面的区别来看，全英文中国部门法课程不同于法律英语课程（以及作为其分支之一的全英文法律英语教学）。两者既非同一事物，也不属于同一个学科领域，故它们无法在功能上相互替代。

（二）全英文中国部门法课程与法学双语课程截然不同

除与法律英语课程判然有别外，全英文中国部门法课程也不同于法学双语课程。国际通行的一般意义的双语教育的基本要求是：在教育过程中，有计划、有系统地使用两种语言作为教学媒体，使学生在整体学识、两种语言能力以及这两种语言所代表的文化学习及成长上，均能实现顺利而自然的发展。因此，第二种语言是教学的语言和手段而不是教学的内容或科目。我国的双语教学（Bilingual Education）是指高等院校的部分专业

---

[1] 张清：《以内容为依托的法律英语教学探究——以美国合同法为例》，载《中国外语》2019 年第 2 期。

[2] 张清：《以内容为依托的法律英语教学探究——以美国合同法为例》，载《中国外语》2019 年第 2 期。

基础课和专业课同时采用两种语言（母语和英语）进行授课的一种教学方式。根据 2001 年教育部印发的《关于加强高等学校本科教学工作提高教学质量的若干意见》和 2004 年教育部办公厅印发的《普通高等学校本科教学工作水平评估方案（试行）》，对我国的本科双语教学做出的具体要求是：用双语授课的课程是指采用外文教材并且外语授课课时达到该课程课时的 50% 及以上的课程（外语课除外）。[1]

　　从上述对双语课程含义的解释来看，我国的双语课程在本质上应为一种专业基础课程或专业课，而非外语语言类的课程。具体就法学教育而言，法学双语课程应属法学专业课程。法学双语课程的本质是法学课程，而特色则是采用"双语教学"模式来进行课程教学。教育部在《关于双语教学示范课程建设项目评审指标体系》中将双语教学界定为用母语以外的另一种外国语言直接应用于非语言类课程教学，使学生同步获取外语与学科知识的一种教学模式。可见，法学双语课程的目的，是运用英语语言来研习法律，使学生能够掌握外国法与比较法理论知识的同时，也能知晓相关法律概念、原理的英语表达方式。[2]

　　由此看来，法学双语课程与全英文中国部门法课程的"最大公约数"有二：一是两者都属于法学学科课程的范畴；二是两者的教学活动中都会使用英语作为传授法律知识的工具和媒介。除此以外，这两门课程之间存在着一系列明显差异之处。其具体表现在以下六点：其一，授课目的不同。恰如前文所述，开设全英文中国部门法课程的目的有二：从宏观角度看，该类课程的设置及顺利实施是实现我国软实力"走出去"的必要组成部分之一。从微观角度看，该类课程的设置及顺利实施有助于培养一批"精英明法"的人才，从而为涉外法律事务当事人提供高质量的专业服务。对比来看，法学双语课程则主要是作为一种纯汉语比较法课程的"授课语言升级版"，也即在传统的法学专业课教学中加入一定比例的英文板书、

---

〔1〕 张纯辉：《我国法律英语教材的编写与出版现状研究》，载《山西财经大学学报》2012 年第 S3 期。

〔2〕 袁振华：《略论法律英语技能的课程建设——基于外语院校法学人才培养的视角》，载《英语研究》2014 年第 4 期。

课件内容及口语表达，从而使我国法科学生能更好地理解和领会授课内容。其二，全英文中国部门法课程的教学不但会涉及相当数量的专业法律英语词汇、语法和句法的讲授和学习，而且其中的很多术语和词汇在现有法律英语中无现成可用的对应物，须由授课教师硬性"创制"，而且应符合英语的构词法、语法及表达方式，故难度较大。对比来看，"法学双语课程教学并不以对法律英语语言技能的培养为目的"。[1]其三，授课对象不同。前者主要针对那些有志从事我国涉外法律事务的本科高年级学生、研一学生及外国留学生等，后者针对我国的法科学生及具有一定汉语使用能力的外国学生。其四，前者授课内容局限于"土生土长"的中国部门法、司法解释、相关法理、判例及司法实践情形。后者则具有相当程度的外国法和外国法理讲授的内容，甚至在主体上就是一种比较法课程。其四，因全英文中国部门法课程百分之百以英文讲授，故其授课的语言难度比法学双语课程要大得多。其五，在很多高校里，法学双语课程为选修课。对比来看，全英文中国法律课程应设定为限选课，原因和理由容后文第三部分阐述。其六，经过改革开放40多年的发展，我国的法学双语课程在教学大纲编写、课程体系构建、从业教师培训、讲学方法探索、相关学术研究，以及专用教材建设等方面已取得了较好的成绩。对比来看，全英文中国法律课程在这些方面存在较大缺口，亟待改进。

(三) 本部分小结

由本部分论述可知，全英文中国部门法课程是完全以英语为授课语言，从而系统且有深度地讲授中国部门法知识的课程；法学双语课程主体上是一种以一定比例的外语（如50%左右的英语等）来讲授比较法或外国法知识的课程；而法律英语课程则隶属于大学外语语言学科。它是一门应用语言学下的专门用途英语课程。因而，一方面，这三门课各不相同。既不能将其混为一谈，也不能在功能上相互替代。但另一方面，这三门课也绝非相互排斥。实际上，它们是相互配合，共同服务于我国的经济建设和

---

[1] 袁振华：《略论法律英语技能的课程建设——基于外语院校法学人才培养的视角》，载《英语研究》2014年第4期。

改革开放大业的。具体来说，全英文中国部门法课程承担着使学生掌握英文表达和对外传输我国法律规定的重任；法学双语课程承担着使学生了解和掌握外国法律知识的重任；而法律英语课则致力于提高学生在法律英语文献检索、法律英语听力与口语、法律英语文书写作，以及法律文书翻译等方面的语言运用技巧和能力。此外，与法律英语课程不同，全英文中国部门法课程不具有发展成为独立学科的潜力和可能。通过设置、发展及讲授全英文部门法课程，我们可以达成以下两个目的：一是作为我国软实力"走出去"的组成部分，及时准确地对国外传送该部门法的相关信息，从而为我国在相关部门法领域争取国际话语权甚至是领导权积累基础。二是为国家培养更多、更优秀的"精英明法"涉外法律人才做贡献。其中，第一个目的是宏观目的，第二个目的是微观目的。两者相辅相成，相互促进。以上判断之和，构成全英文中国部门法教学的课程定位。

三、全英文中国部门法课程的教学体系构建

在明确全英文中国部门法课的课程定位后，接下来的工作是设置该门课程的教学体系。所谓体系，泛指一定范围内或同类的事物按照一定的秩序和内部联系组合而成的整体，是由不同子系统或分系统所组成的。全英文中国部门法课并非一门上完即止的课程，其实质上包含了一个内容丰富的教学体系。该体系中包含了一系列相互关联的子系统。这些子系统的存在及运作共同致力于达成本文第二部分（三）中所说的本课程设置的两大目的（宏观目的和微观目的）。

具体来说，全英文中国部门法课程的教学体系包括以下一些子系统：授课对象的选择和确定、教材的编写、师资要求、教学方法和技巧、教学效果的测试方案，以及外围配套性课程群建设等。下文将就这些子系统各自的含义及内容及作出顺序性的阐述。

（一）授课对象的选择和确定

本文认为，该课程的预定授课对象大致有四类：第一类是高校法律本科3年级及4年级的学生。如此选择的理由是：这两个年级的学生大多已通过大学英语4级及6级考试，且一般已学习过法律英语课程及我国相关

部门法的汉语版课程,故其既具备了学习本课程的通常英语及法律英语基础,也具备了学习本课程的相关部门法知识。

在对高校法科高年级学生讲授此课程时,还需注意以下事项:首先,"当代大学生真正需要的是与专业结合的英语课程"。[1]由于此类学生毕业后大多从事法律实践操作工作,故在对其进行授课时,教师应以传授体系化的实用性部门法知识为重。这样的授课内容比较符合这部分学生的现实需求。"将实用性作为确定教学内容的重要标准是学生中常见的一种心理,这种心态虽有应当批判之处,但也并非完全不可取,教师在教学中可以适当引导,使教学内容与学生需求之间产生共鸣。"[2]其次,由于大多数法科学生会在大三第二学期准备法考和考研,故本课程的安排应尽力避开这一时段为好。因而,此类课程安排在大三第一学期最为适宜。此外,由于大四学生忙于写毕业论文和找工作,故选修此课的学生估计应以大三学生为主,以大四学生为辅。最后,就上述两类本科生而言,本课程不宜定性为必修课或限选课,而应界定为一门选修课。如此安排的理由是:法学本科教育更多的是一种法学的通识性教育,培养学生的法律思维方式。在这一阶段,学生学习和接触的部门法较多较广。一般而言,这一阶段的学生并未真正对某一部门法做深入细致的研析,故本课程可设定为一学期32课时(周课时为2节)的选修课。只有那些真正对本课程内容感兴趣的大三及大四学生才会选修本课。与此同时,因课时量的明确限制,该选修课只能将最基本的知识点传授给选课的学生。

第二类是法学硕士研究生和法律硕士研究生。因研二学生普遍已修满学分并忙于外出实习等事务,而研三学生则专注于找工作及撰写毕业论文,故本课程应在研究生最能够专心读书的研一第一学期或第二学期开课。此外,在对这两类学生开课时,授课老师应注意下列问题:首先,与本科生不同,给研一学生开设的应确定为限选课。其具体含义是:凡是学习相关专业的研究生以及学习法律英文专业的研究生必须选修该课程。其

---

[1] 华裕涛:《基于需求导向的法律英语课程建构研究》,载《外语学刊》2017年第6期。
[2] 朱文龙:《法学本科专业英语教学困境实证研究——以江西某高校为例》,载《中国ESP研究》2017年第2期。

次,上此课的学生最好事先系统学习过与本课相关的中国部门法知识。因其已了解和掌握了相关的专业知识,故其可有效降低学习此课程时遭遇的语言难度。再次,为增加该研究生课程的专业深度,应考虑一方面将该课程的课时量增加到 54 课时(即每周 3 课时),另一方面则应改变教学方式,即应考虑采用专题讲座的方式进行授课。以全英文的中国民事诉讼法课程为例,可以考虑分别讲授以下各个专题,即诉讼标的、既判力、民事案件的管辖、上诉制度、民事再审程序、非讼程序等。最后,就法学硕士来说,在授课内容上可偏重学理知识点。而对法律硕士来说,因其培养目标侧重于实用性,故其授课内容应类似于上述本科高年级学生。

第三类是法律英语专业的本科生和研究生。由于此类学生专攻英语专业,故其在对本课程讲授语言的理解、课堂师生互动、完成相关的英文作业及参加英文版结课考试等方面,应该是没有问题的。对这些学生来说,学习的难点是有关中国部门法的专业知识。出于提升教学效果的考虑,建议对此类选课学生设置下列限制条件,即只有那些事先学过相应中文版部门法课程且取得相应学分的法律英语专业本科生及研究生,才有资格选修本课程。

第四类是来我国高校留学的,学习语言为英语的外国留学生。对这类学生而言,为使其对特定中国部门法的体系和内容有较为全面的认知,本课程也应设置为一种每学期 54 课时的限选课程。在授课目标方面,专业深度是次要目标,使留学生对该部门法的内容有一个整体及系统的认识则是主要的目标。故而,针对留学生的授课内容应类似于针对法科高年级本科生的授课内容。当然,因课时量已从 32 课时增长到 54 课时,这不但会使授课进度更宽松一些,从而便于留学生理解和掌握该中国部门法的知识点,而且也会为留学生重视的师生课堂互动预留充分的时间。

在本课程的上述四类候选授课对象中,第一类及第二类确实存在着英语语言交流的障碍。据有关学者调研,我国高校学生的英语水平普遍较低。例如,尽管 2004 年教育部《大学英语课程教学要求(试行)》提出学生能基本听懂外国专家用英语讲授的专业课程,能够比较顺利地阅读自己专业有关的综述性文件和能用英语撰写所学专业的技术报告、论文。[1]但法科学生的实际英语水平和运用能力却并不理想。在受访的全部法科学生中，通过大学英语六级考试的学生人数占40.7%。而通过托福或雅思考试等国际性英语标准化水平测试的中国法科学生，可谓凤毛麟角。在本次抽样调查中，北京大学法科学生通过雅思或托福的比例最高，但也仅为20.83%。[2]又如，2011年12月复旦大学蔡基刚教授对上海复旦、交大、同济及财大927名学生的调查发现：不习惯听老外讲座，跟不上，不会笔记的占51%；阅读原版教材和专业文献速度慢的占67%；词汇量不够，尤其学术词汇不够的占85%；用英语口头陈述和参加学术讨论有困难的占68%；用英语写专业摘要、实验报告和小论文有困难的占49%。[3]

为确保较好的生源质量及教学效果，就上列第一类及第二类生源而言，应适用自愿报名及择优录取相结合的制度。所谓择优录取，是指在具有相同外语水平的情况下（如申请选课者都通过了大学英语六级考试），优先录取在其他权威性英语运用能力考试（如全国英语等级考试（PETS）5级及以上、托福考试、雅思考试、法律英语证书考试（LEC）等）获得合格及以上成绩的学生。与此同时，为确保其能获得较好的学习效果，应对上列所有四类生源适用末位淘汰制。所谓末位淘汰，是指在本课程结课时，根据课堂出勤率（占总成绩的15%）、课上参与师生互动的表现（占总成绩的30%）、期中考试成绩（占总成绩的25%），以及期末考试成绩（占总成绩的30%），对选修本课的全体学生做总成绩的大排名。淘汰位于总成绩排名最后5%的学生。申言之，这排名最后5%的学生既不能获得本课程的成绩，也不能得到本课程的学分。

---

[1] 苗青：《高校开展专门学术英语教学之瓶颈与对策刍议——以法律英语教学为视角》，载《外语教学理论与实践》2014年第3期。
[2] 钱锦宇、薛莹：《国际化复合型法律人才的培养：现状分析、路径选择及保障机制——以国际模拟法庭竞赛的培训和参赛为例》，载《山东大学学报（哲学社会科学版）》2017年第5期。
[3] 苗青：《高校开展专门学术英语教学之瓶颈与对策刍议——以法律英语教学为视角》，载《外语教学理论与实践》2014年第3期。

(二)专用教材的编写

教材是教师开展教学活动的重要载体。[1]根据本文第一部分论述内容来看,现有全英文中国部门法课程的教材种类稀少、版次较旧、学科体系残缺不全。故而,老师和学生上课时,或面临无教材可用的窘境,或面临无合适教材可用的窘境。这表明我国在该领域历史欠账较多,亟待改进。本文认为,可分五步解决这一问题:第一,解决有无的问题,也即就一个具体的部门法领域而言,先集中力量撰写及出版一部奠定基础的英文版教材。该教材不一定是内容深入的大部头精品力作,但其内容一定是对该部门法基本知识点的体系化展示。此外,该教材的内容应做到"与时俱进",反映该部门法领域的最新发展变化情况。第二,在完成前一任务的基础上,应在全国范围内组织有能力讲授本课程的学者,集体编著一本体系完备且内容专业深入的权威性教科书。就该教材的编写而言,需要注意以下三个问题:①如有必要,可邀请法律英语学者、通用英语学者,甚至是相关的外国学者(主要为母语是英语的法律学者)参与,提供帮助和支持。前两者参与的目的是把好以地道英语书面表述的关;邀请外国学者参与的理由是让其试读文稿,以便确定该稿件的表述方式是否符合英语为母语的专业人士的阅读习惯和表达方式。②尽管可以邀请上述三类学者参与编书活动,但为保障该教材内容的专业性,在编书活动中占据主体地位的却必须是讲授该课程的我国学者。③对我国法学教育的升级换代而言,该教材的编写及出版属于功在当代,利在千秋的大好事,故应争取国家有关部门在资金等方面给予充分支持。第三,在完成前两个任务之后,讲授本课程的学者可分工配合,各自或合作编写本部门法知识体系中的各个重要分支领域。以笔者所研究的民事程序法为例,在完成高质量的《中国民事诉讼法学》教材编写后,即可着手编写下列相关教材:《中国民事证据法学》《中国强制执行法学》《中国仲裁法学》《中国公证法学》等。这些编写任务的完成将带来下列好处:①使本部门法的全英文教材体系更为完整丰

---

[1] 李建忠:《论高校涉外法律人才培养机制的完善》,载《浙江理工大学学报(社会科学版)》2017年第4期。

富；②提高本部门法学全英文教材内容的专业深度。第四，在顺利完成前三项任务的基础上，国内讲授本课程的学者可着手编写一定数量的全英文配套教辅材料，如各种练习题集、教学案例集，以及相关法律和司法解释的汇编等。第五，在完成上述任务后，则可斟酌下列问题，即是否有必要针对不同的授课对象（如法学本科生、法学研究生、法学博士生及外国留学生等），编写内容和体例有所差异的专用教材？如答案是肯定的，则可着手进行这方面的工作。此外，在完成上述五项任务的过程中，本课程授课学者应逐渐收集和积累本部门法的相关英文术语及特定表达方式。这些术语及特定表达方式的来源主要有两个：一是在确能用以表达中国法律及法学概念及范畴的前提下，从英美法系的法律英语中直接借鉴。二是就我国法律及法学中独有的概念和范畴而言，因其在英美法系的法律英语中并无直接可用的对应物，故需要教材编写者做术语及特定表达方式方面的"创造"。为确保这些借鉴及"创造"出来的术语及特定表达方式在意思表达上的准确性和适用上的一致性，本领域内的学者应通过召开研讨会等方式定期交流，以避免在相关意义表达上出现引人误解的差异和混乱。当然，做此工作的最终目的是能够形成在全国统一适用的、专用于本部门法研究及教学的英语术语库。[1]

(三) 师资要求

全英文中国部门法课程的教学质量离不开高素质的任课教师，故其应持续关注师资问题的解决。该课程对任课教师的要求如下：首先，教师需要具备良好的英语功底。法律英语常常句式复杂、艰深难懂，词汇的含义也与通用英语有明显差异，故任课教师或是应至少拥有大学英语语言文学专业的学士学位，或是通过自学英语而在托福、雅思等权威性英语运用能力考试中获得了合格及以上的成绩。其次，为保证授课内容的专业性，教师应拥有某一部门法的硕士或博士学位。再次，教师需积累一定的全英文

---

[1] 教师最好能够建立自己的小型教学语料库应用到日常教学中去。个人教学语料库目标明确，所收集材料针对性强，可以根据学生程度和兴趣不断改变、更新或扩展语料，使语料库更好地服务于教学。郑艳阳：《小型教学语料库的研究与构建》，载《赤峰学院学报（自然科学版）》2014年第23期。

教学经验，这样在课堂活动的设计与开展中方能得心应手。最后，教师要具备更新自身知识的主观能动性，以便可持续性地完成下列两项任务：一是掌握本部门法的最新发展信息，以便及时更新自己的专业授课内容；二是及时修改、调整、充实本课程所涉英文术语及特定表达方式的内容，以便为本部门法的英语教学术语库的构建做准备。在这四项要求中，前两项是对教师基本知识结构的要求，后两项则是关于其能够持续更新和完善教学技能上的要求。

笔者认为，我国高校中能同时满足上述四项条件的教师人数并不多。如不及时改变这一状况，师资不足将成为制约本课程进一步发展的瓶颈。解决这一问题，可有长远及眼前两种方法。所谓长远方法，其含义是：其一，教育主管部门及高校应制定配套的优惠政策，鼓励和引导那些有志于从事本课程教学的英语专业老师攻读特定的部门法学位；其二，就那些有志于任教本课程的法学教师而言，教育主管部门及高校也应制定配套的优惠政策，鼓励这些老师攻读英语语言专业的学位。其三，对那些通过自身艰苦努力而获得法学学位的英语专业教师，以及获得英语语言专业学位的法学教师，在学校各项福利待遇及职称评定等方面应当享有明显的优惠待遇。其原因很简单：对承受各种压力和负担的中年人而言，去攻读一门新的专业学位实属不易。有学者根据 Maslach 问卷，发现分别有 69%、46% 和 8% 的教师存在轻度、中度和高度倦怠。[1]

所谓眼前方法是指，在高校现有的教师队伍中，从法学专业中选取英语能力强的教师充任，也即采取"校内交流、盘活存量、专兼结合"的办法。在采用此方法时，需注意以下五个问题：一是为保证法学教师确实具有较高的英语听、说、读、写能力，从而确保本课程具有较高的授课质量，学校应制定各种具体的奖励措施，鼓励这些任课老师在短期内（如 6 个月内、1 年内或最长 2 年内）去参加全国英语等级考试 5 级及 6 级、托福、雅思或其他学校认可的权威性英语运用能力考试。对考试通过者，应适用下列鼓励措施：①通过任何一个权威性英语运用能力考试的，考试费

---

[1] 龚苗：《国内法律英语研究二十年》，载《河北法学》2014 年第 11 期。

用100%报销。②在各类权威性英语运用能力考试中获得良好及以上成绩的（即折算为百分制时，为80分及80分以上的成绩时），学校应给予一定数额奖金和相应证书的奖励。③一般情况下，全英文中国部门法课程授课教师的课酬为汉语版同类课程的4倍。授课教师每在一个权威性英语运用考试中获得良好及以上成绩的（其含义按上文中的②理解），则其课酬应在原有课酬基础上再增长50%。最高以达到汉语版同类课程课时费的10倍。④对于获得两次或两次以上权威性英语资格考试良好及以上成绩的老师，在职称晋升方面，学校应给予优先考虑（如设置相应的职称评定加分项目和具体的加分标准等）。二是对于那些开课后2年内未能通过任何一个学校认可的权威性英语运用能力考试的法学教师而言，学校应取消该教师讲授全英文中国部门法课程的资格。如在此后2年内，该教师在一个权威性英语运用能力考试中取得合格及以上成绩的，则其可申请重开本课程。三是就讲授本课程的法学教师而言，最有效的提升其英语运用能力的方式就是参加并通过各种权威性的英语运用能力考试。除此以外，并无其他切实可行的、能客观判断其英语水平高低的方法。故基于上述分析，笔者反对以下列方式进行所谓的教师英语运用能力提升：组织教师出国进修、开办法律英语师资培训班、开展法律英语教学研讨会或派教师去对口单位进行考察和交流等。四是就眼前方法而言，其只能适用于已获得或准备在最长2年时间内至少获得一项权威性英语运用能力考试合格证书的法学专业学者。申言之，眼前方法并不适用于那些对相关部门法仅有非学历性一般了解和认知的英语专业教师。其原因很简单：通过参加学校认可的权威性英语运用能力考试，法学专业教师可在较短的期间内（6个月、1年或2年）提高自己的英语水平。而对英语专业教师来说，则不存在通过参加特定考试从而在短期内迅速提高其法律专业知识水平的可能性。就此而言，可能有人认为，通过参加国家统一法律职业资格考试（法考），高校英语专业老师也能在短期内提高自己的法学专业水平。但由于法考内容广而不专，涉及数量庞大的我国各个部门法的知识点，故参加及通过该考试所提高的是考生运用各个部门法规定处理涉法问题的综合能力，而非考生对其中某一特定部门法内容的体系化及深入掌握，故该考试并不满足本课程对师资在法学专业方面的要求。五是出于短期应急的考虑，如高校现有教师中缺乏相应的开课人选时，可考虑聘用校外人才讲授此类课程。所谓校外人才，既包括具有中国国籍的、属于"精英明法"型人才的律师、法官、仲裁员等人，也包括符合要求的外籍人士。在聘任中国籍人选时，高校应召集由相应部门法专家及法律英语专家混合组成的委员会，对应聘者的相关能力和水平做严格审查，以防止其出现言过其实或滥竽充数的问题。在聘请外籍人选时，高校也应组成类似的委员会做审查。但与针对国内应聘者的审查不同，针对外籍应聘者的审查应侧重于其对相关中国部门法是否有体系化及深入的认知和了解上，以防止其授课时将课程变质成一种以全英文讲授的外国法或比较法课程。此外，针对上述中外应聘者的聘期一般为两年。两年届满后，自动解聘。如该聘任教师欲继续担任此教职时，则应再次经受上述委员会的审查。

（四）教学方法和技巧

本文认为，为保障学生能够学习和掌握涉及本部门法的系统化英文术语及特定表达方式，在本课程的讲授方法上，还是应当以传统的教师单方讲授法为主。当然，为了提高学生参与课堂学习的积极性和主动性，教师在授课时也须注意下列问题：①插入一些要求学生参与解答的专业问题或练习题；②插入一定数量的、以英文表达的中国法案例。例如，所讲授的中国部门法的每个知识点都应具有至少一到两个通俗易懂的辅助案例。但应注意的是：由于课时有限，再加上学生上课前一般并未系统接触过本部门法的有关英语术语和特定表达方式，故笔者认为，在上此类课程时，直接且大量地做案例分析可能不是一个好主意。[1]③在说的方面，由于大多数中国学生都不愿意主动表达自己的观点，所以提高最少，这还需要从学习习惯上进行改变。[2]为改变这一情况，也即为了促使学生积极参与，开口

---

[1] 虽然有观点认为要重视案例在法学专业英语教学中的作用（谯莉 2012），但调查问卷显示，高达69.5%的受访者（139人）并不愿意接受这种教学方式。在访谈中有学生表示，案例又长又难，准备起来要花费很多时间，能取得的收获却不多。朱文龙：《法学本科专业英语教学困境实证研究——以江西某高校为例》，载《中国ESP研究》2017年第2期。

[2] 刘凌燕：《英国法律英语课程教学模式研究——一项基于诺丁汉大学的调查》，载《中国外语》2016年第4期。

说话。授课教师可安排学生做几次课堂上的 Case reports 或是 Presentations。具体来说，Case Report 或 News Report 是较为简单的交流形式，由学生就日常生活中的案例或法制新闻作一个简单的汇报，要求学生事先将欲报告的案例或新闻和任课教师进行沟通，取得任课教师的同意，然后再进行课下的准备，最后在课堂上向全体同学报告。一般可将报告的时间控制在 4 分钟至 5 分钟。[1]Presentation 则相对复杂，主要由多名学生合作完成，也可由一名学生独立完成。演讲的内容是讲述一个法律事件的发展过程、一个案件的前因后果或是直接与法律专业英语词汇或基本知识学习有关的内容。事先仍须就演讲的主题征得任课教师的同意。先由学生分工合作进行课下的准备，然后在课堂上进行演讲。所占时间以 8 分钟至 10 分钟为宜。[2]④为确保每位同学都有在课堂上口头表达和练习的机会，本课程应采用小班制教学，每班人数不宜超过 30 人。⑤因本课程总课时量有限，再加上每节课只有 45 分钟，故不建议在课堂中采用时间消耗量可观的两种教学方式——模拟法庭和模拟仲裁庭。⑥因本课程是以英文来讲述中国的部门法知识，故授课教师不宜在课堂上大讲语言结构、语法等通识性英语课程的内容。⑦就本课程而言，为保障较好的教学效果，绝对不能采取一些法律英语课长期惯用的"翻译式教学法"。这种教学方式效率低下，翻译占据了大量的时间，原本作为教学重心的法律知识反而无暇讲解，课堂气氛十分沉闷，学生参与度低，容易产生单调无聊的感觉。[3]

采用教学方法和技巧的最终目的，都是为了提升本课程的教学质量和教学效果。就任何一门课程的讲授而言，教师对知识点的成功传授都离不开学生一方的积极配合。故在教师一方积极探索和完善授课方式方法之余，作为受众的学生一方也应努力提高自身的英语知识运用能力。笔者认为，我们在这方面可做以下两个工作：其一，改变学生长期以来养成的错

---

〔1〕 夏扬：《法律英语在法律硕士专业学位教育中的定位与教学组织》，载《研究生教育研究》2012 年第 4 期。

〔2〕 夏扬：《法律英语在法律硕士专业学位教育中的定位与教学组织》，载《研究生教育研究》2012 年第 4 期。

〔3〕 朱文龙：《法学本科专业英语教学困境实证研究——以江西某高校为例》，载《中国 ESP 研究》2017 年第 2 期。

误语言学习习惯。多数中国学生学英语有个通病,即只看不听,只写不说。他们尽管在考入大学前已学了多年的英语,却往往难以致用,无法用英语进行交流。这种窘境与国内英语教师"三重三轻"的授课模式有着莫大的关系。[1]所谓"三重三轻"是指重语法轻语音;重阅读轻听力;重理解轻交流。就纠正该错误习惯而言,讲授全英文中国部门法的教师可协助,但却并非扮演主角的合适人选。要想彻底解决此问题则取决于以下两类主体的通力合作:一是作为通用英语及法律英语学习者的学生,应端正学习态度,对纠正自己的错误习惯抱积极的配合态度。二是教授通用英语及法律英语的教师,也应彻底放弃上述"三重三轻"的授课模式。其二,据有关学者的调研显示,中国学生在即兴问题讨论和互动上有所欠缺,比较沉默,不大愿意参与讨论。此外,中国学生缺乏批判性思维(the critical thinking),在课堂讨论中,中国学生多倾向于仅从一方面考虑,而不善于从正反两个方面讨论问题。[2]笔者认为,这一缺陷会妨害全英文中国部门法教学中师生互动的顺利进行。但与前一问题相比,这一问题范围更大。其已不是学生、通用英语、法律英语,以及全英文中国部门法等四者合力即可解决的事项了。本文认为,这一问题的解决取决于国家教育部门在教育方针、模式等方面做出相应的调整。

(五) 教学效果的测试机制

一门课程的讲授效果究竟如何,这需用一定方式来加以检验。对受众(学生)而言,一般是通过考核或考试的方式;而对授课教师而言,则是指由学校教务部门对授课情况作调查测评,或者由校方所认可的社会机构

---

[1] 章彦英:《全浸式情境教学法初探——以法律英语为视角》,载《山东外语教学》2009年第3期。

[2] 与Lindsay博士的访谈基于访谈提纲,采取面对面的访谈方式。笔者对访谈内容进行记录并将记录文本内容交给Lindsay博士核实。Lindsay博士依据自己多年来教授法律英语课程的经验,认为中国学生在即兴问题讨论和互动方面有所欠缺,比较沉默,不大愿意参与讨论(sometimes very quiet in class; reluctant to discuss),但如果要求学生课前提前做准备,进行课堂展示(presentation),他们完成得非常好。Lindsay博士还认为中国学生应加强批判性思维的培养,因为在讨论中,他们多倾向于仅从一方面考虑,而不善于从正反两个方面讨论(see both sides of arguments)。刘凌燕:《英国法律英语课程教学模式研究——一项基于诺丁汉大学的调查》,载《中国外语》2016年第4期。

做此类测评。

就针对学生的教学效果判定而言，不建议仅采取结课考试一项即占该课程最终成绩的考查方式。恰当的做法应当是注重整个教与学的过程中学生的各种表现，从而在此基础上得出该生最终分数。具体来说，根据上文所述，在综合测评学生学习效果时，授课教师应综合考虑以下 4 个项目之和：课堂出勤率（占总成绩的 15%）、课上参与互动的表现（占总成绩的 30%）、期中考试成绩（占总成绩的 25%），以及期末考试成绩（占总成绩的 30%）。从其分数分布比例看，期末成绩仅占总成绩的 30%。而平时成绩（课上参与互动的表现+其中考试成绩）却占到了总成绩的 60%。此外，课上参与互动的表现所占份额（30%）也明显较大。这部分权重较大的分数值将迫使学生在课堂上以更积极的态度参与到用英语问答、做 Case Report，以及 Presentation 等活动中去。通过该种机制，我们可有效地提高本课程的课堂活跃度和教学效果。

就本课程的期中及期末考试方式而言，针对受众的不同，我们应采取有所差异的考核方式。具体来说，就法律本科学生和留学生而言，期中及期末考试的主要方式为客观性试题。其出题目的是测验学生对本部门法基本知识和体系性结构的掌握情况。而就研一学生而言，则应适当提高试题中的主观试题比重，以便考察学生对本学科深层次原理的掌握情况，以及用英语系统表达学术观点的能力。具体来说，可以考虑以出客观试题的方式做期中考试，而以命题作文的方式来做期末考试，或者将这两者的顺序做颠倒处理。

传统上，针对授课教师所做的测评主要是指高校教务部门采取的同行听课、督学听课、期末教学质量评估，以及专项评估等质量自我监控制度。出于进一步提高授课效果评估之客观性及准确性的考虑，我们也可以适当引入一些社会中介机构，授权其对特定课程的授课效果进行评估、认证及审核，从而改变那种主要依赖政府主管部门及学校教务部门做监控的现状。此外，我们也可考虑引入公众评估。高校主管部门和高校自身可通过网络平台建设、问卷调查、委托有关的社会团体学术机构等途径将用人单位、学生家长、社会组织针对全英文中国部门法课程所提出的意见和反馈纳入到现有的质量评估体系中。无论是单独采取一种测评手段,还是综合采取几种评估方法,其最终的目的都是将课程受众及相关主体的听课感受及时反馈给授课教师。后者应对此高度重视,以便及时改进自己的教学方法和内容。

(六) 外围配套性课程群的建设

尽管授课语言从汉语变成了英语,但全英文中国部门法课程依然是一门典型的法学课程。在我国法律体系中,任何一个部门法都非绝对孤立地存在着。尹伊君教授曾言:"在我看来,任何一门学科一经建立,在拥有所谓明确的研究对象、方法以及大量固定的、专门性的专业概念的同时,也为自己的研究设定了最终的死局。"[1]我国各部门法之间总是存在着或多或少的联系,这是不以人的意志为转移的客观事实。以笔者所研究的民事程序法领域为例,如学生未事先学过民法,则其不宜直接学习《民事诉讼法学》《民事证据法学》及《强制执行法学》三门课程。其原因在于:后三门课程中的大量概念、术语和制度直接建立在民法相关概念、术语及制度的基础之上。申言之,不学好民法,则难以学好民事程序法诸课程。再以民事程序法为例,通过拒不履行判决裁定罪、伪证罪等罪名、刑事附带民事诉讼、刑事附带民事公益诉讼、行政附带民事诉讼、行政附带民事公益诉讼、环境民事公益诉讼、消费者保护民事公益诉讼等制度,民事程序法分别与我国刑法、刑事诉讼法、行政法及行政诉讼法、环境保护法、消费者权益保护法等部门法发生联系和交叉。

笔者认为,上述两种情形完全适用于全英文中国部门法课程。由此来看,仅依据教师个人的兴趣及外语特长来孤立地开设几门此类课程的做法,实际上不利于全英文中国部门法课程的持续健康发展。从长远发展角度看,在各级教育管理部门的支持和帮助下,高校(尤其是政法院校)应逐步建立起一个由以全英文讲授的14门法学核心课组成的中国部门法课程群。只有这样,才能真正将此类课程做大做强。

由于英语语言能力的培养是一个长期的过程,再加上全英文中国部门

---

[1] 尹伊君:《社会变迁的法律解释》,商务印书馆2003年版,导论第17页。

法课程传授专业知识的语言是英语，故设立此类课程的高校应对其通用英语及法律英语课程做相应的改革，以便为学生选修此类全英文课程打好坚实的外语语言基础。具体来说，应做好以下四方面的工作：其一，大学通用英语及法律英语的教学应抛弃前述弊端很大的"三重三轻"的教学模式。其二，高校应加大通用英语及法律英语口译、通用英语及法律英语听说，以及通用英语及法律英语翻译和写作的课程量。其三，加强相关的考前培训工作，努力扩充学生通过大学英语4级及6级考试的人数。其四，指导学生积极参加各种国内外以英语为工作语言的涉法或纯语言类的竞赛和比赛。

结　语

本文认为，全英文中国部门法课程、法律英语课程及法学双语课程三者判然有别，既不能混为一谈，也不能在功能上相互替代。但这三门课也绝非相互排斥。申言之，三者之间既不存在谁取代谁的问题，也不存在非此即彼或薄此厚彼的问题。实际上，它们是相互配合，共同服务于我国的经济建设和改革开放大业的。此外，与法律英语课程不同，全英文中国部门法课程不具有发展成为独立学科的潜力和可能。通过设置、发展及讲授全英文部门法课程，我们可以达成以下两个目的：一是作为我国软实力"走出去"的组成部分，及时准确地对国外传递该部门法的相关信息，从而为我国在相关部门法领域争取国际话语权甚至是领导权奠定基础。二是为国家培养更多、更优秀的"精英明法"涉外法律人才做贡献。其中，第一个目的是宏观目的，第二个目的是微观目的。两者相辅相成，相互促进。以上判断之和，构成全英文中国部门法教学的课程定位。

在确定全英文中国部门法课程的学科地位的基础上，本文又初步构建起此类课程的教学体系。就该课的受众选择和确定、教材的编写、师资要求、教学方法和技巧、教学效果的测试方案，以及外围配套性课程群建设等问题做了有益的探索，并阐述了自己的观点和理由。

最后需指出的是：现有高校学科评估导向机制与全英文中国部门法课程建设及"精英明法"人才培养的需求之间存在着不协调之处，亟待调整。这种不协调之处的主要表现是:"目前官方针对高校法学学科水平的各类评估中,尽管评估指标是多元化的,但不容回避的一点是,科研论著的发表等科研指标所占权重较高,人才培养质量包括涉外法律人才培养质量的权重则要低得多,这无疑会对涉外法律人才的培养造成消极的影响。"[1]

---

[1] 周长军、石莹:《涉外法律人才培养的探索与实践——以山东大学法学院为例》,载《法学教育研究》2016年第2期。

OBE 理念下基于 BOPPPS 模型的教改探索

——以《公务员制度》为例 *

王丽莉 **

　　《公务员制度》课程作为我国高校行政管理专业的核心课程，具有理论的综合性、法规政策的实践性等特点。随着我国行政体制改革的不断深入及新时代背景下高校人才培养要求的不断提高，行政管理专业的人才培养不仅要实现传统课堂上的单向知识传递，更需要以问题为导向，通过多维互动使学生有效深入到课堂教学中，以增强其体验性，培养其解决公共问题的能力，提升学生的公共性意识[1]；最终实现教育同党和国家事业发展要求相适应、同人民群众期待相契合、同我国综合国力和国际地位相匹配的目标[2]。但目前《公务员制度》教学普遍面临学生缺乏学习兴趣、课堂参与度不足、自主学习意识弱等困境，导致教学效果甚微。被称为成果导向教育的 OBE（Outcome-Based-Education）教育理念，注重反思教育的实用性和社会对人才的实际需求，强调围绕学习产出来合理安排教学时间和设计关键教学资源[3]。

---

* 项目基金：中国政法大学 2019 年校级教改项目（项目号：10719134）。

** 王丽莉，中国政法大学政治与公共管理学院副教授。

〔1〕 左霞：《行政管理本科专业人才培养目标与路径探讨——基于人格培养的理念》，载《江汉大学学报（社会科学版）》2016 年第 4 期。

〔2〕 李志义：《对我国工程教育专业认证十年的回顾与反思之一：我们应该坚持和强化什么》，载《中国大学教学》2016 年第 11 期。

〔3〕 周伟、钟闻：《基于 BOPPPS 教学模型的内涵与分析》，载《大学教育》2018 年第 1 期。

因此，为《公务员制度》的教学改革提供了正确方向。同时，在教学改革实践中发现，BOPPPS 教学模型强调以学生和课程目标为核心，以问题为导向，通过对教学过程的合理分解和不同环节的良性循环，可以及时发现教学中的盲点和问题，并实现教学中的有效互动[1]，不仅充分体现了 OBE 教育理念，也为《公务员制度》教学改革提供了具有可操作性的思路。

一、OBE 理念下《公务员制度》教学的困境

(一) OBE 理念对教学提出的要求

OBE 理念之所以能获得教育界的广泛重视和应用，在于其核心强调成果导向（Outcome-based）的价值取向、学生中心（Students-centered）的教育理念、持续改进（Continuous Quality Improvement）的质量文化，实现从以教为中心到以学为中心和从知识体系为中心到能力达成为目标的转变[2]。这不仅为我国高校教育改革提供了新方向，同时也对既有教学实践提出了新的要求和挑战。其一，OBE 理念要求注重学习过程，强调通过控制学生的学习过程来取得相应的学习成果，因此对学习过程和学习成果的逻辑关系有清晰的阐述，并在实践教学中注重实践环节的安排、计划的制定、学生的分组、指导教师的指定等；其二，在教学中关注多维学习成果，即所关注的成果不局限于成绩，更包含对知识的理解程度和实践能力等综合指标；其三，在教学中强调以学生为中心，让学生开展合作式学习，保证以学生为中心的学习模式得以落实，进而培养学生的创新、沟通、互助、协同、团队和责任意识；其四，创新评价方式，通过创新、灵活的评价方式改善学生学习中的整体氛围，并进一步提升学习的效率；其五，保证持续化的改进，即要求能够认清实践教学现状、认识实践教学规律、认准实践教学问题，善于和勤于总结经验和不足，提出改进建议并加

---

〔1〕 王宏坡、田江艳：《BOPPPS 教学模型对大学新教师课堂教学的启示》，载《教育教学论坛》2018 年第 20 期。

〔2〕 张男星等：《理解 OBE：起源、核心与实践边界——兼议专业教育的范式转变》，载《高等工程教育研究》2020 年第 3 期。

以实施，进而形成一种程序化、制度化的改进体系[1]。基于 OBE 理念的教学要求，《公务员制度》教学面临着一些亟待解决的问题。

(二)《公务员制度》教学面临的问题

1. 学生对法规性内容缺乏兴趣

《公务员制度》的主要内容是我国公务员管理的法律法规体系。由于我国公务员制度建立较晚，且随着我国政治与行政体制改革进程的推动，制度本身也不断发展变化，所以课程教学中不仅要重视理念体系、法规制度的讲解，也要与时俱进，及时关注行政体制改革和公务员制度变革的最新动态，使学生对制度的产生、发展、变迁有更清晰的理解。尽管这种教学有助于学生了解和掌握我国的政治与行政现实，但毕竟是较庞大的制度体系，且与学生的现实生活有一定距离。所以，如果在教学中，过度依赖教材中的内容或只单纯地讲授规章制度，往往使教学内容显得更为枯燥。加入一些现实案例或有所改观，但如何导入既而引发学生思考，都需要精心安排。这也是教师不愿意讲、学生不愿意学的原因。

2. 讲授式教学使学生参与度低

受教学课时和教学内容所限，在《公务员制度》课程教学中，教学习惯于按部就班、照本宣科的讲授，很少设置提问、讨论、辩驳、交流等互动活动[2]。学生认为"有趣"的内容听一听，"无聊"的内容干脆玩手机、聊天、睡觉甚至旷课。学生的课堂参与度很低，对老师鲜有的提问，也是心照不宣地低头沉默，一言不发，课堂氛围消极且压抑。这种"满堂灌"的"讲授式"教学，一方面，使教师产生的是"对牛弹琴"的无力感，失去上课热情，把原本丰厚的教学知识当成单一的工作任务完成，匆忙敷衍了事；另一方面，使学生习惯于只带"耳朵"上课，缺乏课堂主体意识，懒于独立思考，久而久之，丧失听课和主动学习的积极性，造成教与学的恶性循环。

---

[1] 吴秋凤、李洪侠、沈杨:《基于 OBE 视角的高等工程类专业教学改革研究》，载《教育探索》2016 年第 5 期。

[2] 赵海平:《国家公务员制度课程学生参与度分析》，载《阴山学刊（自然科学版）》2017 年第 3 期。

3. 考核不能及时反馈教学效果

目前在高校课程教学的考核中普遍存在着考核方式单一的现象，即使采用了平时成绩加权的方式，但并不能从根本上改变通过考核提升教学质量的效果。比如考核成绩按平时成绩20%和期中、期末考试成绩80%来计算，平时成绩一般只会包括出勤次数和作业完成度等，而考试成绩多为最后闭卷考试成绩。《公务员制度》课程同样如此。由于主要是与公务员管理相关的法律、法规和政策，考核也主要考察学生对基础知识的记忆。学生无需深刻理解知识内涵，只要考前突击死记硬背，重复机械的记忆训练，即可轻松通过考试，取得不错的成绩。因此，学生更不愿意在平时学习中占用过多的精力。但这种考核方式的结果是，考试结束后，短期记忆会快速淡忘，与课程相关的知识与理解也迅速消失。同时这种缺乏反馈的考核方式让教师也并不清楚学生的掌握程度究竟如何。如此以来，还何谈教学效果？

二、基于 BOPPPS 模型的《公务员制度》教改设计

（一）BOPPPS 模型对于教学改革的适用性分析

BOPPPS 教学模型是加拿大教师技能培训体系的理论基础[1]，近年来被较为广泛地应用到教学实践中。它有六个环环相扣的环节。一是导入，其功能是吸引学生的注意力，帮助学生了解待授课程的主要内容；二是建立目标，即教学活动所要达到的预期结果或标准；三是先测，要求教师在上课前的一段时间内，对学生的相关知识储备和预习情况进行测试，为接下来的学习内容做好过渡；四是参与式学习，要求以学生为核心，通过积极的教学活动吸引学生深度参与课堂教学中；五是后测，通过课堂小测试、开放式问题、发放评估表等方式来检验学生对当堂内容掌握程度；六是总结，教师对课堂内容的总结，既提炼学习要点，让学生反思学到了什么，又展望下节课的内容，让学生提前预习，为新知识的学习

---

[1] 阮环阳、林夏艳、戴冬燕：《BOPPPS 模型在有机化学实验教学中的实践》，载《实验技术与管理》2020 年第 3 期。

做好准备[1]。

在 BOPPPS 模型中，首先，学生通过提前学习形成对课程内容初步理解，并带着思考进入课堂，提高了教学的针对性；其次，在课堂教学中通过师生互动、生生互动参与课堂讨论，精准、有效考核学生对知识的掌握情况，把干瘪枯燥的、形式固定的、消极沉默的课堂变成生动有趣的、形式多样的、积极活跃的新式课堂，注重突显学生的主体地位，进一步提高教学的质量和效果；最后，课后反馈环节的设置，有利于及时发现教学中的盲点和问题，促进教学中的有效互动，使学生能够深度参与课堂[2]。因此，BOPPPS 模型能够较好地将 OBE 理念融入教学中去，并提供了可操作性的思路支撑着以成果为导向的 OBE 教学理念在教学实践中落地，可以较好地解决当前《公务员制度》课程所面临的问题，助力实现和持续改善教学改革的成果。

（二）以问题为主线贯穿学生自主参与

1. BOPPPS 模型注重教学过程的问题驱动

课堂中问题可以引发思考和交流，并且可以引领课堂的节奏和方向，实现信息和经验之间的连接以及知识和技能的整合[3]。因此强调教学过程中的问题驱动可以激发学生本能的好奇心和积极性，使其更加主动地参与课程活动和任务，并且在这个过程中进行一些批判性和创造性的思考[4]。从 BOPPPS 模型来看，其各个环节都紧扣问题导向，把问题作为主线贯穿课堂始终。其在导入环节向学生展示课程相关知识背景时，会引导学生思考学习本节课的意义和目的，这一步的问题虽不直接与课程知识相关，但可以使学生对于接下来的课程内容有一个初步认识和判断，进而帮助学生

---

[1] 崔海华、范冬云：《BOPPPS 教学模型在实际教学中的应用研究》，载《工业和信息化教育》2019 年第 1 期。

[2] 曹丹平、印兴耀：《加拿大 BOPPPS 教学模式及其对高等教育改革的启示》，载《实验室研究与探索》2016 年第 2 期。

[3] 高盼望：《教学中的"问题"：逻辑及意义》，载《教育导刊（上半月）》2013 年第 8 期。

[4] 刘儒德：《问题式学习：一条集中体现建构主义思想的教学改革思路》，载《教育理论与实践》2001 年第 5 期。

快速进入思考状态；在目标构建环节，教师会向学生传达学习的目标和目的，该过程会引导学生思考为实现课程目标要做出哪些准备和努力，并制定课堂学习计划，为其后续参与课堂做好准备；先测阶段的问题导向会更加明确，相关的测试可以使学生更加清晰地认识到自己在前期准备中仍然存在的不足之处，并且可以把解决相关的问题作为自己参与课堂的目标；在互动参与的过程中，教师会设置一些情景式的问题让学生参与到思考和讨论的过程中，并让学生在互动中尝试探索出解决问题的途径和方法；在后测和总结过程中，主要是通过问题对教学效果进行检测，并根据问题的检测结果总结经验，为后续教学的实施提供经验。

由此可以看出，BOPPPS模型从导入、构建目标、先测过程中对于问题的初步提出，到互动参与过程中对于问题的解决，以及后测和总结环节中对于问题的总结，使得整个教学过程都与问题紧密相关，并通过问题驱动激发学生的主动参与和深度思考，确保了学生深度参与课堂目标的实现。

2. 基于BOPPPS模型问题驱动下的教学设计

以聘任制公务员这一节为例，在导入环节，为吸引学生注意力，提高对教学内容的兴趣，教师可引入关于聘任制公务员抓眼球的新闻故事，如2018年7月，西安市面向全国公开招聘6位聘任制公务员，年薪20万元起，年度绩效考核不合格的可被解聘。随后通过提问激发学生对聘任制的好奇心和求知欲。引导学生通过查找资料后发现，原来深圳与上海浦东早在2007年就率先展开了公务员聘任制试点，这些年来公务员聘任制如何从地方上的破冰走向全国广泛试点？经历了哪些改革？是否已形成较成熟的制度规范？

在先测环节中，教师可设置非正式提问如"除了聘任制还有哪些任职方式"，来评估学生对前一阶段知识的掌握情况。根据学生回答问题的情况，教师可鼓励头脑风暴或开放式讨论，思考"为什么推行公务员聘任制？"，这样使教师的主观判断和教学经验与学生的"实际学情"之间实现有效对接，教学更有针对性，也可以使学生更加明确自己在课堂上要重点掌握的问题。

(三) 以互动为形式激发学生互助参与

1. BOPPPS 模型可以实现良好的教学互动

现代教育学观点认为，教学要实现的目的不仅仅是教师向学生传递知识，其核心在于能够发展人的个性，发挥人的潜力，发现人的价值。而强调互动的教学方式就很好地实现这一点。从一些具体角度来看，BOPPPS 教学模式可以很好地实现课堂互动，引导学生深度参与课堂。从形式上看，互动式教学所提倡的各种教学方式如案例教学、小组活动、提问式教学和对谈式教学等，可以在 BOPPPS 模型中的互动参与环节得以实现[1]；从互动式教学的核心行为结构上看，教师的目标导向行为体现在其导入和目标构建中对于课堂背景的营造及对于目标的关注，学生的响应的学习行为体现在参与式学习环节，教师的评价与反馈则体现在后测及总结环节。因此，不论是从整体理念还是具体角度上看，BOPPPS 模型都致力于实现学生在课题中的互动，进而为学生的深度思考提供了有利条件。

2. 基于 BOPPPS 模型互动视角下的教学设计

首先，可采取师生角色互换，由学生上台将课前准备的授课方案和内容进行报告，教师则负责对展示内容进行提问。老师不再是问题解决者，而是引导者。学生由旁观者变成主体，由被动变成主动，提前学习课堂知识、查找资料、准备课件和组织语言，将授课压力转化为学习动力。它不仅促进学生自主学习能力的提升，而且通过"授者"和"受者"角色的转变，避免了居高临下的说教与被动的不加思考的吸收，平等和民主的对话型师生关系得以建立，课堂在一种平等、轻松和快乐的生态中持续发展。

其次，可鼓励学生以小组形式通过角色扮演和情景模拟的方式来观察、体验公务员管理的现实。比如讲授"职务任免制度"时，要求学生在课前，自主学习和了解从中央到地方党政机关的组织机构和职位设置情况，尤其是主要领导职务及机关工作人员的任职方式，然后通过角色扮演、情景模拟、剧本表演等方式进行课堂展示，同时回答同学的提问。尽

---

[1] 周毕文、李金林、田作堂：《互动式教学法研究分析》，载《北京理工大学学报（社会科学版）》2007 年第 S1 期。

管是虚拟的场景，但学生在这些互动实践中相互学习、合作、体验和感悟，对选任制与委任制的理解和思考比教师直接讲授要深刻得多。

需要注意的是，为确保实现教学效果，教师在互动过程中须仔细记录同学的课堂表现，在学生讲完或演完后，及时发现和纠正出现的问题，避免其他同学接收到错误信息；对互动环节中的亮点、特色和新视角等进行表扬，将课堂记录作为平时考核依据，使课程的评估结果更加开放、科学和公平。

（四）以评估为动力回馈学生深度参与

1. BOPPPS 模型重视教学过程中回馈

一般的必修课教学往往以闭卷考试的形式来考察学生的学习情况，难免产生"考前背笔记，考后全忘记"等问题，不利于培养学生持续学习的习惯；而且由于期末考试被看作是课程的结束，所以"考完即学完"的心态不利于对整体教学效果的评估和总结，也就谈不上对课程的改进和优化。BOPPPS 模型中的后测和总结环节，通过对每一节教学内容进行合适恰当的评测和总结，及时有效地测试学生对知识的掌握程度；教师也能随时了解教学效果，并根据后测反馈的情况及时调整教学设计，从而不断优化教学过程。

2. 基于 BOPPPS 模型回馈动力下的教学设计

在后测环节中，为了使学生有效掌握自己对于知识的理解程度，可以根据知识点的类型采用不同的考核方式。对记忆理解型内容，教师可采用选择、判断、配对习题等方式；如了解学生是否掌握我国公务员的范围，可设计红十字会、群团组织和党委机关等工作人员是否属于公务员的选择题来考察学生。对应用分析型内容，可采取小案例分析、心得写作、开展小辩论等方式；如讨论从职务升降制度分析基层公务员职业倦怠现象，进一步了解学生是否有所思考。同时，在总结环节中，教师可以通过思维导图等方式对课程内容进行总结，提炼出我国聘任制的探索历程、制度特征以及制度目标等主要内容和结论。与此同时，可以对分组讨论的情况进行评价，对表现积极的学生提出表扬，指出讨论中的重点或薄弱点，这样每一节教学后运用多种手段有的放矢地检测学生理解、运用知识和思考情况，从根本上改变过去为考试而考试的学习理念和死记硬背、生搬硬套的学习方法，且使得学生更好地回顾课程内容，能够培养和提高学生深入理解、灵活运用和主动思考的能力。

3. 对应用 BOPPPS 模型教改的评价

在 OBE 教育理念的指导下，总结两个学期将 BOPPPS 模型应用到《公务员制度》教学改革实践中的体会，能深刻感受到它对师生的教与学都有较大的提升。

（1）促进学生自主性、互助式学习。传统教学评判学生的往往是期末一纸试卷，学习的主动性主要体现在考试之前，在一定程度上导致学生持有"考完即学完"的学习态度。BOPPPS 模型注重对于学习过程和学习结果的全方位评估。在教学中赋予学生更大的自主性，自己查资料、寻找答案，持续启发式、讨论式的师生和生生互动等方式，不仅有助于突出课程重点内容，也使学生培养了自主学习能力和思考习惯。此外，坚持教学过程中的及时评估，尽管有些复杂，但学生通过参与每次小组讨论、集体分享、团队合作、协同学习，不仅能够发现自己的长处与短板；而且也弱化了学生之间的比较，并能激发学生的求知欲望和增强持续挑战自己的信心。长期坚持下去，这种评估可以改变学生通过死记硬背得高分的惯性，有效提升学生参与课堂的主观能动性，最终提高学生的综合能力。

（2）有效提升教师的教学水平。BOPPPS 在要求学生深度参与课堂的同时，也要求教师具备较强的组织和掌握课程的能力。一是在教学中根据教学内容采取多种方式混合教学，如案例式教学方法、讨论式教学、角色扮演、情境模拟等鼓励学生参与到课堂中，引导学生主动思考，同时能够持续改进教学方法。二是坚持课后自我反思，深化教师对自身教学效果的把握。具有完善功能的教学质量管理体系应该能够通过监督、反馈发现偏差，再通过分析产生偏差的原因进行改进。形成闭环的教学推进符合 OBE 理念持续改进和成果导向的价值观，也使教师在持续的课后反思中不断提升教学水平。

（3）仍需要注意的问题。BOPPPS 模型具备的参与性、启发性在提升教学效果的同时，也给教学与教师提出了进一步挑战。因此，在应用 BOP-

PPS模型的教学探索中,教师仍需注意以下问题:其一,有效的把控课堂节奏。根据教学内容合理分配六个环节的时间,并在时间安排上灵活调整,避免出现顾此失彼的情况,特别是要注意到学生参与课堂与教师讲解的平衡。在学生参与式学习的过程中,教师也要密切关注各组情况,及时提供引导和帮助,避免低效的参与。其二,灵活调整前测、后测的运用。作为了解、检测学习情况的法宝,一是这两个部分是否必须单独成为一个环节值得思考;二是即使后测与总结合并,也要坚持对后测结果的分析以及据此进行及时的教学调整,唯此才能不断总结经验,提升教学效果。

中国政法大学与故宫博物院合作课程探研

——以《紫禁城文化与故宫学》课程为例

王学深 *

我国高校与故宫博物院合作课程的建设，是依托高校搭建的育人平台，将传统文化引入校园，实现文化传承的具体实践，更是大力弘扬中华优秀传统文化，实现"以文育人"教育目标的重要途径。本文以中国政法大学和故宫博物院合作开设的《紫禁城文化与故宫学》课程为例，通过探析课程师资构成、教学内容、教学模式等内容，不仅可以为高校创新教学模式，拓展课程建设提供有益的参考与借鉴，而且可以充分彰显高校在传承中华优秀传统文化过程中的优势地位。

一、高校与故宫博物院合作课程的建设背景

中国是拥有五千年历史的文明古国，在历史长河中发展形成的中华文化不断滋养着中华民族发展壮大，生生不息。正如习近平总书记指出，"中华优秀传统文化是我们最深厚的文化软实力，也是中国特色社会主义植根的文化沃土"。[1]因此，充分继承与弘扬中华优秀传统文化，不仅是推动社会向前发展的重要力量，更是提升国人"文化自信"，真正做到"以史为鉴，开创未来"

---

* 王学深，历史学博士，中国政法大学人文学院历史研究所讲师。
〔1〕《习近平在中共中央政治局第十八次集体学习时强调 牢记历史经验历史教训历史警示 为国家治理能力现代化提供有益借鉴》，载《人民日报》2014年10月14日，第1版。

的文化源动力。

故宫博物院作为明清两代帝王的宫殿，已然历经 600 多年的风雨，早已从"帝王之家"变成了"人民的博物馆"。明清时期的故宫，不仅见证了从《永乐大典》到《四库全书》等文化工程和典籍的编纂，而且成为融汇中国传统绘画、书法、瓷器、家具、铜器、建筑等诸多形态的艺术宝库，更是一座蕴藏着丰富历史文化、思想理论、宗教政策、医学传承、民族融合、民俗礼仪的文化堡垒。因此，继承与弘扬故宫所承载的文化内容，是传承优秀传统文化的具体实践。

随着社会日新月异的发展，文化传播的途径多元化趋势明显，例如纪录片的摄制，文创产品的发布，大众系列讲座等，但是本文所要关注的文化传承模式并非以上形态，而是探析将高校历史文化课堂与故宫文化传承相结合的合作课程。具体而言，通过高校与故宫博物院合作建设历史文化类课程（下称"合作课程"），以专题讲授、实践教学与探析研究相结合的方式，依托高校原有的历史文化课程平台，把故宫学与明清历史知识引入大学校园。一方面，高校是我国教育的主阵地，为弘扬优秀传统文化搭建了重要平台，大学生群体的文化积淀较为深厚，接受度高。特别是北京作为全国"文化中心"，合作课程的建设更发挥着彰显文化软实力，满足高品质文化需求的功能。另一方面，故宫博物院拥有着其他博物馆所不可比拟的文化资源优势。随着近年来"故宫热""文化 IP"等概念持续引发社会的关注。因此，探研高校与故宫博物院合作课程建设具有现实意义与社会价值。

二、我国高校与故宫博物院合作现状

目前，国内部分高等院校正在不断加强与故宫博物院的合作，这也成为未来拓展高校科研、教学、实践基地建设的必然趋势。首都高校基于地缘优势，已经成为开展双方合作的主力军，北京大学、清华大学、中国人民大学、中国政法大学、首都师范大学、中国社会科学院大学高校等均已和故宫博物院展开合作。2007 年，首都师范大学与故宫博物院率先签署了《故宫博物院与首都师范大学学术交流与合作意向书》，双方就汉藏佛教美术领域展开合作研究,旨在加强科研、人才培养和学术活动方面的合作,形成优势的互补。

2019年10月,北京大学与故宫博物院签署合作协议,合作开展文博人才培养、文化遗产保护研究等工作。北京大学力图发挥在历史、艺术和考古方面的研究优势与资源,聘请故宫博物院明清宫廷历史、文献学、建筑学、书画与陶瓷学和博物馆学等领域的知名专家学者担任博士生导师,从而推动北京大学的学术研究和人才培养工作。同年底,清华大学与故宫博物院签署的协议旨在深入开展文物保护与研究、人才培养、文化传播等工作。在这一背景与趋势下,中国政法大学也同故宫博物院签订"故宫问学"系列课程合作协议,打造法大课堂教学课程,探索文化传承的新路径。

基于以上背景,首都高校与故宫博物院合作教学课程的建设不仅能够推动传统文化与技艺的传承,服务于"十四五"时期深化首都"文化中心"[1]建设的现实需要,也是推动公共文化服务供给品质化和供给方式多元化的重要举措,更是优化教育结构,打造个性化、多元化教育体系的必要选择。

此外,许多京外高校同样开展了同故宫博物院的合作建设,力图推动文化传承与文物遗产保护工作。例如,2011年5月9日,"浙江大学故宫学研究中心"成立,以帮助培养故宫学方向研究生人才。其后,2012年12月"南开大学故宫学与明清宫廷研究中心"成立。2018年5月14日,深圳大学"故宫学研究所"正式挂牌成立。2018年10月27日,故宫博物院与四川大学签署战略合作协议。以上的这些合作凸显了目前高校与故宫博物院合作的现状与趋势。截至目前,故宫博物院还与天津大学、北京工业大学、西北大学、上海交通大学、吉林大学、北京科技大学、东南大学等高校签署有合作协议。然而,目前高校与故宫博物院的合作多集中于人员培训、合作研究、实践基地建设以及研究生合作培养等领域,而深入到高校校园内,面向广大本科生群体的合作课程较少。

---

[1] 北京市人民政府:《北京市推进全国文化中心建设中长期规划》(2019年—2035年)。

此外，虽然国内学界对于高校与博物馆的合作模式已经有了一些研究成果，但更多聚焦于地方博物馆与高校实践教学、人才培养和学术研究等领域，并从博物馆的角度出发展开研究，而直接论述高校与故宫博物院合作课程的成果少见。例如，陈静在《关于博物馆与高校合作对接的几点思考》一文中强调了高校与博物馆合作的必然性，指出博物馆应加强与高校历史专业教学等方面的合作，但缺少具体实践举措。[1]在徐宁所著《浅议博物馆与高校的合作共建》一文中，作者就《博物馆条例》颁布背景下，高校与博物馆合作的背景和途径进行了深入分析，指出博物馆的文化传承和育人功能，并强调了高校与博物馆的合作不仅是社会的需要，更是博物馆和高校自身发展的需要。与之同时，作者具体以南通博物苑与高校合作为例，进行了阐释。[2]龙霄飞和白杰所著《博物馆与高校合作模式、机制的探索与实践——首都博物馆与北京联合大学合作实践与展望》一文聚焦首都博物馆与北京合作大学在实践课程教学、专业实习、实验中心建设、学术与科研等方面的合作进行研究，进而服务于北京文化建设的要求。文章聚焦于学生实践课程、实验中心建设和暑期实践项目，而并非常规授课。[3]黄维尹和周茜茜所著《基于馆藏资源与人才资源的互连探讨——博物馆与大学间的合作研究》一文同样囿于人才培养、实践基地和学术资源共享等方面论述。[4]

通过以上对国内高校与故宫博物院合作现状和学术史回顾梳理可知：第一，高校与故宫博物院（包括其他博物馆）的合作更多是侧重建设实践基地，推动科研成果产出，增强学术交流，缺少完整而系统化的课程建设合作。第二，学界关于高校和故宫博物院合作的研究缺失。学人关注焦点更多是从博物馆教育功能出发，针对博物馆作为实践教学基地展开讨论。

---

〔1〕 陈静：《关于博物馆与高校合作对接的几点思考》，载《河北青年管理干部学院学报（双月刊）》2012年第5期。

〔2〕 徐宁：《浅议博物馆与高校的合作共建》，载《博物馆研究》2016年第3期。

〔3〕 龙霄飞、白杰：《博物馆与高校合作模式、机制的探索与实践——首都博物馆与北京联合大学合作实践与展望》，载《北京联合大学学报》2018年第4期。

〔4〕 黄维尹、周茜茜：《基于馆藏资源与人才资源的互连探讨——博物馆与大学间的合作研究》，载《文物鉴定与鉴赏》2019年第10期。

第三，在论述高校与博物馆合作方面，已有研究宏观性论述居多，而深入具体课程设置和模式上的讨论缺少。

然而，中国政法大学开设的"故宫问学"系列课程打破了高校与故宫博物院合作单纯学术研究和高级人才培养模式，以"故宫专家入校园"形式，面向本科生开展授课，更加突出历史普及和文化传承功能。因此，本文以探析中国政法大学与故宫博物院合作的《紫禁城文化与故宫学》课程为例展开讨论，希望为高校教学育人模式探索和合作课程建设提供有益的参考与借鉴。

三、中国政法大学与故宫博物院合作课程的师资结构

中国政法大学与故宫博物院自2019年双方合作签署"故宫问学"合作课程建设协议，至今已经开设5个学期，协议开设课程共6门，包括《人文故宫与法制文明》《紫禁城文化与故宫学》《故宫与中国建筑文化》《故宫与中国楹联文化》《故宫书画品鉴》《故宫文物保护与海外文物追讨》等。其中前三门课程已经实际开设，而后三门课程正在加紧设计与建设。合作课程以全校通识选修课形式设置，每周一讲，延请故宫专家和校内外教师以专题讲座形式呈现，课程选课不预设学科背景限制，鼓励更多非历史学背景，又对传统历史文化和故宫学有兴趣的学生参与其中，真正发挥课程育人与文化传承相结合的功用。

中国政法大学与故宫博物院合作课程由法大人文学院具体负责开设。以《紫禁城文化与故宫学》课程为例，所有学者与教师均在明清史和故宫学研究领域具有较深的造诣。这不仅保证了授课的质量与口碑，更成为该课程的"金字招牌"。合作课程师资主要来源有三部分：故宫博物院研究员，中国人民大学历史学院明清史方向教授，以及中国政法大学校内教师。其中，故宫学研究所是代表故宫博物院与中国政法大学合作的主要部门，郑欣淼研究员、李文儒研究员、章宏伟研究员、李文君研究员、王素研究员、陈连营研究员、周乾研究员等均先后参与到合作课程教学之中。以上七位故宫博物院的专家均为正高级职称，研究领域涉及明清历史文化、故宫学、故宫学科建设、书法与古文献研究、古建筑和宫廷藏品等领

域，涉猎广泛。校外专家主要来自中国人民大学清史研究所，董建中副教授和刘文鹏教授曾连续为合作课程上课，涉及内容包括清代驿站体系与远距离国家治理、雍正继位之谜和清代军机处职能等内容，专业性强，历史问题意识突出，并结合自身田野考察所得与"回到历史现场"的研究路径开展课堂讲授。中国政法大学校内三位教师林乾、邓庆平和王学深也先后参与到课程授课之中。

目前，稳定参与到《紫禁城文化与故宫学》课程教学中的12位专家学者，形成了水平高、影响大、专业强的特点。首先就学者职称而言，12位学者中正高级职称9人，占总授课人数的75%，副高级职称2人，中级职称1人。这说明了授课学者整体学术水平较高，富有丰富的教学与科研经历，在一定程度上提升了课程品质与口碑。

其次就学者影响力而言，不少专家均在本领域具有重要地位与影响力。例如，郑欣淼研究员曾任文化部副部长、故宫博物院院长、中央文史研究馆特约研究员。作为故宫博物院第六任掌门人，他对于故宫博物院的建设、发展与思考独具特色，问题意识更加高屋建瓴。又如，李文儒曾任故宫博物院副院长，章宏伟为现任故宫学研究所所长，两位学者都在故宫博物院工作数十年，是故宫博物院和故宫学发展的亲历者与推动人。林乾教授是国家清史编纂委员会典志组专家、《百家讲坛》"雍正十三年"主讲人，具有良好的社会口碑与影响力。刘文鹏教授是国家社科基金重大项目《清代驿站史研究》首席专家。以上背景，提升了合作课程的学术与社会关注度，并将文化传承与学术前沿问题做了有机结合。

最后就学者授课梯队建设而言，合作课程形成了老、中、青相结合的结构。12位专家学者中按照出生年代划分，其中40年代1人，50年代3人，60年代2人，70年代5人，80年代1人，许多学人是目前明清史学界内重要的中流砥柱，这也为该课程的可持续性建设与发展，提供了人才资源。通过对课程师资的研究有利于优化课程资源，为提升合作课程的教学质量发挥推动作用。

四、中国政法大学与故宫博物院合作课程的授课内容

以《紫禁城文化与故宫学》为例，授课内容包括明清历史、城市建设、艺术探研和文物保护等领域。课程以专题讲座形式开展授课，以校通识选修课形式设置，希望可以让对中国传统历史文化和故宫学有兴趣的学生均有机会参与其中。具体而言，明清史领域包括董建中教授的《雍正继位之谜再探讨》，林乾教授的《从雍正"让位"解即位之谜》，刘文鹏教授的《清代驿站与远距离大一统国家治理》，李文君研究员的《皇帝名字漫谈》等。例如，董建中教授和林乾教授二人是清史学界研究雍正继位问题的两位代表性学者，前者持"合法继位说"，而后者持"非法继位说"。两位学者通过先后两周的授课，可以让受众形成对学术研究方法与结论的鲜明对比，从而激发学生对历史文化的浓厚兴趣。刘文鹏教授关于清代驿站与国家治理的讲授是基于他的专著《清代驿站考》和国家社科基金重大项目《清代驿站史研究》的思考，是将学术前沿问题引入课堂论述的典范。

故宫学与故宫文化领域包括章宏伟研究员的《故宫博物院与故宫学》，郑欣淼研究员的《故宫摄影》，李文儒研究员的《中外皇宫比较》，李文君研究员的《紫禁城匾联文化》，王素研究员的《故宫医药学学科建设概要——兼论明清医事与医学人物》等。围绕故宫文化的授课内容集中于故宫资源本身，许多论述视角独具匠心，而研究与探索问题更是常人难以企及的"未开放区"中的事与物。例如，郑欣淼研究员以曾经故宫掌门人的身份，以他眼中故宫的"光影世界"，带领学生以不一样的视角认知故宫。又如，李文儒对于中外皇宫的比较，凸显了故宫博物院在转变为"人民的博物院"后所发挥的教育和文化传承职能，其思辨性的论述更是一位老故宫人的切身感悟，而李文君研究员则以数百幅故宫匾联为切入点，通过大量稀见的紫禁城匾联图片展现出故宫中独特的一片文化天地。

艺术文化领域包括陈连营研究员的《明清时期的饮茶风尚与清宫紫砂》，王素研究研究员的《〈兰亭序〉与兰亭考辨》，王学深老师的《清代服饰文化》与《清代科举文化》；城市史领域包括邓庆平教授的《明代的北京城》等内容。特别是王素和陈连营两位研究员利用故宫藏品，详细解析故宫最具代表性的书法作品《兰亭集序》的前世今生，以及清宫旧藏紫砂壶与紫砂文化。前者以 2011 年故宫博物院举办的"兰亭特展"为核心，解析了《兰亭集序》的源起、后世版本争议、艺术价值等内容，而后者则关注了清宫内紫砂旧藏，生动讲述了中国传统饮茶文化发展的脉络、明清宫廷饮茶风尚和紫砂文化的兴起背景，内容引人入胜。

可以说，《紫禁城文化与故宫学》合作课程内容丰富，充分涵盖了故宫文化与明清历史两大要素，是探析与传承明清传统文化很好的路径。合作课程还会将按照主题领域同类原则进行集中排课，主题鲜明，更加便于学生集中对比学习，同时也会不断引入新的主题，形成课程良性的可持续发展。

五、中国政法大学与故宫博物院合作课程的教学模式

以《紫禁城文化与故宫学》合作课程为例，在传统线下授课基础上，已引入的创新性教学手段包括"线上授课方式""实践教学""读书与分享会"，计划性实验教学手段包括"VR 全景故宫"教学法等。

首先，在传统线下与创新性线上教学方面，课程按照每周 3 课时，共 32 课时，2 学分设置，采用"邀请专家进校园"的方式，每周固定延请一位专家授课。传统教学方式代入感强，互动直接，连贯性更好，也是目前课程最为主要的授课方式。在传统教学方式之外，近两年来"线上教学"成为线下传统教学的重要有机补充，它的特点是互动性好，课题活跃度高，不受气候、传染性疾病等客观环境影响。许多在传统课堂中不愿参与课堂讨论或不敢提问的学生，由于线上教学的引入，减少了提问的顾虑，更加自由的将自己思考的问题以文字、语音的形式和授课人开展交流。

随着技术的发展，目前合作课程的线上授课采用"超星学习通""腾讯会议""雨课堂"和录屏等多种方式开展。例如，林乾教授利用"腾讯会议"平台进行的《从雍正"让位"解即位之谜》的授课，引起选课学生的浓厚兴趣，互动问答留言达数十条，远远超过了线下教学时的提问数量，收到良好的教学效果。因此，基于教学大背景，今后合作课程将保留和进一步丰富"混合式教学"方式，使用"直播式"课堂的教学模式作为线下教学模式的有益补充。经过 5 个学期的连续积累，合作课程将进一步探索慕课的可能性，将课程网络化，以达到更大范围推广课程和传播优秀传统文化的目的。

其次，"实践教学"与"读书分享会"是合作课程的又一特色。选课学生会参加一次赴故宫的实践教学活动，带着自己课堂所学和疑问在实践教学的课堂上探索答案。合作课程的实践教学曾邀请周乾研究员对故宫博物院的古建筑和设计形制在故宫内做主题讲座，授课内容包括了故宫的建城史、建筑设计理念、中轴线的建筑分布以及专门针对太和殿、中和殿、保和殿、乾清宫、御花园等建筑形制的讲授，这种将课堂置于历史现场的教学方式，会引发学生更加浓厚的兴趣，提升课堂的活跃度与质感。此外，合作课程在讲授之外，还会设置一或两次的读书分享会，学生可以根据所学、所思，研读和推荐一本故宫文化和明清史领域内的著作，以导读人的身份分析、分享著作，推荐包括《故宫学概论》《故宫六百年》《紫禁城八百楹联匾额通解》《雍正十三年》《清宫绘画与画家》《乾隆帝及其时代》等书目。合作课程也鼓励学生围绕故宫与历史文化进行"文创设计"与摄影创作，并将成果在校内公开展出，形成课堂文化的再传播，将学生个人所得与视角作为"共享的知识"，这是对"翻转课堂"理念的延展与再探索。

最后，合作课程希望将来在有条件的情况下，尝试引入"全景故宫"和"V故宫"的教学手段。随着科学技术日新月异的发展，VR技术成为虚拟化沉浸教学的可能性帮手。故宫博物院已经推出了"全景故宫"和"V故宫"，尤其是后者围绕养心殿、灵沼轩（延禧宫）、倦勤斋等制作了生动的VR影像，对沉浸式的学习故宫博物院历史、原状陈设、建筑构造、修缮等具有重要的帮助作用，通过将现场实景进行高度的数字化还原，将历史与现在，虚拟与现实结合起来。由故宫的专家学者进行具体讲解与操作，带领学生通过VR技术感受故宫，以生动和直观的方式让课堂"活"起来，调动学生参与课堂的积极性和提升课堂的趣味性，而这一教学方式是今后合作课程的努力方向。

总之，多元化的教学途径会极大激发学生的兴趣和求知欲，真正让学生参与到课堂之中，与讲授专家形成互动，增强知识的获得感，真正达到将历史文化传承与弘扬的目的。

六、结语

中国政法大学与故宫博物院合作课程的设置着眼于发挥高校与故宫博物院的教育功能。王宏钧编著的《中国博物馆学基础》一书清晰地指明了博物馆的功能之一就是"传播科学文化知识，提高公民文化素质"。[1]随着社会的发展和人民日益增长的文化需求，博物馆的教育功能也在不断升级，不仅要发挥基础层次文化传播作用，也要更好地发挥文化高层次育人和研究功能。在此背景下，通过探索和扩大高校与博物馆的合作，利用高校的教学平台，在原来单纯博物馆文物陈列的基础上，增强学理性、专业性、互动性，向在校大学生传播优秀传统文化是大势所趋，更是高校课程建设与开展强基教育的方向之一，从而最大限度地发挥文化传播效果，树立起国人的"文化自信"。

中国政法大学与故宫博物院合作课程的设置推动着高校新合作课程与教学模式的建立。本文详细研究了中国政法大学"故宫问学"系列课程中——《紫禁城文化与故宫学》课程的师资构成、课程内容、教学模式、实践方式和教改创新。在此研究基础上，本文详细阐释了合作课程建设方式，以期可以更好的支撑宏观论述，真正推动高校课堂在文化传承工作上的教学使命，为拓展高校教学模式提供借鉴，也为进一步完善合作课程中存在的不足提供有益参考。

中国政法大学与故宫博物院合作课程的设置旨在传承优秀传统文化，提升学生人文素养。本文通过对中国政法大学与故宫博物院"故宫问学"系列课程多元的教学手段、课程师资结构、授课内容与模式等内容的探析，可以将相应模式推广，为扩大高校与故宫博物院和博物馆的合作提供模式借鉴。这种合作课程的开设，可以起到激发学生兴趣，把历史教学引入课堂、引入生活、引入实践，最终达到"以文育人"和传承中华优秀传

---

[1] 王宏钧主编：《中国博物馆学基础》，上海古籍出版社2001年版，第47页。

统文化的目的。最后,高校与故宫合作课程开设模式的推广可以取得社会更广泛的关注,赢得良好的社会效益与舆论反响,不仅可以进一步提升高校在传承传统文化主阵地中的地位,而且能够最大化的发挥故宫博物院和博物馆的教育和社会服务功能,实现"双赢"的效果。

西班牙语对阿拉伯语的吸收之比较研究规划

——基于我国西安回族方言和西班牙安达卢西亚地区方言语料库的研究

李 蕴*

一、前言

当前,越来越多的国家正在以积极的姿态参与到"一带一路"倡议的文化合作中。文化交流逐渐增多、文化传播形式日益多元,增进了"一带一路"沿线国家之间的了解和友谊。

1922年,哲学家罗素在《中西文明比较》中写道:"不同文明之间的交流过去已经多次证明是人类文明发展的里程碑。希腊学习埃及,罗马借鉴希腊,阿拉伯参照罗马帝国,中世纪的欧洲又模仿阿拉伯,而文艺复兴的欧洲仿效拜占庭帝国。"居民的迁徙或者扩散,都会产生相互间文化、语言的接触和影响。[1]多民族文化的接触、交流和融合不可避免,这必然给它们的载体——语言带来丰富的输出、交叉影响和沉淀。

回族是我国55个少数民族之一,我国回族现有人口1000多万,呈现"大分散、小集中"的居住状态。西安回族群体的历史源远流长,他们信仰伊斯兰教,西安回族方言是以汉语为基础,以陕西关中方言为主体,吸收其他民族语言和外来语,保

---

* 李蕴,中国政法大学外国语学院副教授。
〔1〕 贾东:《略论西安回族的语言特色》,载《陕西师范大学学报(哲学社会科学版)》2005年第S1期。

留了大量的阿拉伯语词汇，并通过自创词汇，汇聚凝结而成的一种特殊方言。[1]

安达卢西亚地区，位于西班牙南部，在阿拉伯人统治伊比利亚半岛长达近8个世纪的漫长历史中，阿拉伯人在安达卢西亚地区建立了穆斯林王国，这里是受阿拉伯语影响最大的地区。1951年，由西班牙著名语言学家拉蒙·梅嫩德斯·皮达尔倡导开始使用 andalusi 作为当年的阿拉伯统治区安达卢斯（al Andalus）的派生词（安达卢斯人，安达卢斯的），以区别西班牙统一后设置的地区安达卢西亚（andalucia）的派生词 andaluz（安达卢西亚人，安达卢西亚的）。[2]

二、以西安回族方言为例的汉语对阿拉伯语的吸收研究动态

我国学术界对西安回族方言的研究起步较晚。系统性的研究大致起始于1980年代后期，其中以杨春霖、王军虎、孙立新、丁旭等学者的研究为主。最早的研究文献是杨春霖的《陕西方言内部分区概说》[《西北大学学报（哲学社会科学版）》1986年第4期]，后有王军虎教授编纂的《西安方言词典》（江苏教育出版社，1996年）。陕西省社会科学院文学艺术研究所的孙立新研究员在方言研究方面著述颇丰，主要有《关中方言略说》（《方言》1997年第2期）、《陕西方言纵横谈》（华夏文化出版社，2000年）、《西安方言研究》（西安出版社，2007年）。西安回坊学者丁旭编著的《西安回族方言》（中国文史出版社，2016年），该书系统地收集、整理了西安回坊方言。近年来，回族语言的变迁更迭始终是学术界研究与争论的焦点。[3]

西安，历史上的长安，作为大唐的首都，与数百个国家保持着友好关系。作为丝绸之路的起点，长安停留了大量的来自阿拉伯、波斯、西域等

---

[1] 穆光：《从西安回族方言、习俗看西安回族的渊源》，载《西北民族大学学报（哲学社会科学版）》1989年第3期。

[2] 任少凡：《阿拉伯语对西班牙语的影响》，载《文学教育（下）》2019年第3期。

[3] 刘杰：《关于回族语言研究的回顾与思考》，载《长春工业大学学报（社会科学版）》2013年第5期。

地区的穆斯林"胡商",随着历史的发展,往返于丝绸之路上的行商转化为大唐西市的坐商。这样的转化,使得他们面临着语言沟通、婚姻问题、营生方式等改变文化基因的挑战。那些操着阿拉伯语、波斯语、突厥语的"胡商"们,在华化内附的过程中,为避免他人听不懂话语的尴尬,毫不犹豫地学习并接受了此地的语言,以至于长期的华化内附以及土生蕃客的形成,汉语成为他们唯一的日常生活语言。

在元代,操各种语言的穆斯林的大量涌入,最终形成了以伊斯兰教为纽带的回族在中华大地上的"大分散、小集中""元时回族遍天下"的局面。明清之际,本着信仰自信和文化自觉,回族的先贤们开启了"以儒释回"的文化融合,大量"儒释道"的语言也在这样的融合中引入到回族的语言当中。这样的语言沉淀加之"方言岛"的相对封闭,西安回族方言就这样形成了。

回族方言是中华文化宝库中的一颗绮丽多彩的瑰宝,西安回族方言是西北方言不可缺少的一个重要部分。回族语言中保留了大量近代汉语词汇,尤其是明清语言。但在继承这些汉语词汇时,西安回族又有所引申、演化和发展。

西安回族方言中的阿拉伯语成分,一部分由《古兰经》词汇逐渐转为生活用语,属于经堂语(如宗教语言)部分。另一部分是属于世代承袭下来的阿拉伯语词汇。[1]

随着大量现代词语涌入、时代的变迁移转,许多方言正在慢慢淡化、消失,甚至已经灭绝。

三、以安达卢西亚地区方言为例的西班牙语对阿拉伯语的吸收研究动态

国内关于西班牙语对阿拉伯语的吸收研究起步较晚。系统性的研究起始于1988年陆经生的《阿拉伯语对西班牙语的影响》(《阿拉伯世界》1988年第1期)。后国内学术界对这个领域的研究鲜见有论文发表。近几

---

[1] 穆光:《从西安回族方言、习俗看西安回族的渊源》,载《西北民族大学学报(哲学社会科学版)》1989年第3期。

年来，魏媛媛[1]（2011年、2015年、2016年）、任少凡[2]（2019年）发表了若干论文。国少华[3]（2005年）从阿拉伯语词汇输出的角度分析了阿拉伯—伊斯兰文化对多民族文化的影响，里面对这个话题也有所涉及。

西班牙语是拉丁语族的分支，其渊源可以追溯到公元前3世纪罗马帝国统治西班牙时期，西班牙语正式定型是在公元13世纪。[4]在西班牙语漫长的演变历史上，曾受到多种外来语的影响，其中影响最为突出的是阿拉伯语。可以说，西班牙语是所有欧洲语言中受阿拉伯语影响最大的语种。

公元711年，阿拉伯帝国派将领塔里克侵入伊比利亚半岛，消灭了西哥特王朝，开始了阿拉伯帝国在西班牙历史上长达8个世纪的统治。阿拉伯人将他们统治下的伊比利亚半岛2/3的领土统称为安达卢西亚。

阿拉伯统治者在穆斯林统治区规定阿拉伯语为官方通用语言，但同时允许当地居民保留基督教信仰和使用拉丁语。在安达卢西亚，形成了两种文化共存、两种语言并用、上层社会以阿拉伯语为主、民间大众以拉丁语为主的局面。在西班牙当地的基督教徒中，双语使用越来越普遍，最终产生了一种新的语言穆斯阿拉伯语，穆斯阿拉伯的意思是生活在阿拉伯人统治地区al-Andaluz的西哥特西班牙人，穆斯阿拉伯语就是在这种文化糅杂环境中逐渐形成并发展起来的一种新的语言。[5]

伴随着文化交流与融合带来的语言的交叉影响，民间大众使用的拉丁语大量吸收了阿拉伯语的成分，以阿拉伯语字母拼写拉丁语的罗曼斯方言也成为趋势。

阿拉伯语对西班牙语的词汇方面的影响最大。据统计，西班牙语中源

---

[1] 魏媛媛：《浅析阿拉伯语对西班牙语的影响》，载《价值工程》2011年第6期；魏媛媛：《论阿拉伯语对西班牙语词汇的影响》，载《才智》2015年第7期；魏媛媛：《透过词语输出探析阿拉伯文化对西班牙文化的影响》，载《赤子（上中旬）》2016年第15期；魏媛媛：《从社会语言学视角论阿拉伯语对西班牙语的影响》，载《青年文学家》2016年第23期。

[2] 任少凡：《阿拉伯语对西班牙语的影响》，载《文学教育（下）》2019年第3期。

[3] 国少华：《从阿拉伯语词汇的输出看阿拉伯—伊斯兰文化对多民族文化的影响》，载《阿拉伯世界》2005年第2期。

[4] 任少凡：《阿拉伯语对西班牙语的影响》，载《文学教育（下）》2019年第3期。

[5] 任少凡：《阿拉伯语对西班牙语的影响》，载《文学教育（下）》2019年第3期。

于阿拉伯语的词汇有 4000 多个，约占西班牙语词汇总量的 8%，其数量仅次于拉丁语。[1]

四、研究目的

（一）理论目标

1. 分别研究汉语对阿拉伯语之吸收和西班牙语对阿拉伯语之吸收的历史背景和吸收途径，以期得出二者之间的异同。

语言的主要吸收途径为宗教传播、地域扩张、文化影响和商贸往来等，通过对上述两段历史的研究，分析得出汉语和西班牙语分别是通过什么途径吸收阿拉伯语，以及通过这种途径的必然性是什么。

2. 通过研究汉语对阿拉伯语和西班牙语对阿拉伯语的吸收的特点，包括在语音、词汇（词汇数量、词汇类别）、语法、语义方面的影响，分析形成这些特点的历史文化因素。比如，西班牙语虽然大量吸收了阿拉伯语，但是在词汇类别上，被吸收的宗教词汇并不多，这一现象和伊斯兰教并没有被伊比利亚半岛居民所广泛接受、广大民众信仰基督教，以及罗马文化传统的盛行有着密切的关系。

3. 对语言发展背后的历史、文化（如回族史、回族文化；安达卢西亚地区史、安达卢西亚文化等）等相关学科的研究提供充实的材料。

（二）应用目标

1. 对正在消失的方言进行记录、整理，完成相关语料库，抢救濒临消失的方言、文化，是对中国传统方言文字的保护挖掘，更是对我国少数民族文字和方言的传承和保护，是少数民族群众把守精神家园的地方志史研究，为后续的方言研究和文化研究提供更多的依据和资料。

2. 研究成果为后续的语言研究者提供大量的鲜活的词汇材料和关于语言产生、嬗变、接触以及语言底层等的一系列具体知识和典型材料，给予民族学、宗教学、文化学、民俗学、历史学学科的学者以一定的知识和素养。

---

[1] 陆经生：《阿拉伯语对西班牙语的影响》，载《阿拉伯世界》1988 年第 1 期。

通过对西安回族方言和习俗的研究，可以明晰西安回族的渊源。目前已有的文献研究初步显示，西安回族的渊源及发展共经历了三个时期。第一个时期是唐宋时期，阿拉伯、波斯穆斯林商人进入长安，并与汉族通婚；第二个时期是元朝时期，中亚各族人、波斯人、阿拉伯人迁居长安；第三个时期是明朝时期，在西安出生的回族子孙后代通用了汉语，并吸收了大量原来固有的外来词汇，逐渐形成了现在的西安回族方言[1]。

3. 民族文化差异影响着"一带一路"沿线国家的文化交流与传播。各国社会、文化、制度有所不同，特别是民族矛盾和宗教冲突等问题一直困扰着一些国家。本课题的研究，对认识"一带一路"沿线国家文化交流与传播中的民族文化差异并提供解决方案，为促进"一带一路"文化交流与传播，扩大中华文化影响力提供参考意见。

4. 探讨语言输出、语言吸收与文化交流融合之间的互动关系。为我国"一带一路"建设、促进与"一带一路"沿线国家之间的文化交流与融合提供理论支持和实践范例。

五、比较研究规划

本部分的比较研究以我国西安回族方言和西班牙安达卢西亚地区方言语料库为基础，主要考察汉语对阿拉伯语的吸纳与西班牙语对阿拉伯语的吸收状况，具体包括历史与文化背景、吸收途径、语音成分的吸收、词汇方面的研究（词汇数量、词汇类别）、语法成分的吸收、语义成分的吸收。

（一）历史、文化背景与吸收途径

从历史背景和文化交流的角度，分别梳理汉语对阿拉伯语的吸纳以及西班牙语对阿拉伯语的吸收的历史、文化背景、吸收途径、历程和内在机理；探讨促进汉语对阿拉伯语的吸收以及西班牙语对阿拉伯语的吸纳进程、引起上述语言变迁演进的动力、决定因素、特殊价值和必然性；诠释

---

[1] 穆光：《从西安回族方言、习俗看西安回族的渊源》，载《西北民族大学学报（哲学社会科学版）》1989 年第 3 期。

和把握语言与文化交流之间的相互关系。通过上述研究，以期得出二者之间的异同。

语言的主要吸收途径为宗教传播、地域扩张、文化影响和商贸往来等，通过对上述两段历史的研究，分析得出汉语和西班牙语分别是通过什么途径吸收阿拉伯语，以及通过这种途径的必然性是什么。

(二) 汉语对阿拉伯语和西班牙语对阿拉伯语的吸收特点研究

研究西安回族方言和安达卢西亚地区方言分别对阿拉伯语吸收的特点，包括语音成分、词汇吸收（词汇数量、词汇类别）、对语义的影响、对词法的影响、对句法的影响等方面，并分析两者之间的异同。

举一例释之：

西安回族方言大量吸收了阿拉伯语，被吸收的阿拉伯语词汇中与宗教相关的词汇（例如：穆民、邦布达、撒神、底盖尔、啥目、胡夫但、哈玩尼、哈顽的、伊玛目、满啦，等等）占比较大。在元末明初，随着经堂教育和经堂语的发展，与宗教相关的这类词汇更是直接影响、渗透到回族群体日常生活的各个角落。

西班牙语大量吸收了阿拉伯语，是所有欧洲语言中受阿拉伯语影响最大的语种。据统计，西班牙语中源于阿拉伯语的词汇有4000多个，约占西班牙语词汇总量的8%，这个比例仅次于拉丁语。但是，在词汇类别上，西班牙语吸收的阿拉伯语词汇主要分布在军事、司法、财政制度、农业、商贸、房屋、服饰、学术、科技等方面[1]。而西班牙语吸收的阿拉伯语中的宗教词汇（例如：almina 尖塔，宣礼塔；zala 祈祷）很少。

(三) 对比研究

对比分析形成上述特点的必然性和背后的历史、文化因素，探讨语言变迁与历史、文化交流之间的关系。

举上例释之：

上文例子中的语言现象与其历史背景和文化交流背景有关。

---

〔1〕 国少华：《从阿拉伯语词汇的输出看阿拉伯—伊斯兰文化对多民族文化的影响》，载《阿拉伯世界》2005年第2期。

西安回族方言吸收的阿拉伯语宗教词汇占比比较大，与回族群体伊斯兰信仰的影响和经堂教育、经堂语的发展有密切关系。经堂语起源于经堂教育，是将汉语、阿拉伯语、波斯语词汇融为一炉的术语体系，同时还保留了部分元明时期的汉语原貌。[1]

而西班牙安达卢西亚地区方言中吸收的阿拉伯语宗教词汇很少，与当时伊比利亚半岛并没有广泛接受伊斯兰教信仰、广大民众信仰基督教，以及罗马文化传统的盛行有着密切的关系。

（四）本研究的关键问题在于进行下列分析

1. 西安回族方言和安达卢西亚地区方言对阿拉伯语的吸收分别表现在词汇方面的特征，包括对吸收的词汇数量、词汇类别的分析；词汇系统是我国回族方言和西班牙安达卢西亚地区方言的主要语料，本研究将词汇作为研究、记录、描写的主要对象。

2. 西安回族方言和安达卢西亚地区方言分别对阿拉伯语的语义方面的吸收。有大量的西班牙语词汇和短语的词意来源于阿拉伯人的日常习惯用语、伊斯兰教的理念以及阿拉伯语的其他语义[2]。

3. 对比分析形成西安回族方言和安达卢西亚地区方言分别对阿拉伯语的吸收特征的必然性和其背后的历史、文化因素，探讨语言变迁与历史、文化交流之间的关系。

（五）本研究过程中面临的困难主要存在以下两个方面

1. 资料、数据获取不易。

2. 学术界对该领域的前期研究基础薄弱。

六、本研究的理论意义和实践意义

分别以西安回族方言和安达卢西亚地区方言为例研究汉语对阿拉伯语的吸纳与西班牙语对阿拉伯语的吸收之比较主要有以下意义：

---

［1］　刘杰：《关于回族语言研究的回顾与思考》，载《长春工业大学学报（社会科学版）》2013年第5期。

［2］　任少凡：《阿拉伯语对西班牙语的影响》，载《文学教育（下）》2019年第3期。

(一) 理论意义

1. 对语言背后的历史、文化（如回族史、回族文化；安达卢西亚地区史、安达卢西亚文化等）等相关学科的研究都提供新鲜的材料，同时，它还是一种十分重要的保护。

2. 分别研究汉语对阿拉伯语之吸纳和西班牙语对阿拉伯语之吸收的历史背景和吸收途径，以期分析得出二者之间的异同。

语言的主要吸收途径为宗教传播、地域扩张、文化影响和商贸往来等，通过对上述两段历史的研究，分析得出汉语和西班牙语分别是通过什么途径吸收阿拉伯语，以及通过这种途径的必然性是什么。

3. 通过研究汉语对阿拉伯语和西班牙语对阿拉伯语的吸收的特点，包括在语音、词汇（词汇数量、词汇类别）、语法、语义方面的影响，分析形成这些特点的历史文化因素。比如，西班牙语虽然大量吸收了阿拉伯语，但是在词汇类别上，被吸收的宗教词汇并不多，这一现象和伊斯兰教并没有被伊比利亚半岛居民所广泛接受、广大民众信仰基督教，以及罗马文化传统的盛行有着密切的关系。

(二) 实践意义

1. 对正在消失的方言进行记录、整理，完成相关语料库的建设，抢救濒临消失的方言、文化，是对中国传统方言文字的保护挖掘，更是对我国少数民族文字和方言的传承和保护，是少数民族群众把守精神家园的地方志史研究，为后续的方言研究和文化研究提供更多的依据和资料。

2. 研究成果为后续的语言研究者提供大量的鲜活的词汇材料和关于语言产生、嬗变、接触以及语言底层等的一系列具体知识和典型材料，给予民族学、宗教学、文化学、民俗学、历史学等学科的学者以一定的知识和素养。

3. 民族文化差异影响着"一带一路"沿线国家的文化交流与传播。各国社会、文化、制度有所不同，特别是民族矛盾和宗教冲突等问题一直困扰着一些国家。本课题的研究，对认识和理解"一带一路"沿线国家文化交流与传播中的民族文化差异，对促进"一带一路"文化交流与传播，扩大中华文化影响力具有重要的借鉴意义。

4. 探讨语言输出、语言吸收与文化交流融合之间的互动关系。为我国"一带一路"建设、促进与"一带一路"沿线国家之间的文化交流与融合提供理论支持和实践范例。

七、研究方法

本研究应用的方法如下图 1 所示。

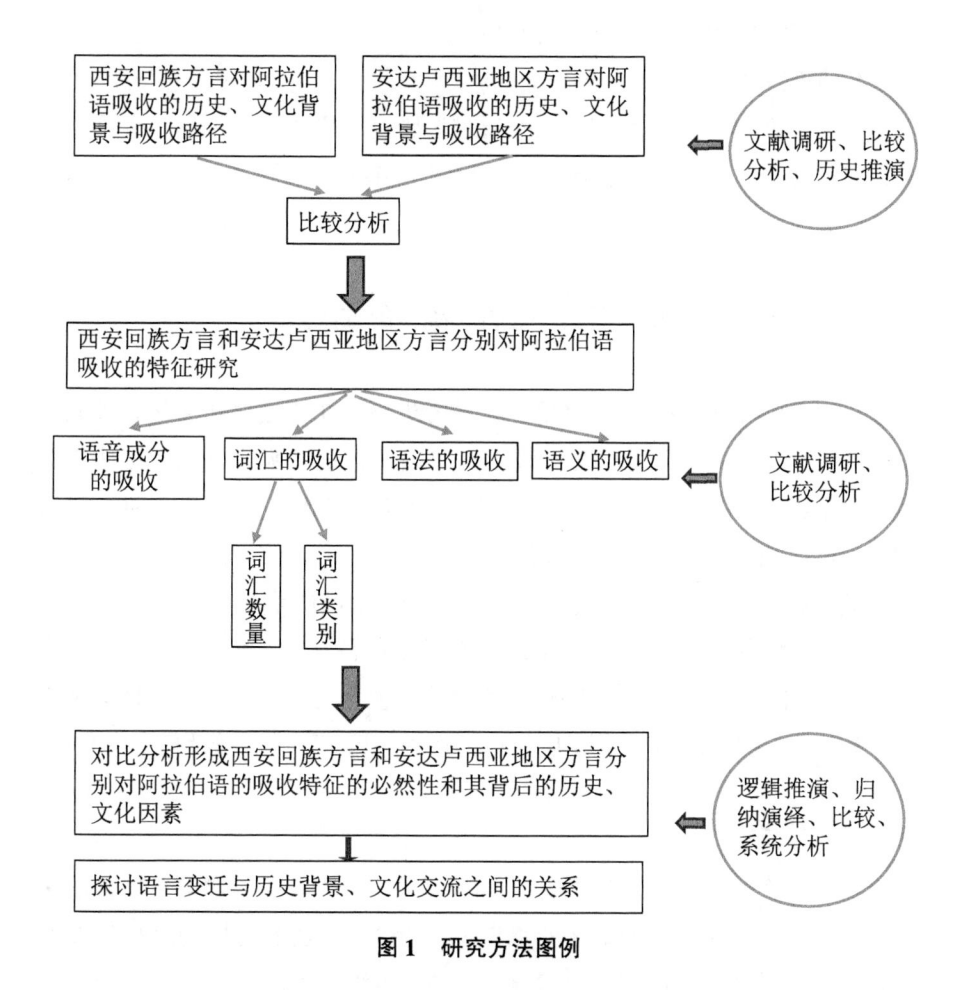

```
┌─────────────────┐  ┌─────────────────┐
│西安回族方言对阿拉伯│  │安达卢西亚地区方言对│      ╱文献调研、比较╲
│语吸收的历史、文化 │  │阿拉伯语吸收的历史、│ ←──(  分析、历史推演  )
│背景与吸收路径    │  │文化背景与吸收路径 │      ╲              ╱
└────────┬────────┘  └────────┬────────┘
         └──────────┬──────────┘
                ┌───▼───┐
                │比较分析│
                └───┬───┘
                    ▼
    ┌───────────────────────────────────┐
    │西安回族方言和安达卢西亚地区方言分别对│
    │阿拉伯语吸收的特征研究               │
    └──┬────────┬──────────┬──────────┬─┘
       ▼        ▼          ▼          ▼
  ┌────────┐┌────────┐┌────────┐┌────────┐      ╱文献调研、╲
  │语音成分 ││词汇的吸收││语法的吸收││语义的吸收│ ←──(  比较分析 )
  │的吸收  ││        ││        ││        │      ╲          ╱
  └────────┘└───┬────┘└────────┘└────────┘
              ┌─┴──┐
              ▼    ▼
          ┌────┐┌────┐
          │词汇││词汇│
          │数量││类别│
          └────┘└────┘
                    ▼
    ┌───────────────────────────────────┐      ╱逻辑推演、归╲
    │对比分析形成西安回族方言和安达卢西亚地│      │纳演绎、比较、│
    │区方言分别对阿拉伯语的吸收特征的必然性│ ←──(  系统分析    )
    │和其背后的历史、文化因素             │      ╲            ╱
    └────────────────┬──────────────────┘
                     ▼
    ┌───────────────────────────────────┐
    │探讨语言变迁与历史背景、文化交流之间的关系│
    └───────────────────────────────────┘
```

图 1　研究方法图例

（一）具体研究方法

1. 田野调查。收集、整理、用现代语言学描写手段研究西安回民方言、安达卢西亚地区方言，汇总大量鲜活的词汇材料，进行语汇考证、注解，查明出处，转意脉络等。词汇系统是我国回族方言和西班牙安达卢西亚地区方言的主要语料，本研究将词汇作为研究、记录、描写的主要对象。

2. 定性与定量相结合。不仅要研究西安回族方言和安达卢西亚地区方言分别吸收阿拉伯语词汇、语法、语义等的数量，而且要进行定性研究。

3. 语言学分析与历史学分析并用。

4. 个案分析。

5. 实证研究。实证研究方法指通过对研究对象的大量观察、实验和调查，获取客观材料，从个别到一般，归纳出事物的本质属性和发展规律的一种研究方法。

6. 比较研究。

7. 体系研究。理论、历史、逻辑相统一的方法。

(二) 创新之处

1. 本课题将拓展语言接触研究的思考进路，使历史学和文化背景成为语言接触研究的重要组成部分；以汉语对阿拉伯语的吸收以及西班牙语对阿拉伯语的吸纳背后的历史背景和文化背景为切入点，从历史和文化谈起，回顾汉语对阿拉伯语的吸收以及西班牙语对阿拉伯语的吸纳的发展历程，其中重点强调语言学与考古学、文化交流之间的重要关系。

2. 本课题系统性地、多维度地研究语言发展与变迁史。

3. 本课题突出研究的客观性，通过认真梳理历史文献、进行社会调查及比较研究，阐释语言现象背后的理论背景与后续影响，兼及借鉴意义。

八、结论

第一，西安，历史上的长安，作为丝绸之路的起点，容纳了大量的来自阿拉伯、波斯、西域等地区的穆斯林"胡商"，随着历史的发展以及与当地社会的融合，汉语成为他们唯一的日常生活语言。

满清时期，"胡商"受到歧视和压迫，产生了某种独特的民族共同排外心理。"胡商"人口少，居住环境固定，民族凝聚力强，"方言岛"就形成了，在这个群体中产生了大量的自创词语，这些自创词语使外地人或者外族人听不懂，以求群体的独立性[1]。

语言沉淀加之"方言岛"的相对封闭，西安回族方言就这样形成了。

第二，回族语言中吸收了大量的阿拉伯语词汇。但在继承这些阿拉伯语词汇时，西安回族方言又有所引申、演化和发展。在西安回族方言中，有大量的词汇属于自创词，即古代长安穆斯林在初学汉语时，由于不能精确辨别词意[2]，而出现的"语误"。

贾东的《略论西安回族的语言特色》指出，西安回族语言有动词流失，名词、形容词众多，名词、形容词可以相互转换等特点[3]。

第三，公元711年，阿拉伯帝国开始了在西班牙历史上长达8个世纪的统治。阿拉伯人将他们统治下的伊比利亚半岛2/3的领土统称为安达卢西亚。阿拉伯统治者在穆斯林统治区规定阿拉伯语为官方通用语言，但同时允许当地居民保留基督教信仰和使用拉丁语。在安达卢西亚，形成了两种文化共存、两种语言并用、上层社会以阿拉伯语为主、民间大众以拉丁语为主的局面。伴随着文化交流与融合带来的语言的交叉影响，民间大众使用的拉丁语大量吸收了阿拉伯语的成分，以阿拉伯语字母拼写拉丁语的罗曼斯方言也成为趋势。

第四，西班牙中吸收的阿拉伯语成分占比例最大，其中，阿拉伯语对西班牙语的词汇方面的影响最大。据统计，西班牙语中源于阿拉伯语的词汇有4000多个，约占西班牙语词汇总量的8%，其数量仅次于拉丁语。[4]

第五，受到各自历史背景和文化交流背景的影响，西安回族方言和安达卢西亚地区方言对阿拉伯语的吸收特点是不同的。

第六，通过分析西安回族方言和安达卢西亚地区方言分别对阿拉伯

---

[1]　穆光：《从西安回族方言、习俗看西安回族的渊源》，载《西北民族大学学报（哲学社会科学版）》1989年第3期。

[2]　穆光：《从西安回族方言、习俗看西安回族的渊源》，载《西北民族大学学报（哲学社会科学版）》1989年第3期。

[3]　贾东：《略论西安回族的语言特色》，载《陕西师范大学学报（哲学社会科学版）》2005年第S1期。

[4]　陆经生：《阿拉伯语对西班牙语的影响》，载《阿拉伯世界》1988年第1期。

的吸收特征的必然性和其背后的历史、文化因素,探讨语言变迁与历史、文化交流之间的关系。

对西安回族方言展开研究,对于了解和研究回族史、伊斯兰教史、唐宋元等各朝民族关系来说,都是必要的。

基于《法律心理学》课程改革探索交叉学科人才培养[*]

刘晓倩[**]

引 言

党的十八大以来，以习近平同志为核心的党中央在全面依法治国、建设法治中国新的伟大实践中，创造性地发展了中国特色社会主义法治理论，形成了具有鲜明时代特征、理论风格和实践面向的习近平法治思想。作为新时代高校，深入学习贯彻习近平法治思想，核心是提升法治人才培养质量，造就一大批德才兼备的高素质法治人才[1]。

一、法学人才培养的新方向

交叉学科是政法类院校培养复合型法学人才的重要平台，能够极大满足社会需求，训练"专""通"结合的应用型人才。近年来，通过文理交叉融合的方式推动知识体系创新的新文科，正受到越来越多高校的重视[2]。可以说，这是未来法学等人文社

---

[*] 项目基金：2020年度中国政法大学课程思政项目"法律心理学"。
[**] 刘晓倩，中国政法大学社会学院心理系讲师。
[1] 马怀德：《贯彻习近平法治思想 培养高素质法治人才》，载《中国教育报》2020年12月17日，第6版。
[2] 季卫东：《一个交叉学科的崛起：新文科之下的计算法学》，载文汇网，http://www.whb.cn/zhuzhan/xue/20210402/398535.html，最后访问日期：2021年11月8日。

会类学科发展的最新趋势。

如果说法学擅于从宏观层面分析社会法律问题与现象，那么，心理学则更多偏向于从微观层面探索社会中个体和群体心理发展规律，并提供以实验法为主导的实证取向方法论。事实上，法学与心理学的结合不仅是文科与理科的结合，还是宏观与微观、理论与实证主义的结合，心理学势必为法学学科发展提供创新视角、前沿理论与科学方法，也将提升法治人才发现问题、研究问题与解决问题的能力。

二、"法学+心理学"交叉学科人才培养的现状与意义

法律心理学是融合法学、心理学、生物学等多学科的软科学，主要目标即培养具有交叉学科背景的高素质人才。早在 20 世纪 80 年代，罗大华教授就开始立足我校实际需求，探索心理学如何介入并服务于司法应用，使中国政法大学成为国内最早开展犯罪心理学、法律心理学研究并在此领域始终保持着领先地位的高校，罗大华教授也成为我国当代法律心理学、犯罪心理学领域当之无愧的开创者与奠基人。经过近 40 年的历史积淀，我校已形成以法律心理学等优势学科为龙头的专业导向建设格局，并创建了全面系统的也是全国唯一的法律心理学课程群，专业发展始终处于国内领先水平。

培养具有法学、心理学专业知识的交叉复合型人才，对推动心理学理论与技术应用于司法实践具有深远意义：于学科发展而言，交叉学科人才的培养为法学与心理学的沟通合作提供了人才基础，有利于两个学科间的理论创新与深度融合；于司法实践而言，掌握心理学知识的法律人才可将心理学原理、方法和技术应用于解决司法实践中的具体问题，提升司法决策、罪犯矫治等相关工作的科学性和有效性；于社会大众而言，该学科的发展与科普可让大众从心理学角度出发更加科学地认识司法工作，提升对法律规范的认可度，从根本上提高公众法律意识水平。

三、课程思政对促进交叉学科人才培养的重大意义

课程思政，就是以课程为载体，以思政教育为灵魂，发挥课程的育人

铸魂功能，突出其价值取向[1]。它是开展大学生思想政治教育、塑造其正确价值观念、落实立德树人根本任务的重要途径[2]。

在法学与心理学相融合的交叉学科人才培养过程中，涉及诸多有意识形态性、现实批判性和理论争议性的课程内容，如何用党和政府的主流价值观念对学生进行引导和塑造，决定着人才培养的方向和质量。另外，文理交叉学科体系既涉及法学、社会学等人文社科知识，又涉及心理学、生理学等自然科学知识，蕴含了包括责任意识、家国情怀、科研精神、创新意识在内的多种思政元素，在开展课程思政方面具有天然优势。

总之，将思政元素融入法律心理学人才培养，在课堂知识讲解中凝聚中华民族的思想共识，是使法治人才教育回归本质的必然要求，也是实现"知识传授"与"价值引领"两大教育目标的有效方法，更是贯彻落实习主席关于"立德树人、德法兼修、抓好法治人才培养"要求的有力举措。

四、《法律心理学》课程的价值与定位

法律心理学学科服务于依法治国的国家需求，重点向不同专业学生传授在立法、执法、违法犯罪以及司法中的心理现象规律以及如何应用心理学原理和方法了解与应用这些规律。该学科在培养方案中涵盖《法律心理学》《犯罪心理学》《罪犯心理矫治》《刑事司法心理学》《测谎技术研究研讨课》等一系列专业课程。其中，《法律心理学》为该课群的"龙头"，属于学科总论，能从宏观层面使各专业学生对法律心理学学科形成基本认识，在交叉学科人才培养中发挥着基础性、关键性作用。该课程共48课时，是心理学专业学生的必修课程和法学等外专业学生的选修课程。

基于此，本研究将以《法律心理学》课程为突破口与实践平台，探索如何进行教学设计与改革，在融合思政元素、落实立德树人根本任务的基础上，利用该核心课程培养高素质的交叉学科人才。

---

[1] 邱伟光：《课程思政的价值意蕴与生成路径》，载《思想理论教育》2017年第7期。
[2] 禤华丽、袁增箭：《立德树人理念下文理交叉学科课程育人探究——以科技考古学专业课程为例》，载《教育观察》2020年第21期。

五、《法律心理学》课程建设现状与问题

《法律心理学》课程将心理学理论方法与法学研究对象进行整合,从总体上构建法律心理学的学科框架和基本研究内容。对于我校心理学专业本科生而言,本课程属于利用学校法律学科优势和法律心理学特色,为学生搭建学习平台的课程,帮助学生在法律领域开展心理学研究,提升其对心理学方法和技术的掌握能力;对于我校非心理学专业的本科生而言,本课程是一个窗口,可以帮助其了解心理学在法律领域的研究方法和内容,从多维视角拓展法学的学科知识,提升学科认知水平。

当前,《法律心理学》课程的建构围绕着由法的创制、法的实施和法的监督组成的法律运行展开,探索心理学在法律运行过程中的应用。由此引申,构成了立法心理学、守法心理学、司法心理学和犯罪心理学4个板块,共14个章节的主体教学内容。《法律心理学》经过一年的课程思政建设,目前已系统挖掘出多项思政元素,部分内容已充分融入课堂教学实践,通过心理测验发现初具成效,学生的爱国主义观念得到显著提升。

尽管《法律心理学》在我校已有16年的开课历史,然而随着移动互联网时代的来临、00后大学生学习能力的迅速提升以及学科知识飞速地迭代更新,有限的课堂讲授式教学既不能满足学生强烈的求知欲,又无法适应社会对交叉应用型人才的迫切需求。该课程当前主要面临以下问题。

(一)课堂讲授式教学难以使不同专业背景学生理解内化知识

《法律心理学》的授课对象有着法学、心理学等不同专业背景,他们的知识基础和思考问题的角度方式存在一定差异。多数法学专业同学都未系统学习过心理学基础理论课程与技术手段,心理学同学虽选修了部分法学课程,但对知识点的掌握也不够充分系统。因此,传统的课堂讲授教学只能在有限的时间内将课程基础知识点传授给学生,难以在此基础上组织深入的思考与讨论,使学生将知识内化。

(二)理论灌输式教学难以使学生从体验中提升应用能力

《法律心理学》是一门兼具理论性与应用性的课程,这不仅要求学生可以"记下"所学知识,还需要其在今后的研究和司法实践工作当中可以

熟练运用。而传统教学过程中由于时间、场地等多方面限制，教师更注重将理论框架和知识点传递给学生，忽略了引导其进行自主探索、自主研究与实践应用的能力，以致许多学生走向工作岗位后仍然难以运用法律心理学的工具、方法解决现实问题。

（三）针对不同板块、不同专业的差异化教学内容有所缺失

《法律心理学》涉及立法心理学、守法心理学、司法心理学、犯罪心理学4个板块，不同板块在课程容量、内容性质、目标重点等方面均有较大差异，且不同专业学生由于学科基础不同，所需补充知识点的侧重面也不一样，这都意味着《法律心理学》需要进行更为精细化的分类教学，针对不同类型学生、不同教学板块需制定新的教学方案，改变现有的教学模式与内容。

（四）思政元素有待深入挖掘，融入方式还需优化提升

过去一年主要从整体层面挖掘了该课程所涉及的一般性思政元素，包括科研精神、家国情怀、责任意识等，然而针对体现《法律心理学》课程特色的思政元素还有待深入挖掘，如法律信仰、守法意识、公平正义观等。另外，以往在不同章节中，思政元素的表达形式、具体内容和所占比重均保持相对一致，未根据课程推进情况调整思政元素的融入内容和融入方式。这也使得部分课程中，思政元素的融入相对而言较为跳跃和生硬，未能达到预期效果。

六、《法律心理学》课程改革的方向

（一）课程改革目标

《法律心理学》作为该方向本科生的专业必修课程，分为16周次开展，每周3课时。课程既要从宏观层面讲授法的运行过程与基本规律，又要从微观层面讲授如何使用具体的心理学理论与方法进行介入，从而实现宏观与微观、文科与理科的有机融合。本研究希望通过课程的改革与建设，实现以下三个培养目标：

1. 知识掌握：以学科交叉为特色，内化法律心理学知识体系

知识掌握是培养学生的基础性目标。本课程的最大特色在于法学、心

理学与社会学等学科间的交叉，要求学生掌握法律心理学的学科概念、对象、历史、价值，了解在法律领域开展心理学研究的各种视角，特别是已有法律心理学分支学科的研究内容与成果转换。总之，本课程期望学生能系统地掌握法律心理学的知识体系，将其充分内化并形成专业知识框架图示。

2. 能力提升：以实践为导向，培养应用型法治人才

能力提升是培养学生的发展性目标。要使学生通过本课程学会运用法律心理学理论与方法独立开展研究；鼓励学生参与实践项目，包括与公安审讯部门、信访部门和监狱、看守所、戒毒所等合作的项目，通过与司法实践部门打交道了解社会实际需求，培养其科研探索、解决问题的能力。总之，本课程将以实践为导向，着重培养学生使用法律心理学知识解释和解决司法问题的实践运用能力。

3. 价值塑造：以法律为信仰，践行社会主义核心价值观

价值塑造是本课程的根本性任务。无论是法学还是心理学都极为重视研究者、从业者的精神世界与道德操守，只有从课堂抓起树立学生的法律信仰，才能使其在日后工作中自觉维护法律公正，助力国家法治建设。只有在课程中不断强化学生的爱国信念与社会主义核心价值观，才能使其在漫长的人生道路上抵御诱惑，不失初心。因此，本课堂将深入挖掘具有法学、心理学特色的课程思政元素，培养学生树立法治信仰和践行社会主义核心价值观的理想信念。

(二) 课程改革核心思路

1. "混合式"教学延伸课堂时空，"因材施教"巩固知识基础

正如前文多次提及，传统课堂教学难以在有限的时间内使不同学科基础的同学对知识点形成深入理解并展开讨论，且无法针对法学、心理学等不同学科学生有针对性地进行知识补充与能力提升。因此，有必要将"混合式"教学引入《法律心理学》课堂，它将信息化手段融入传统课堂，建构出一种集两者优势为一体的"线上+线下"教学模式。"线上"通常由教师选定网络教学平台，如雨课堂、学习通或微信群等，将针对性的视频、电子书等教学资料上传至平台供学生在线自主学习。"线下"则是教

师与学生进行面对面授课，根据学生前期学习中反馈的问题进行精讲与分析讨论，实现教学目标[1]，提升学生的知识吸收效率。

"混合式"教学通常包括线上课前导学、线下课堂研讨和线上课后巩固三部分，极大地延伸了传统课堂的教学时空。线上课前导学是指在课前，教师将课程中涉及的基本概念、经典理论和教学视频等学习资料上传至学习通、雨课堂等 APP 供学生自主学习，帮助其搭建初步知识框架。同时可针对不同专业学生发放不同文档资料，要求其课前阅读并补充相应的基础知识：例如在第一章《绪论》中，心理学同学需补充法学相关的基础概念，包括法的本质、法的特点、法的类型等，法学同学则需掌握心理学基本理论原则与方法等，通过课前导学使不同学科同学有充足的时间针对性地补充跨学科知识，为知识点的深度理解和应用打下基础；线下课堂研讨时，教师不再占用课堂时间进行基础知识讲授，而是着重就学生在理解上存在一定困难的重难点概念与理论进行梳理，尤其针对学生课前学习后反馈的问题进行重点讲解。因此，线下课堂研讨主要以重难点问题为主导，以能力提升为导向，通过分组讨论、观点辩论、小组报告和情境模拟等形式展开，重在加深学生对重难点问题的理解。通过这种形式，法学和心理学专业的学生也将展现不同的学科思维方式，法学同学擅长从宏观的社会政策和背景层面就问题进行总体分析，而心理学同学则常常从个体的心理发展规律层面进行微观剖析，思想的碰撞可弥补科学间的鸿沟，为法学与心理学的进一步交叉融合搭建桥梁。线上课后巩固同样通过 APP 平台实现，通常需要学生在课堂研讨后，对某一领域的未来发展趋势进行深入思考，或者完成一项实践研究，以整合并内化前期所学知识。

总之，通过"混合式"教学，期望让不同专业的学生都能跨学科地汲取知识，以实现"因材施教"的教学目标。

2. "体验式"教学提升学习兴趣，"因情施教"增强应用能力

要为司法系统培养实践能力强、应用水平高的人才队伍，必须改变过

---

[1] 成喜玲：《〈国际贸易实务〉课程线上线下混合教学模式探索与实践》，载《教育现代化》2020 年第 56 期。

去单向灌输的课堂教学模式，引入"体验式"教学是关键。体验教学在20世纪初由杜威（Dewey）提出，他反对以教师为中心、课堂为中心、教材为中心的传统教学模式，主张教学应以学生为中心、活动为中心、经验为中心。"体验式"教学强调教师运用多种教学媒体与资源创设情景，让学生在创设的情境中体验，在体验中探究，这种依据不同情境教学的方法有利于增强学生的应用能力。

"体验式"教学主要包括三种实施方式，分别为情景体验、交流体验以及实践体验：①情景体验是一种通过设置"情景"来让学生进行体验从而掌握知识的方法。有的"情景"是实实在在的生活情景，其中所发生的情节都是真实的、不能逆转的，能够使学生通过体验产生深刻的理解与反思。有的"情景"是依据真实生活虚构的，也同样可以让学生获得真实的体验。在法律心理学线下课堂中，可根据章节具体内容灵活采用实际情境法或虚拟情境法，例如在守法心理学这一板块，为帮助学生探究守法意识强个体的行为特征，任课教师就运用实际情境法，让学生在校外十字路口观察完全按照交通规则过马路的人都有什么样的特点。②交流体验是一种通过相互交流来获得知识的教学方式，主要通过讨论与辩论两种方式来完成。在讨论时，学生会在教师的指导下针对某一问题就自身经历发表观点，同时学生在讨论中也能了解他人的观点与人生经历，通过共情来丰富自己的情感体验。在辩论时，正反双方的辩论过程也是不同思维的碰撞过程。学生在辩论的过程中可对自己的观点和思维方式进行审视与提升。在法律心理学的课堂中，由于该课程的线下课堂是以重难点问题研讨为核心，因此每节课教师都会提出问题让学生进行思考与讨论，交流体验法将贯穿整个课堂的始终。例如，在第一章《绪论》中就通过创设一系列问题引导学生讨论与思考，最终对法律心理学的学科现状形成更深入的认识，主要包括四个问题：问题一：学习前后你对法律心理学认识有何变化？问题二：法律心理学现有的研究内容全面吗，存在哪些问题？问题三：如何根据法律心理学研究问题选择合适的研究方法？问题四：根据新时代特色，还可以挖掘哪些符合我国国情需求的法律心理学研究内容？此外，在教学中也会根据具体内容灵活使用辩论体验法，例如在第八章《罪犯心理矫治》中，就组织学生针对精神病态人格犯罪者是否有必要进行矫治以降低再犯风险这一主题进行辩论，通过正反双方辩论，可让学生对罪犯心理矫治的目的、应用范围、使用原则等内容形成更为全面的理解，让学生在思辨与探索中发现答案。③实践体验是体验教学法中最具指导意义的一种类型，因为它更进一步从理论走向了实践，实践体验法可分为社会实践体验法与生活实践体验法两种。社会实践体验法需任课教师组织，根据教学要求学生参与到具体的社会实践活动中，而生活实践体验法则更注重让学生将知识与生活进行结合。具体到《法律心理学》的课程中，社会实践体验法通过组织学生参观监狱、审讯室等实践场所，安排学生根据自身兴趣参与罪犯风险评估、心理矫治、审讯等项目课题的方法，让学生在提出问题、采集数据、回应问题的过程中学思践悟。生活实践体验法则需要教师引导，让学生在生活中思考、体验相关的法律心理学议题，例如，在立法心理学、守法心理学这两大板块，学生并不需要去到特殊的司法场所，通过在生活中观察、调查周围的个体，也同样也可以对这些议题产生感悟。

总之，法律心理学的目标是培养应用能力强的司法实践人才，因此，教师要灵活根据教学内容使用不同的体验教学方法，一方面是提升学生的学习兴趣，另一方面更重要的是真正增强学生的应用水平。

3. "渐进式"课程思政塑造价值观念，"因时施教"强化思政引领

《法律心理学》课程在2020年成为中国政法大学首批"课程思政"项目。经过一年的建设，已挖掘"中国精神""法治精神""科学精神""责任意识""社会主义核心价值观"等多种思政元素，并通过"案例穿插法""讨论辨析法""隐性渗透法"将其融入课堂。但正如前文所述，目前挖掘的思政元素数量和类型都有限，尚未充分挖掘可以体现课程特色的思政元素。此外，虽然当前初步建立了课程思政的框架体系，但只是较为固定地在每一章节分配一定时间将专业内容与思政元素结合升华，并未按照时间进程，根据学生学习进程的推移，由浅入深、由表及里地将思政元素融入专业学习。而事实上，如果课程开设之初就灌输大量的奉献精神、法律信仰等，思政元素则会犹如空中楼阁缺乏基础，内容生硬之余学生吸收度也不佳，出现"专业思政两张皮"的情况。因此，本课程计划实施

"渐进式"课程思政，随着课程内容的不断深入，将对思政内容也不断调整升级。主要分为三个层次：第一层次聚焦课程前四章，这一阶段教学内容涉及法律心理学的基本概念、历史、方法、立法心理学、守法心理学等。因此，可先从科研精神、职业伦理、创新意识等较为基础的层面入手，提升学生的思想境界。同时，这些要素多为学生在学习生活、职业发展中的基础性要求，可从个人层面和微观视角打开突破口，将思政元素嵌入课程内容进行教学；第二层次聚焦第五章至第八章，该部分教学内容涉及犯罪心理学相关知识，包括犯罪行为与动机、犯罪人特征、罪犯心理评估与矫治等。因此，相应的课程思政内容也转为树立法律信仰、公平正义观念及社会责任意识等层面，通过向学生展示违法对个人、家庭和社会产生的深远影响，多层次多角度论述违法犯罪的严重后果，从而帮助学生树立对法律的敬畏之心，并且通过案例分析、讨论辨析等方法让学生对法的认识从敬畏升华为信仰与认同，只有他们自身视法律为信仰，有较强的社会责任意识，才会在今后的工作中坚守法律底线，维护法律权威。此外，这一阶段还要通过与立法心理学、犯罪后果相关内容结合，让其感受到公民是可以平等参与立法的，法律是公正的，引导学生从自身出发，共同参与建设一个公平正义的和谐社会；第三层次聚焦第九章至第十四章，内容涉及司法心理学知识，包括审讯心理、谎言识别、法官审判与受害人心理修复等，让学生了解司法工作人员为了维护社会公平与正义，是如何通过严格的标准、科学的方法、坚定的意志以及百折不挠的精神，打开案件突破口并给出公正判决的过程。因此，这一阶段的课程思政将培养学生为司法事业奋斗和献身的精神。同时，通过强调司法工作对维护国家安全稳定，建设和谐社会的重要性，培育其家国情怀和社会奉献精神，从更为宏观和高阶的层面提升其思想境界。

总之，课程思政的开展应该是有层次、渐进式且与课堂内容紧密结合的，要以学生是否能产生情感共鸣、认知认同为目标，而不是简单评估这个课程究竟融入了多少思政内容。因此，"渐进式"课程思政也是未来课程优化的一个重点方向。

(三) 课程改革具体方案

根据新的课程目标与建设思路，本文对《法律心理学》课程进行了重新梳理与规划，在课程中融入"混合式"教学的线上课前导学、线下课堂研讨以及线上课后巩固三个部分内容，同时还将根据课程进度开展"体验式"教学和"渐进式"课程思政，具体框架见下图 1 所示。

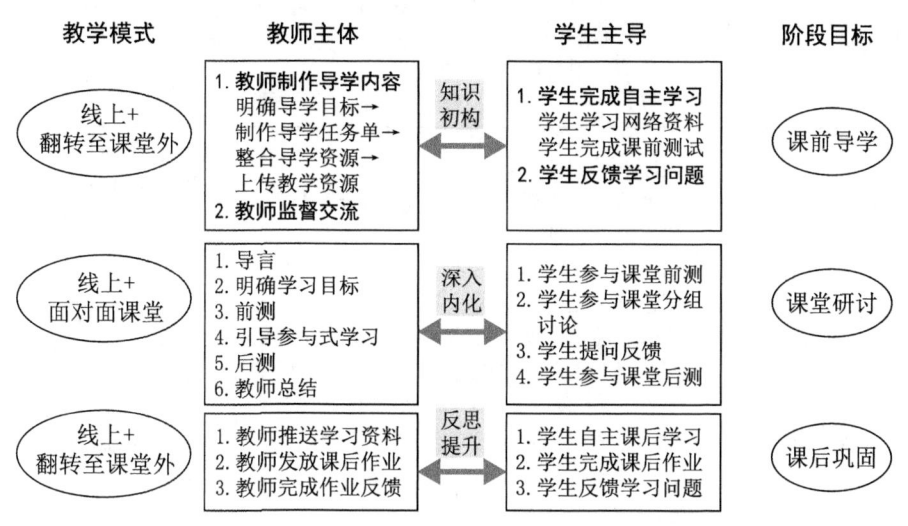

教学模式	教师主体		学生主导	阶段目标
线上+ 翻转至课堂外	1. 教师制作导学内容 　明确导学目标→ 　制作导学任务单→ 　整合导学资源→ 　上传教学资源 2. 教师监督交流	知识 初构	1. **学生完成自主学习** 　学生学习网络资料 　学生完成课前测试 2. **学生反馈学习问题**	课前导学
线上+ 面对面课堂	1. 导言 2. 明确学习目标 3. 前测 4. 引导参与式学习 5. 后测 6. 教师总结	深入 内化	1. 学生参与课堂前测 2. 学生参与课堂分组讨论 3. 学生提问反馈 4. 学生参与课堂后测	课堂研讨
线上+ 翻转至课堂外	1. 教师推送学习资料 2. 教师发放课后作业 3. 教师完成作业反馈	反思 提升	1. 学生自主课后学习 2. 学生完成课后作业 3. 学生反馈学习问题	课后巩固

图 1　以交叉学科人才培养为导向的《法律心理学》课程改革框架

表 1 呈现本课程每一章节的具体安排。其中，第三章和第六章为 6 课时，其余章节均为 3 课时，共 16 周，48 课时。

表 1　以交叉学科人才培养为导向的《法律心理学》课程改革具体安排

线上课前导学	线下课堂研讨	线上课后巩固	思政元素
第一章：绪论 第一节：学科概念与研究对象	问题一：学习前后你对法律心理学认识有何变化？ 问题二：法律心理学现有的研究内容全面吗，存在哪些问题？	思考一：从国际层面看法律心理学未来的发展趋势会如何？	(1) 科学精神：从老一辈学者进行学科开拓的历史中激励本科生，培养其科学研究的精神。

续表

线上课前导学	线下课堂研讨	线上课后巩固	思政元素
第二节：学科框架、研究路径、研究方法 第三节：学科历史	问题三：如何根据法律心理学研究问题选择合适的研究方法？ 问题四：根据新时代特色，还可以挖掘哪些符合我国国情需求的法律心理学研究内容？	思考二：请将经过本章学习后自身还存在的问题通过学习软件反馈给教师。	(2) 科研伦理：通过展示心理学研究方法，让学生树立科学研究伦理底线思维。
第二章：立法中的心理学 第一节：立法者的能力与素质 第二节：从立法反映民众心理需求 第三节：立法结果对大众心理的影响	问题：如何评估立法者的能力与素质？ 研究设计与训练：如何设计心理学研究，探索立法是否反映民众心理需求，或者立法结果对大众心理的影响？请同学们用PPT展示自己的想法，大家共同讨论。	思考一：请编制一个立法者胜任力问卷。 思考二：请将经过本章学习后自身还存在的问题通过学习软件反馈给教师。	(1) 职业伦理：通过讨论立法者的能力素质，让学生了解遵守职业伦理的重要性。 (2) 制度自信：从人民代表大会制度看立法的民主度和透明度，培养学生的爱国精神和制度自信。
第三章：法律意识 第一节：法律意识的含义 第二节：法律意识的测量 第三节：法律意识水平及其提升	问题一：你觉得自己的法律意识水平如何？ 问题二：如何挑选合适的法律意识测量工具？ 问题三：还有什么可以提升法律意识水平的方法和训练呢？	思考一：现有的法律意识评估工具是否还有可完善之处？是否适合我国公民？ 思考二：请将经过本章学习后自身还存在的问题通过学习软件反馈给教师。	(1) 创新精神：通过向学生介绍当前法律意识研究的匮乏，激发其进行科学研究与创新的精神，为建构和谐社会助力。 (2) 法律认同：通过讨论学生自身的法律意识水平，提升学生的法律认同感。
第四章：守法的心理基础 第一节：人们为	问题：中国人和外国人的守法心理有区别吗？如果有的话区别是什么？	思考一：请观察过红绿灯完全遵守交通规则的个体，有哪些共性特点？	(1) 守法意识：通过讨论自身法律意识水平，提升学生的守法意识。

续表

线上课前导学	线下课堂研讨	线上课后巩固	思政元素
何遵守规则：心理学的理论解释 第二节：守法心理学中的典型案例	方案设计与体验训练：请学生设计可提升大众法律意识的实践方法，并制作PPT进行分享，后续可继续实践检验方法有效性。	思考二：请将经过本章学习后自身还存在的问题通过学习软件反馈给教师。	（2）民族自信，通过讲授中国人的守法精神，培养学生的文化与民族自信。
第五章：犯罪行为与动机 第一节：暴力犯罪行为 第二节：诈骗犯罪行为 第三节：性犯罪行为	问题一：除了课程中讲述的方法，还可以怎样给犯罪行为进行分类？ 问题二：是否还有课程中未提及的犯罪动机？ 问题三：产生犯罪动机就一定会有犯罪行为吗？从动机到行为的过程如何阻断？	思考一：请尝试分析发生在自己身边的犯罪案件，并对犯罪者的动机进行分析。 思考二：请将经过本章学习后自身还存在的问题通过学习软件反馈给教师。	（1）是非观、正义观，通过展示不同类型犯罪人，向学生明确是非善恶的标准，培育其形成成熟的正义观。 （2）社会责任感，通过展示不同类型犯罪行为的社会危害，让学生树立社会责任感。
第六章：犯罪人的特征描述 第一节：犯罪人特征描述概述 第二节：犯罪人特征描述的方法与程序 第三节：犯罪人特征描述的评估与提高	犯罪心理案例分析与讨论 案例一：暴力犯罪与性侵害犯罪 案例二：职务犯罪与诈骗犯罪 案例三：恐怖主义犯罪	思考一：请总结不同犯罪类型犯罪者2~3个最显著的特征。 思考二：请将经过本章学习后自身还存在的问题通过学习软件反馈给教师。	法律信仰，通过讲述犯罪人对家庭、社会造成的危害以及所承担的法律后果，培养学生对法律的敬畏心，树立法律信仰。
第七章：罪犯心理评估 第一节：司法精神病鉴定中常见的精神疾病 第二节：犯罪人狱内风险评估	评估工具使用训练：组织学生利用已有工具，进行情景模拟，一对一相互进行风险评估。 评估工具编制训练：组织学生选择一类犯	思考一：你认为第五代罪犯风险评估工具的发展趋势是什么？ 思考二：请将经过本章学习后自身还存在的问题通过学	责任意识，引导学生了解心理评估在司法工作中的重要性，培养其将所学知识应用于司法实践的责任意识。

续表

线上课前导学	线下课堂研讨	线上课后巩固	思政元素
第三节：犯罪人再犯风险评估	罪，自行设计具有我国特色的风险评估工具，进行课堂展示与讨论。	习软件反馈给教师。	
第八章：罪犯心理矫治 第一节：精神分析 第二节：认知行为 第三节：综合方法	思考：精神病态罪犯是否还有心理矫治的必要？思考心理矫治的边界。 罪犯矫治模拟训练：组织学生选择一种讲述过的心理矫治方法，进行情景模拟，如两名同学模拟矫治人员，其余同学模拟服刑人员，进行团体心理矫治的实操演练。请大家观摩并评述矫治效果及注意事项。	思考一：请大家课后再继续挖掘罪犯心理矫治的新方法。 思考二：请将经过本章学习后自身还存在的问题通过学习软件反馈给教师。	奉献精神，引导学生了解罪犯心理矫治在降低再犯率，维护社会稳定中的重要作用，让学生们了解监狱干警工作的辛苦与不易，引导其学习这样的敬业奉献精神。
第九章：证人证言心理学 第一节：证言形成的心理机制 第二节：证言准确性的影响因素 第三节：儿童证言 第四节：认知询问技术	问题：不同年龄阶段的个体，证言是否呈现出特有的特征？ 证言提取情境模拟：搭建需要学生记忆的场景，而后让学生回忆所记忆的内容，让其感受证言可靠性是如何受到各种内外在因素的影响。	思考一：请总结，对儿童进行询问时有哪些注意事项。 思考二：请将经过本章学习后自身还存在的问题通过学习软件反馈给教师。	强国志向，通过向学生展示我国与西方国家在证人证言研究上的差距与不足，引导学生立足自身学习专业，加强学习与研究，将科研成果转化为应用实践，也是爱国、强国的表现。
第十章：询问与供述 第一节：供述的心理学基础 第二节：询问的策略 第三节：虚假供述与询问质量的提高	问题一：审讯时应该如何挑选合适的审讯人员？ 问题二：应该怎样针对不同对象营造审讯氛围？ 审讯情境模拟：组织同学进行角色扮演，	思考一：请总结嫌疑人拒供的心理机制与应对策略。 思考二：请将经过本章学习后还存在的问题通过学习软件反馈给教师。	(1) 法治思维，通过审讯相关内容让学生了解犯罪嫌疑人实施的犯罪行为难以通过抵抗摆脱责任，使学生形成法治思维。 (2) 奉献精神，向

续表

线上课前导学	线下课堂研讨	线上课后巩固	思政元素
	模拟审讯人员和嫌疑人。		学生展示审讯干警是如何突破重重困难打开案件突破口，维护社会治安与稳定，学习其敬业奉献精神。
第十一章：测谎 第一节：行为心理测谎技术 第二节：生理心理测谎技术 第三节：测谎技术在司法实践中的应用	测谎训练实战课：组织同学就某一个主题编制测谎题目，让学生学会使用测谎设备，并用自编的测谎题，使用生理多导测谎仪现场进行测谎演练。	思考一：未来测谎工具发展的前沿趋势？ 思考二：请将经过本章学习后自身还存在的问题通过学习软件反馈给教师。	诚信精神，通过让学生了解测谎的原理及技术，让其明白在现代技术手段下，谎言是无处遁形的，培养其诚信精神。
第十二章：法官审判与决策 第一节：决策的理论模型 第二节：影响法官决策的因素	问题一：法官审判是否还受其他因素的干扰？ 问题二：怎样通过实验的方法检验自己提出的假设？ 模拟法庭实训：组织学生选择一个案例，进行模拟法庭的实训，在情境模拟后请大家分享感受。	思考一：基于影响法官决策的心理因素，请提出应对策略，以减少法外因素对法官审判的干扰。 思考二：请将经过本章学习后自身还存在的问题通过学习软件反馈给教师。	（1）公平正义观，讲述影响法官审判的因素，要求学生抵御外来因素干扰，树立公平正义观，维护审判公平。 （2）制度自信，通过向学生展示我国审判制度，有效维护社会公正，让学生坚定走中国特色社会主义法治道路，提升制度自信。
第十三章：受害者的心理创伤与修复 第一节：受害者的心理创伤 第二节：受害者的恢复	问题一：你认为还有哪些政策或方法可以修复受害者的心理创伤？ 案例分析与讨论：让学生分享自己接触过的受害者，以及自认	思考一：请尝试设计一个方案，对性侵受害者的心理创伤进行修复。 思考二：请经过本章学习后自身还存在的问题通过学习软件反馈给教师。	（1）责任意识，通过讲述受害者的心理创伤，树立学生潜心学习、研究该领域的责任意识。 （2）社会主义核心价值观，通过讲述对受害者的关怀等

续表

线上课前导学	线下课堂研讨	线上课后巩固	思政元素
	为针对不同类型受害者的有效修复方法。		内容，培养学生和谐友善的社会主义核心价值观。
第十四章：结语	课程总结： (1) 对所学知识点进行总结。 (2) 对法律心理学未来发展进行讨论。 (3) 鼓励同学们学会应用实践。	任务一：复习所学概念与知识点。 任务二：保持一颗发现问题，解决问题的心，用于实践创新。	(1) 责任使命意识，让学生将学习与法律心理学学科发展、与社会和谐稳定、国家繁荣富强相结合，培养其责任意识。 (2) 爱国情怀，强国志向、报国行动。总结课程内容，升华学生的爱国情怀，促使其立志强国，并将其转化为实际行动。

（四）完善课程考评体系

由于本课程引入了线上线下的"混合式"教学模式，因此在课程考核时也应建立与之配套的评价体系，纳入多样化考核指标。本课程拟通过量化的方式对学生的综合学习表现进行评定。首先是过程性评价，该模块占比20%。主要是对学生课堂活动的参与度、互动频率、练习完成的及时性和准确性等情况进行反馈。过程性评价改变了该必修课程以往以期末考核为主的模式，重视学生平时的日常积累与学习；其次是实践表现评价，该模块占比30%。主要是对学生参与学术练习、课后实践训练的表现进行评分，考察学生参与实践活动的积极性与成果质量，通过该模块让学生重视锻炼实践应用的能力，而不仅是停留在了解课本理论知识的阶段；最后是结果性评价，该模块占比50%。主要通过期末统一考试对学生的总体学习水平进行评定，该课程期末考试也将改变过去以识记知识点为主的考察方式，采取对学生学科设计方案进行评估的方式来灵活考察其知识掌握和应用情况。

七、《法律心理学》课程的评价体系

本课程在上述课程内容与考核方式改革的基础上，还将优化教学效果评价体系。当前，本课程已采用"质性+量化"的方式进行教学效果评价与反馈。首先，质性教学效果评价主要体现在过程性的意见反馈，本课程每周会收集一次教学问题反馈与建议，让学生通过学习通等 APP 指出教师在教学过程中存在的问题与不足，以及学生感兴趣但课堂中有缺失的部分，并由学生自主补充完善资料，确保学生学习自主性和课程质量的持续提升；其次，量化教学效果评价主要是让学生在期末时进行课程满意度评分，将此评分结果与未进行课程改革时的评分结果进行差异分析，考察课程改革对学生课程满意度的影响。最后，尽管国内许多高校都已开展课程思政，但对课程思政的效果缺乏科学的评价机制。本课程将借助心理学科学调查工具种类繁多的优势，测量学生的法律意识、人生观价值观、爱国主义精神等思想信念方面的内容，并将未进行课程思政的班级作为对照组，通过比较实验组与对照组在课程前后的变化，评估课程思政的有效性。

总之，本研究将建构"质性+量化"的教学效果评价体系，综合全面地考察课程效果，不断完善课程的建设与实施方案，优化课程内容，提升交叉学科人才培养质量。

结　语

《法律心理学》课程是培养"法学+心理学"交叉学科人才的重要平台，因此，建设与革新《法律心理学》课程内容对于培养时代发展所需的实践应用型人才具有重大意义。本文期望通过课程内容的不断改革与优化，实现法学与心理学的深度交叉融合，同时以课程思政领航学生价值观念，培养具有坚定理想信念的高素质交叉学科人才。

文学翻译教学案例分析

——以儿童文学翻译作品《彼得潘》为例

辛衍君 李 袁[*]

引 言

文学翻译是翻译硕士（MTI）的专业必修课。该课程旨在让学生了解文学翻译与非文学翻译的差异，培养和训练学生文学作品鉴赏能力和翻译能力。课程以文学作品翻译实践为主，用适当的翻译理论和方法指导学生进行小说、诗歌、散文、戏剧等不同文学体裁的翻译实践，提高文学翻译水平。

一、文学翻译教学现状

不同于商贸和科技文体等有明确目的和具体用途的应用型文体，文学文体以阐释文学文本的主题意义和美学价值为目的。文学作品不拘一格，拥有其自身的艺术性，语言复杂生动，内涵丰富，风格多变，文学文本的以上特点决定了文学翻译的复杂性和难度。通过我校2020级和2021级40多名翻译硕士学生文学翻译课的调查结果，我们也可以看出文学翻译对多数同学来说难度较大。

---

[*] 辛衍君，中国政法大学外国语学院教授。李袁，中国政法大学外国语学院2021级研究生。

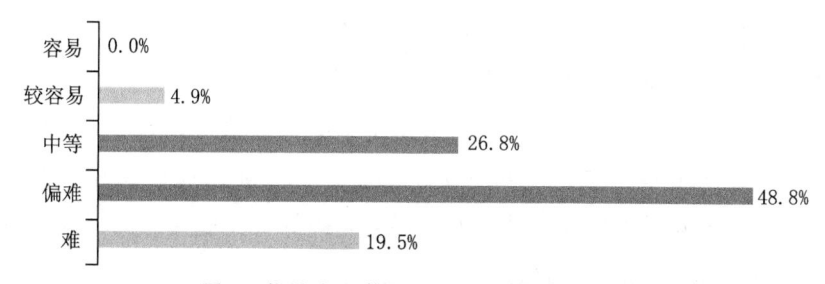

容易	0.0%
较容易	4.9%
中等	26.8%
偏难	48.8%
难	19.5%

图 1　你认为文学翻译课程易掌握的程度？

针对文学翻译难的问题，教师对学生的学习需求做了相关调查，结果显示：大多数同学认为做好文学翻译首先需要掌握翻译策略和技巧，其次是语言文化背景知识以及译文赏析。鉴于以上需求，本文将以儿童文学翻译作品《彼得潘》为例讲解如何做好文学翻译。

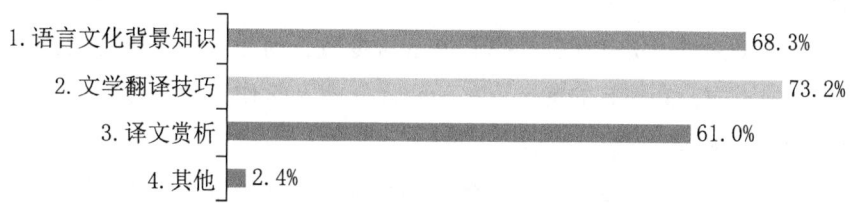

1. 语言文化背景知识	68.3%
2. 文学翻译技巧	73.2%
3. 译文赏析	61.0%
4. 其他	2.4%

图 2　你认为文学翻译应侧重于讲授哪些方面的知识？

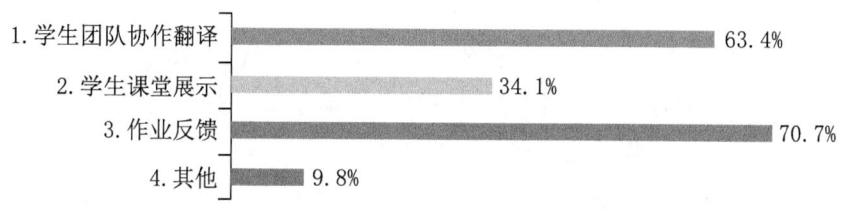

1. 学生团队协作翻译	63.4%
2. 学生课堂展示	34.1%
3. 作业反馈	70.7%
4. 其他	9.8%

图 3　你认为老师应通过什么方式来提高文学翻译课堂质量？

二、教学案例与分析

要成功地翻译一部文学作品，译者首先要对原作的特点有准确而全面的把握。以《彼得潘》为例，需要做相关调研并掌握以下相关知识。

（一）儿童文学与分类

著名儿童文学理论大家蒋风曾下过这样的定义："儿童文学是根据教

育儿童的需要，专为广大少年儿童创作或改编，适合他们阅读，能为少年儿童所理解和乐于接受的文学作品。它是文学的一部分，具有文学的一般特性，遵循文学的一般规律，但它又是文学的一个独立的部门，具有不同于一般文学的本身特点，即儿童文学的特点。它要求通俗易懂，生动活泼，适应不同年龄少年儿童的智力、兴趣和爱好等，成为向少年儿童进行思想教育和知识教育的工具之一。"[1]

儿童文学的分类与普通文学作品不同。通常情况下，我们把普通文学分为四类，即诗歌、小说、散文以及戏剧。然而，儿童文学的类别远不止于此。儿童文学按照体裁分为儿歌、儿童诗、童话、寓言、儿童小说、儿童故事、儿童散文、儿童曲艺、儿童戏剧、儿童影视和儿童科学文艺等12类。而按照儿童的发展阶段分类，儿童文学分可为婴儿文学、幼年文学、童年文学和少年文学4类。

从儿童文学的定义和分类我们可以清楚地看到儿童文学与其他类型文学作品的不同，其固有的特点决定了翻译儿童文学作品时译者应该采用符合该特点的翻译策略。

首先，从语言难度来讲，儿童文学的主要目标受众是儿童，因儿童理解能力和领悟能力有限，原作通常中心明确，情节简单精彩，人物数量较少，彼此关系比较清晰。译文应该充分尊重原文语言的特点，宜质朴清新、简单明了，忌词藻堆砌、复杂难懂，影响儿童理解和接受。

其次，从语言风格来讲，儿童的内心充满童真，翻译使用的语言宜生动有趣，使读者身临其境，充分发挥想象力。以《彼得潘》为例，作者在故事的开端就向读者交代："达林太太第一次知道彼得，是在她清理孩子们的心思的时候。凡是好妈妈，晚上都有一个习惯，就是在孩子们睡着以后，搜捡他们的心思，使白天弄乱了的物什各就各位，为明天早晨把一切料理停当。"上述可见彼得·潘活在孩子们的心里，小说中的其他人物如叮叮铃、海盗头胡克都是永无岛的人，而永无岛并非真实存在，只是充满童真的孩童在头脑中幻想出来的一个扑朔迷离、似幻似真的虚拟世界，翻

---

[1] 蒋风：《儿童文学概论》，湖南少年儿童出版社1982年版，第4~9页。

译时要求译者的语言惟妙惟肖，使读者仿佛置身其中。

最后，从词汇来讲，儿童文学中拟声词出现频率较高，也是儿童文学中常见的韵律表达方式，儿童在成长阶段对于声音的敏感度要远远高于对于文字的敏感度，因此翻译好拟声词有助于达到用有限的文字传递故事情感的目的。另外，拟声词还能够使故事情节更加生动，思想情感表达更为丰富，从而利于儿童更好地欣赏和吸收作品。

(二) 国内儿童文学翻译现状

1. 对儿童文学翻译史的研究

儿童文学翻译断代史研究主要是关于儿童文学翻译在特定时期的发展特点。目前，我国学者已研究了晚清、五四、抗战、20世纪90年代等时期的儿童文学翻译。例如，在晚清时期，译者在序言中纷纷言及以教育为本的翻译目的，如徐念慈（觉我）提到的"鼓舞儿童之兴趣，启发儿童之智识，培养儿童之德性"。[1]周作人提到的"为民俗研究、儿童教育之资材"。[2]这些论及翻译问题的著作即使涉及了与儿童文学翻译相关的内容，但其主要目的是将其作为儿童文学知识体系中的内容传授给未来从事这一领域教学的师范生。因此，晚清时期对于儿童文学翻译的认知带有鲜明的工具论色彩。秦弓研究了五四时期儿童文学翻译特点，认为"无论是从选材到翻译方法还是装帧印刷诸方面都趋于贴近儿童世界"。[3]陈晓莉系统研究了20世纪90年代我国译介的外国儿童文学作品，发现在这一时期，国内译介作品的数量多、规模大、范围广，并且重点考察了图书的译介种类、数量和出版情况，总结出了该时期儿童文学翻译的特点：一是翻译方法以归化为主，多种翻译方法并存；二是译介走向多元化、规模化、系统化。[4]

2. 对儿童文学翻译理论的研究

对于儿童文学翻译理论的研究，就是聚焦儿童文学翻译的特殊情况，

---

〔1〕 觉我：《余之小说观》，载《小说林》1908年第9期、第10期。
〔2〕 周作人：《征求绍兴儿歌童话启》，载《绍兴县教育会月刊》1914年1月20日，第4号刊。
〔3〕 秦弓：《二十世纪中国翻译文学史：五四时期卷》，百花文艺出版社2009年版。
〔4〕 陈晓莉：《20世纪90年代外国儿童文学译介》，载《湖南大学学报（社会科学版）》2011年第4期。

探究翻译策略，旨在指导翻译实践。例如，从功能对等的视角出发，徐德荣从儿童情趣、语体特征和跨文化交际三方面探讨了儿童文学翻译应注意的几个基本问题，指出"儿童文学的译者应有强烈的文体意识，熟悉儿童的语言，洞察儿童心理才能创造出'功能对等'的深受儿童读者喜爱的译作"。[1]宋松岩、黄娟则通过对《夏洛的网》中译本的分析，得出结论：对于儿童文学作品的译者来说，翻译之前明确翻译目的是十分必要的，译者应以译入语为中心，重点关注译入语的读者，掌握儿童理解能力、心理特征和审美能力，并采用符合儿童语言特点的语言来表达原著的风格与情感。[2]

通过知网检索发现，儿童文学翻译研究与其他题材相比还很欠缺。一直以来，学界似乎存在误区，认为儿童文学作品内容简单，比其他文学作品容易翻译。实则不然，儿童文学的翻译在可读性和艺术性方面的要求很高。翻译是跨语言的活动，文化差异容易导致译文失去源语语境下的文化意蕴或译入语语境下的可读性，因此，理解异化与归化的真正含义，如何在翻译中找到异化与归化的平衡点是国内儿童文学翻译领域亟待研究和解决的问题。

三、翻译策略和方法在文学翻译教学中的应用

了解了原文特点及内容之后，译者翻译作品时应该具体问题具体分析，采取适合原作的翻译策略和方法。

(一) 归化和异化

美国翻译学家劳伦斯·韦努蒂（Lawrence Venuti）从施莱尔马赫的翻译方法中得到了启发，并比较了不同视角下的翻译作品，于1995年在《译者的隐形》中提出了归化和异化的概念。

在书中，劳伦斯·韦努蒂提出，归化（Domestication）是指在翻译中，以目标语或目标语读者为最终归宿，采用目标语读者习惯的表达方式来传

---

[1]　徐德荣：《儿童文学翻译刍议》，载《中国翻译》2004年第6期。
[2]　宋松岩、黄娟：《从功能翻译理论看儿童文学翻译——以〈夏洛的网〉为例》，载《海外英语》2010年第6期。

递原文的内容,即把源语本土化。因此译者应当像自己国家作者那样说话,使原作者可以同读者直接对话,从而最大可能地做到"文化对等"。归化翻译有助于读者更好理解译文,增强了译文的欣赏性和可读性。

异化(Fraternization)是指在翻译中,以源语文化和读者为归宿,要求"译者尽可能不去打扰作者,向目的语的读者靠拢",保留原文的语言差异和文化差异。即保留外来文化的语言特点,采用适合源语的表达方式来传达原文内容。同时,他也认为异化翻译策略是对弱势文化的入侵,这一策略使弱势文化被强势文化所覆盖。异化翻译以保护民族和文化的差异性和多样性、反映异域民族特征、保留各个语言风格特色为目的,为译文读者传达一种异国情调。但同时,他也认为异化翻译是对弱势文化的入侵,这一方法使得弱势文化被强势文化所覆盖。[1]

(二)儿童文学翻译作品《彼得潘》中的归化和异化现象

1. 关于《彼得潘》

《彼得潘》(原名《彼得·潘与温蒂》(Peter Pan and Wendy)是苏格兰著名小说家、剧作家詹姆斯·马修·巴利的作品,主要讲述了达林先生家里的三个小孩温蒂·达令(Wendy Darling)及她的两个弟弟的故事,他们看到一个在空中飞翔的淘气小男孩彼得·潘,经受不住诱惑,开始学习飞行,并且经常趁着父母不在,偷偷飞到窗外,和彼得·潘一起到永无岛(也译为梦幻岛)冒险,这个岛上有凶猛的野兽、原始部落中的"红人"、可怕的海盗,也有仙女和美人鱼,总之,孩童梦中梦到的一切,幻想中的一切都应有尽有。小孩子们没有了家长的束缚,在永无岛过得随心所欲、无拘无束。他们在彼得·潘的率领下,能够独立自主,尽情嬉戏,但也历经了各种危险。后来,以大姐姐温蒂为首的这些离家出走的孩子开始想念妈妈了,于是孩子们在她的动员下告别了永无岛,飞回了家中。后来孩子们都渐渐长大成人,但只有彼得·潘永远长不大,也永远不回家。他就这样飞来飞去,流连在孩子们的窗外,把一代又一代的孩子带离家庭,带到

---

[1] Lawrence Venuti, *The Translator's Invisibility—A History of Translation*, Shanghhai Foreign Language Education Press, 2004, p. 20.

永无岛去享受童年的自由自在。

2. 归化和异化在《彼得潘》中的运用

(1) 归化在《彼得潘》中的运用。

①意译法的使用。意译法,英文叫作 free translation,顾名思义,不同于直译,无需对原文做逐字逐句的解释,而是根据原文的大意来翻译,主要用在源语与目的语有着巨大文化差异的情况下。从跨文化交际的角度来看,意译强调的是译入语(即目的语)文化体系的相对独立性,也就是归化中所讲的以目标语或目标语读者为最终归宿,采用目标语读者习惯的表达方式来传递原文的内容。意译法在儿童文学的翻译中是十分常用的。

> 例 1
>
> 原文:"Pirates," cried John, seizing his Sunday hat, "let us go at once."
>
> 杨静远译:"海盗,"约翰喊道,一把抓起他的礼拜天戴的帽子,"我们马上就走吧。"[1]
>
> 马爱农译:"海盗,"约翰喊道,一把抓起他那顶星期天的帽子,"我们赶快走吧。"[2]

在这一例子中,原文的 Sunday hat 在英语中指的就是星期天那天戴的帽子,但是如果像马爱农先生直译成"星期天的帽子",首先不符合汉语的语言习惯,若是知识储备丰富的人能琢磨出作者想要表达的意思,但是对于阅读这本书的小朋友来说,可能会有些摸不着头脑。但是杨静远先生则是将其译成了"礼拜天戴的帽子",仅仅增加了一个动词"戴",就能让读者立刻明白作者的意思。此外,在表达星期时,国内使用"礼拜"一词的频率似乎多于"星期"一词,所以,杨静远先生的译法也体现了对于目标语言表达方式的保留。因此,杨静远先生在这个例子里采用的是归化法,而马爱农先生采用的是异化法。

---

[1] [英]詹姆斯·巴里:《小飞侠彼得·潘》,杨静远译,中央编译出版社 2020 年版,第 40 页。
[2] [英]J. M. 巴里:《彼得·潘》,马爱农译,译林出版社 2011 年版,第 37 页。

例 2

原文：If you shut your eyes and are a lucky one, you may see at times a shapeless pool of lovely pale colours suspended in the darkness; then if you squeeze your eyes tighter, the pool begins to take shape, and the colours become so vivid that with another squeeze they must go on fire. But just before they go on fire you see the lagoon. This is the nearest you ever get to it on the mainland, just one heavenly moment; if there could be two moments you might see the surf and hear the mermaids singing.

黄天怡译：闭上眼睛，运气好的话，你有时能从一片漆黑之中看见一个没有形状的湖泊悬浮着，颜色淡淡的，很漂亮；这时候挤挤眼睛，闭得更紧一点，就能看到湖泊的形状，它的颜色也变得更加鲜明，仿佛再挤一次眼睛它就会烧起来。然而就在烧起来之前，你便能看到环礁湖。在英国本土，你离环礁湖最近也就是这样了，只能拥有这样的惊鸿一瞥。要是能有两瞥，也许你就能看到海浪，还能听见美人鱼在歌唱。[1]

马爱农译：如果你闭上眼睛，运气不错，便偶尔会看见黑暗中浮起一团混沌，淡淡的美丽色彩，没有形状。这个时候，如果你使劲挤眼睛，那团色彩就开始成形，颜色也变得非常鲜明，再挤一下眼睛，它们肯定就会着起火来。就在它们起火前的一刹那，你看见了礁湖。在大陆上你最多只能做到这样了，只有那美妙的一瞬间。如果有两个瞬间，你就可能会看见浪花，听见美人鱼的歌声。[2]

辛衍君译：如果你闭上眼睛，运气够好的话，你也许会看见一个池塘悬浮在黑暗之中，它没有形状，颜色淡淡的，十分可爱。接下来，如果你把眼睛眯得紧一点儿，池塘的形状就变得清晰起来，颜色也会变得更加鲜明；如果眯得再紧一些，那颜色就像是要着火一般。就在火即将燃烧之际，你会看到潟湖。这是你在陆地上最接近潟湖的

---

〔1〕［英］詹姆斯·马修·巴里：《彼得潘》，黄天怡译，浙江文艺出版社 2020 年版，第 94 页。
〔2〕［英］J. M. 巴里：《彼得·潘》，马爱农译，译林出版社 2011 年版，第 87 页。

地方,是无比美妙的瞬间。要是有两个瞬间的时间,你可能会看见浪花,并且听到美人鱼的歌声。[1]

三种译法对于"pool"一词的译法不同,黄天怡和辛衍君直接根据词语的意思译为了"湖泊"和"池塘",而马爱农则根据作者在下文对于美人鱼礁的景色描写,加上了自己的理解,译为"一团混沌"。辛衍君将文中的"pool"一词直译并具化了,马爱农则是倾向于先采用一个模糊的表达,之后再通过对于美人鱼礁的一系列描写让读者在自己的心中把这意象具化。毕竟"一千个人眼中就有一千个哈姆雷特",至于读者认为这片"混沌"是湖泊也好,是池塘也好,则是个人理解,不尽相同了。由此可见,辛衍君和黄天怡在此处使用了直译的方法,是一种异化的策略,而马爱农认为原文整体给人以"混沌"与模糊之感,所以在处理此处时采用了意译法,给予读者充分的想象力,体现了归化"以读者为重"的特点。

然而,在对于"moment""two moment"的处理上,辛衍君和马爱农直接将"moment"一词直接译为"瞬间",而在黄天怡的译本中,则是使用了"惊鸿一瞥"和"两瞥"的译法。比较两种译法,译为"瞬间"则是直译法,而译为"瞥"则是使用了意译法,因为本文想要表达的意思就是这些美好景象本就是十分偶然且短暂的,一眨眼的工夫就烟消云散了,因此黄天怡使用"一瞥"这种译法很好的将原文中的"偶然性"表现出来,是在研究了原文基础上所体会出来的情感,是一种意译法的体现。

②替代法的使用。替代法又叫作"易词而译",是指用目的语中能表达与源语相同或相近意思的词来进行翻译,是英汉翻译中十分常用的一种手段。尤其当译者面对儿童读者时,要充分考虑到儿童对源语中的目标词的理解能力,尽量采用简单易懂的目的语对应词来向读者传递作者想要表达的意思。

---

[1] [英]詹姆斯·巴里:《彼得·潘》,辛衍君、孙苏宁译,中译出版社2015年版,第131页。

例 3

原文：Her romantic mind was like the tiny boxes, one within the other, that come from the puzzling East, however many you discover there is always one more.

梅金娟译：她那爱幻想的脑子，就像一个神奇的小盒子，打开一个里面还有一个，像套娃娃一样，不论打开多少，里面永远还藏着一个。[1]

马爱农译：她的浪漫头脑，就像来自迷人东方的那种小套盒，一个套一个，不管你拿出了多少，里面总还有一个。[2]

在这两个版本中，两位译者都做到了忠实传达原句的含义，但是对比两个译本，在"the puzzling East"的译法上，梅金娟没有直译为"神秘的东方"，也没有像马爱农一样译为"迷人东方"，而是用"像套娃娃一样"来替代。因为对于不了解西方国家历史文化的读者来说，尤其是儿童读者，他们并不能真正体会到东方有何神秘之处，而套娃则是为大众及儿童所熟知的一种玩具，因此，译者用"套娃"一词能够让目的语读者更好地感受到达令太太爱幻想，大脑中的想法总是层出不穷。而且套娃无论从外形还是玩法上都充满着神秘气息，所以儿童在读到这时能够立刻在脑海中出现套娃的形象，从而更深地感受到那种达令太太幻想之神秘，符合归化的目的，而马爱农在此处的翻译上更偏向于异化的处理。

（2）异化在《彼得潘》中的运用。

①音译法的使用。音译法（Transliteration），顾名思义，就是把源语的词按照其读音直接翻译成与之发音相近或相同的一种"译音代义"的方法。音译法能够简洁明了地翻译外来语，同时又能够保留外来语的异国情调或是语言习惯，是一种十分有用的翻译技巧。在翻译中，一般部分国家的名称以及人名地名就是通过音译法翻译的。

---

[1]〔英〕詹姆斯·巴里：《彼得·潘：袖珍版》，梅金娟编译，新世界出版社 2013 年版，第 2 页。

[2]〔英〕J. M. 巴里：《彼得·潘》，马爱农译，译林出版社 2011 年版，第 1 页。

例 4

原文:"Who is captain now?" "Hook," answered Peter; and his face became very stern as he said that hated word.

马爱农译:"谁是海盗头儿?""胡克。"彼得回答,说到这个可恨的名字,他的脸变得非常严肃。[1]

杨静远译:"现在谁是船长?""胡克。"彼得回答说,说到这个可恨的名字,他的脸沉了下来。[2]

本句中,"Hook"的原意是"钩子",但是因为开头字母 H 大写,且结合上下文不难看出此处的"Hook"指的就是海盗头领的名字,所以两位译者直接将其音译为"胡克"。当儿童阅读到这里,他们自然而然就会知晓这里指的是人名,而不需要知道其他相关信息,所以在此处,音译并不会影响他们对文章的理解,也不会漏译作者原本的意思,反而会使显得文章简洁明了。

②直译法的使用。所谓直译法,则是与意译法相对的一种方法。当译者想把将源语中的文化信息转移到目的语中时,"直译"一般都是首选方法。直译法既忠实于原文内容,又符合原文的结构形式。但是在儿童文学翻译中,许多学者和译者都认为直译法将会给读者尤其是儿童的阅读带来困难,当然,直译法也会存在一定的局限性,但是在某些情况下,比如原文中所富含的文化特征十分显著,那么应当适当地选择直译法从而保留文化因素。

例 5

原文:"She tells me," he said, "that the pirates sighted us before the darkness came, and got Long Tom out." "The big gun?" "Yes. And of course they must see her light, and if they guess we are near it they are sure

---

[1] [英] J. M. 巴里:《彼得·潘》,马爱农译,译林出版社 2011 年版,第 46 页。

[2] [英] 詹姆斯·巴里:《小飞侠彼得·潘》,杨静远译,中央编译出版社 2020 年版,第 48 页。

to left fly."

马爱农译:"她告诉我,"他说,"海盗天黑前就看见了我们,把长腿汤姆拿出来了。""大炮?""对。他们肯定能看到她的光亮,如果猜到我们就在附近,肯定会开火的。"[1]

辛衍君译:"她告诉我,"彼得说,"天黑之前海盗们发现了我们,而且还把'长汤姆'弄出来了。""那是大炮吗?""是的。他们一定是看到了叮叮铃发出的光。要是他们猜出我们就在光环附近的话,他们一定会向我们开炮。"[2]

在这一例子中,马爱农和辛衍君把"Long Tom"译为"长腿汤姆"和"长汤姆",是一种直译法。再结合后文的内容,可以知道所谓"Long Tom"其实是一种大炮,体型大、射程远。但是如果译者直接就将"Long Tom"译为大炮,那么虽然读者轻易明白这个词的意思,但是读者却不能了解这种大炮的特征,就继续往下读了,从而并未将"Long Tom"其文化独特性传达出来,所以在这一例子上,马爱农和辛衍君的译法都是运用了直译法,保留了原文中的文化因素,是一种异化的体现。

③音译直译结合法。顾名思义,音译直译结合法就是将两种方法结合起来应用,会达到最佳的翻译目的和效果。

例6

原文:It was a girl called Tinker Bell exquisitely gowned in a skeleton leaf, cut low and square, through which her figure could be seen to the best advantages. She was slightly inclined to embonpoint.

辛衍君译:这个小仙女的名字叫叮叮铃,她穿着精美的干树叶制成的衣服,方形领口开得很低,恰到好处地凸显出她的好身材,不过她稍显丰满。[3]

---

[1] [英]J. M. 巴里:《彼得·潘》,马爱农译,译林出版社2011年版,第50页。
[2] [英]詹姆斯·巴里:《彼得·潘》,辛衍君、孙苏宁译,中译出版社2015年版,第75页。
[3] [英]詹姆斯·巴里:《彼得·潘》,辛衍君、孙苏宁译,中译出版社2015年版,第37页。

杨静远译：她是一个女孩儿，名字叫作叮克铃，身上精精致致地裹着一片干树叶，领口裁成方的，裁的很低，恰到好处地显露出她身段的优美。她稍微有点发福。[1]

张炽恒译：小仙子是个女孩儿，名叫小叮当，很优雅的穿着一片干树叶做的女士长服，方领口裁得很低，以最佳效果透显出了她的体态。她稍微偏丰满了些。[2]

在这一句中，辛衍君将小仙女的名字"Thinker Bell"译为"叮叮铃"，杨静远将其译为"叮克铃"，而张炽恒的译文则为"小叮当"。对比三个译文，辛衍君和杨静远将"Thinker"直接音译为"叮叮""叮克"，而"Bell"一词则是翻译为其直接意思"铃"，这就是一种音译直译相结合的原则。而在张炽恒的翻译中，则是根据仙子的特征描绘，翻译为"小叮当"，十分具有童趣，也能很好的体现出小仙子的活泼灵动，但是总觉得少了那么一点原著的感觉在里面，所以随着时代在不断发展，不论是成人还是儿童，都在不断受到外来文化的影响，对于一些外国的文化意象也有所了解，因此，采用音译直译结合法可以完好无损的将信息传递给读者，让读者在自己的心中去幻想，去体会这个仙子的性格特点，而无需用自己的理解来束缚住其他的读者。

（3）归化和异化之间的关系及选择。有些学者认为归化和异化，是一种"非黑即白"的关系，无论采取哪一种方法，都必须坚持到底，绝不能将二者混淆使用。然而其实在实际的翻译过程中，在一部作品里只单一的运用一种翻译方法是少之又少的。翻译要求我们忠实再现原文作者的思想和写作风格，然而这些都是带有浓厚的异国情调的，因此异化法必然是首选。但是译者在翻译的同时也要考虑到读者的理解能力以及原文的流畅度，所以归化法也不可或缺。其实，归化与异化在翻译过程中是不可能完全分开的，二者是相辅相成，辩证统一的关系，只有这样才能达到译者的

---

〔1〕[英]詹姆斯·巴里：《小飞侠彼得·潘》，杨静远译，中央编译出版社2020年版，第27页。

〔2〕[英]巴里：《小飞侠彼得·潘》，张炽恒译，吉林大学出版社2019年版，第28页。

目的。因此，二者取其一的做法是不可取的，它们各有优势和缺陷，顾此失彼只会让译文变得生硬。所以译者在翻译中，应当兼顾两种翻译策略，甄别原文的内容和特点，选择适当的方法。

然而，异化与归化如何选择，二者之间的"分界线"是什么，是译者在翻译时面临的一个重要问题，也是文学翻译教育教学中应特别强调的一点。其实不管使用哪种翻译方法，译者都应当清楚这一界线并非一成不变的，而是在一个合理范围内移动，但无论如何移动，都要遵循一条原则，即异化时不得妨碍译文的通顺易懂，归化时不得失去原文的味道。同时，在原文的语言形式上，译者应坚持采取归化的方法，而对其文化因素进行异化处理。这样，译文作品可以兼两者之长而避其短，使两者都有共同发展的空间。

四、结语

综上所述，在文学翻译教学中，应该以实际案例教学和学生实践为主，指导学生注重原作赏析，把握原作作者的观点和风格以及所处时代背景信息。除了要求学生准确把握源语和目的语语言、具有扎实的语言翻译功底之外，还要强调将原文翻译成目的语时充分考虑到两者在文学文化方面的差异。课上教师可以组织学生通过对比分析和小组讨论方法，比如字词句的分析，不同的译本比较等，引导学生在具体实践中体会归化和异化策略在不同译本中的实际运用，翻译时将二者有机结合、灵活搭配、合理使用，不断提高文学翻译水平。

新媒体时代新闻传播史教学改革研究[*]

张艳红[**]

前 言

"论从史出""以史为鉴""史论结合""一切历史都是当代史""历史是为现实服务的"[1]是一切史学永恒的理论价值与实践价值所在,新闻传播史也不例外。新闻传播是人类社会演进历程的"反光镜与记录仪",新闻传播史是新闻传播的"反光镜与记录仪"。

近年来,互联网时代的全球传媒生态面临着诸多机遇也遭遇了各种阵痛与挑战,唱衰大众传媒产业的论调时隐时现。相应地,国内许多新闻院系先后不同程度地出现"新闻史无用论"[2]的论调,比如,必修课被改为选修课、课时被大幅压缩乃至课程被取消,学子们对新闻传播史的认知认同与学习动力出现共振式减弱。

所幸的是,国内各新闻院系始终不缺对未来新闻人才队伍所

---

[*] 此文为中国政法大学 2018 年研究生教育教学改革项目阶段性成果(项目编号:YJLX1818)。

[**] 张艳红,中国政法大学光明新闻学院副教授。

[1] 南炳文:《追寻史学的永恒价值》,载 http://news.nankai.edu.cn/nkyw/system/2016/06/20/000285316.shtml,最后访问日期:2021 年 5 月 5 日。

[2] 梁鑫:《中国新闻史教学及考试方法改革》,载《发展》2009 年第 12 期。

必备的职业精神、伦理意识、人文情怀、使命担当等综合素质的理性认知者与笃定坚守者；珍视并向学子们传达新闻传播史上前人先贤在上述综合素质方面的榜样传承与标杆导向，正视新闻传播史学天然自带的"故纸堆味道"并巧妙化之为古典韵味，克服原有教学内容体例缺陷，多方优化改进教学方法，致力加强教学改革及相关研究，以期提升相关教学的趣味性、形而下的技艺借鉴性与经世致用性，同时不失史学课的理论底蕴性、逻辑的形而上性、情怀熏陶的人文情怀性。

鉴于上述，本文拟从我国新闻传播史教学现状与产生根源、教学内容改革与教学方法优化、笔者的教改探索与经验、建议与展望这四个方面予以论述，以期抛砖引玉。

一、我国新闻传播史教学现状及其产生根源

新闻传播史涵盖中外各国新闻传播事业起源、发展、演进的脉络经纬和规律理路，以及具有代表性与典型性的知名媒体与知名事件、知名新闻传播界先贤、知名的业界改革案例、知名人物的开创性思想与学术成就，旨在致力引领学生树立科学的历史观与新闻观、职业精神，增强职业使命感。

（一）新闻传播史教学现状

20世纪90年代以来，中国媒介经过近三十年发展，娱乐化趋势势不可挡。追求感官刺激、欲望彰显、无规则游戏狂欢[1]等媒介现象影响着整个社会心理。尤其是最近几年，新媒体技术大行其道、自媒体用户数量剧增且力量惊人：2017年自媒体行业进入理性发展阶段，酝酿着局部变革，短视频直播爆发出巨大能量，相关平台争相布局以收割红利；资本持续进场，广告变现成为主流自媒体的商业路径首选；用户版权保护、知识付费意识逐步清晰强化[2]；智能时代狂热的自媒体行业频出乱象、亟待

---

[1] 邰小丽、张芹：《媒介娱乐化视阈下的新闻史论教学改革》，载《浙江传媒学院学报》2009年第1期。

[2] 克劳锐：《2018中国自媒体行业白皮书》，载 http://www.useit.com.cn/thread-18501-1-1.html，最后访问日期：2021年4月3日。

规范发展。上述无不极大地冲击乃至颠覆昔日的传媒生态。

"生逢此时"的"90后大学生"首当其冲。以传道、授业、解惑为宗旨的传统课堂教学不同程度开始遭遇学生们"抬头率低、清醒率低、专注率低"现象；多年作为国内大多数新闻院系核心主干必修课的新闻传播史课程，先后被不同程度弱化、虚化乃至式微，比如，课时被大幅压缩、必修课被改成选修课甚至被取消。与之相应，学生们不同程度地陷入"新闻传播史学课无价值"的误区，无视新闻传播史学课具有理论性、思想性、学术性以及察古通今的经世致用性。与其相应，新闻传播史教学的课程地位、相关教师的教学热情、教学定力先后遭到不同程度的冲击与动摇。

所幸近几年，我国新闻传播学界与业界开始对新媒体/融媒体时代传媒生态进行深度反思与回望，直面新媒体技术突飞猛进的时代大势，既重实践也涵养理论、既拥抱新媒体技术也不丢弃传统媒体拥有的权威性、专业度高、精于内容建设的特质优点；逐渐回归从容与理性，新闻传播史的课程价值、学术价值与经世致用价值重新得到正视与彰显。比如，将中外新闻传播史两门课程整合为一，适度压缩原有课时、重开且恢复为必修课，或将其开设为全校通识选修课。[1]

(二) 多维根源

改革开放的前二十多年，我国新闻传播史的学科意义与学术地位呈现繁荣与辉煌景象。随着互联网时代的到来，我国新闻传播史的教育教学渐渐式微于"互联网+"的社会语境，主要体现在其由必修课向选修课或通选课的身份转换、学生因之降低的选课热情、教学计划或培养方案对新闻传播史的无奈删除或课时压缩。主要原因如下：

其一，新闻传播史天然带有故纸堆的味道、流水账的枯燥、政治至上的偏重，诸多先贤被专制恶势力扼杀或仅是死后留下英名。学子们不同程度因之产生"新闻史没实用""新闻史学课枯燥无趣""新闻自由与新闻

---

[1] 此为我院新闻传播史教学近两年情形。尚缺我国诸多新闻院系这方面情形的详实数据，留待后续研究补跟进。

法依旧是老一套说辞"的主观印象，新闻传播史学课易于被主观先入地虚无化或污名化。这些因素不同程度导致了部分师生对新闻传播史产生空对空式的焦虑和误判，进而引发悲观与虚化的情绪。

其二，当下全球经济复苏不明、全球化走向不明。业界、学界无不面临更多危机感、行业迷茫、社会焦虑，新闻传播史学课成为全社会焦虑心理下的首选弃儿，惯性思维令学子们先入为主地误判新闻传播史学课是枯燥无用的；包括大众传媒在内的各类经济实体无不面临阵痛与焦躁，"唱衰新闻职业""唱衰新闻专业"等各种声调或明或暗、或有形或无形，一定程度上导致业界、学界尤其是学子们对新闻传播史的学科价值与学术价值产生怀疑。

其三，社会综合环境渐趋转好、社会心态渐趋静好、重长远而不过于急功近利，是一项综合性的艰巨工程，拼尽几代人拳拳努力方能实现。这恰是新闻传播史这一基础性主干课程"重要却不受重视"的外在因素与社会语境，相关研究者明知其"呼之欲出"却并未道出。此类教学与研究均具跨学科性与边缘性，难以驾驭、不易获得成就感，直接造成教学与研究者队伍人数规模日渐缩小、从业热情与坚守程度日渐减弱。

其四，包括中国在内的全球新闻传播业界，或多或少、程度不一地面临技术裹挟、生存空间争夺下的多发阵痛与多维困境；传媒娱乐化、功利化下的职业伦理失范，遭遇舆论场喧嚣的后真相时代，使得"新闻职业理想""新闻职业伦理""新闻传媒的人文情怀"等话语日渐式微；传媒人的职业归属感与向往度遭遇时代性的冲击。对上述种种，业界尚没找到行之有效的突围路径。相应地，学界的相关研究，或缺席，或纸上谈兵，或环顾他国他域之后却因基于国情社情民情不同而难以全然本土化。

（三）彰显新闻传播史课程价值与学术价值的必要性

上述四方面不同程度造成了新闻传播史的学科意义被遮蔽、学科地位日渐式微。重新彰显新闻传播史的学科意义与学科地位，迫在眉睫、任重道远。

其一，新闻传播史是社会诸多领域的瞭望台与反光镜。其能使研习者知兴衰、懂更替，更能在梳理演进脉络、追问因果、探析历史惊人重复或似曾相识中,见贤思齐、稳固职业使命感、明晓规律、提升思辨力与人文情怀。反之,新闻传播史如果走向虚无化或虚弱化,恰恰令学界和业界错漏一个破解新闻传播行业阵痛的反思视角。

其二,新闻学子即便不学新闻传播史而是多习几门实用课程,改变不了毕业生求职就业不易的局面;新闻专业科班出身的毕业生即便未来不从事相应职业,也理应具备该专业的学科气质与情怀底色;全社会已经按其专业出身对其赋予了相应的学科气质期望值,犹如法科强校的毕业生如果无知于法律、藐视法律会令全社会无比失望与遭到多倍谴责;新闻传播学院培养的毕业生,如果在专业技能、业务水平、思辨能力、人文情怀、职业使命感、改革魄力、发展后劲方面弱于或等同于高职高专、各类民办培训中心的毕业生,社会公众对此可能的三个归责指向分别是学子自身学业不精、学院专业设置缺漏、学校的整体学科水平与学术位阶偏低。

其三,新闻传播史教学直接关涉新闻学子们的职业理念感知、职业素养积淀、人文情怀培养及其思辨能力训练。比如,徐宝璜、邵飘萍、黄远生、史量才、梁启超、张季鸾、胡政之、范长江等先贤,从其亲身实践中提炼出来的理论与学说、坚守与抗争、荣誉与牺牲,在时空流转中渐渐凝化为新闻传播从业者关于职业理念、职业素养、人文情怀、使命与担当等议题的生动文本与直观映像而被代代传承;其所处的时代背景与命运际遇,既是多维因素杂糅的结果呈现,也是对当下新闻学子们进行思辨能力培养、因时制宜地贯彻"课程思政"的经典案例与绝佳素材。

其四,新闻传播史具有启益当下的理论价值与实践价值。论从史出、史论结合、理论导引实践;古今结合、中外结合,"一切历史都是当代史"。[1]比如,当下新闻传播领域的诸多问题与多重困境,其答案就隐藏在历史中;跳出"历史周期率"的必备前提是知晓历史、敬畏历史在先,以古鉴今、中外互鉴、前车之鉴在后。新闻传播史涵盖范围广、时间长、宝藏多。"以史为鉴"已是所有史学课程的普适道理,"历史周期率""历史惊人再现"已是不难感知的事实,新闻传播领域未能例外。

---

[1] 吴维忠:《新闻史教学的三大核心问题新解》,载《现代教育科学》2014年第3期。

二、教学内容改革与教学方法优化

综上所述，正视整个新闻传播生态面临的机遇与挑战、不忘新闻传播行业的初心、坚守新闻传播教学与研究的初心，强化定力、查漏补缺、积极精进、与时俱进，方为符合辩证唯物主义与马克思主义新闻观的应有态度，既不轻易随波逐流抛弃新闻传播史教学以及研究独有的课程价值与学术价值，也不可抱残守缺、不思与时俱进。其中，最为关键、迫在眉睫的是新闻传播史教学内容的体例改革与教学方法优化。

(一) 教学内容改革

我国新闻传播史教材与教学，在过去很长时期里，遵循"时代划分—背景介绍—人物与事件—经验与教训—党派之争—阶级分析"模式，呈现"政治史视域下的宣传史"，国内各大新闻院系均不同程度存在此类情形。

可喜的是，近些年来的我国新闻传播业界和学界，先后均对上述议题进行了与时俱进的思考与追问，呈现诸多进步。下面以我国新闻传播史学界为例说明。

其一，开始突破"唯政治史挂帅""唯我中共宣传史挂帅"的旧有窠臼，"大历史观"[1]开始萌芽、批判性借鉴西方新闻专业主义蕴含的规律性精华开始成为各方共识。所谓"大历史观"，即用以往历史的内在逻辑和现在作比较、再用现在所发生的历史与未来做比较，从而对未来社会走向做出一定预测的历史观；依据整个人类的发展历史对未来即将发生的一切做出合理判断，用长远的、比较的思维来看待问题的一种认识方法。其基本特点是从长远的社会、经济结构发展观察历史的脉动，从古今中外比较揭示历史和未来的问题，注重人物与时势的交互作用，运用理念与制度的差距来对事件和现象做出合理判断。

其二，开始致力探究"古代新闻传播的萌芽、近现代新闻传播的兴起与发展、当代新闻传播的繁荣—曲折—改革—阵痛—与时俱进"的历史演

---

[1] 参见百度百科，https://baike.baidu.com/item/%E5%A4%A7%E5%8E%86%E5%8F%B2%E8%A7%82/3882690，最后访问日期：2021年5月3日。

进脉络,勾勒我国新闻传播的"前世今生"与演进逻辑;开始关注近代国民党新闻传播的演进历程与是非得失,体现出一种开放自信、尊重历史的学术心态。

(二)教学方法优化

随着我国新闻传播业界的与时俱进,学界积极因应新媒体时代的大学生兴趣与价值取向变化,改进、优化教学方法成为诸多新闻院系教师势在必行的选择。与此因应的是,"教师讲课、学生听"的填鸭式、满堂灌式教学方法开始改观,"以学生为主体、以教师为主导"的教学方法开始进入尝试阶段,师生的课堂角色逐渐得以调整,以激发学生主动学习的热情,提高其学习的自主性、积极性与主观能动性。

"拯救新闻史应从新闻史课堂开始"[1],成为学界同仁彼此呼应共勉的振聋发聩之声。比如,尽可能仿真历史情境、尽全力还原历史原貌;让历史从故纸堆里走出来,让历史鲜活地动起来,让历史向当下走来,成为新闻传播史具象教学的精神动力;新闻传播史教学理当细雨润物,引领学生见贤思齐、树立职业理想、感知职业精神、注重人文情怀。

以当下融媒体时代为例,多媒体手段的普遍采用、多种路径的视频获取与分享,提升了教师授课的精彩程度,优化了学生的听觉视觉体验,消解了教师讲授的抽象性,增加了学生听讲的具象性。新闻史学界摸索总结出"多媒体教学法""翻转式课堂教学法""跨学科教学法""案例深化教学法""问题导向教学法""模拟实践教学法",等等,无不旨在适应新媒体时代的新生代学生兴趣点、直面传媒娱乐化冲击下的史学课重要却不受重视的尴尬境遇。

此处以赵云泽的《中国新闻史教学改革的新探索:翻转式课堂的应用》为例说明。[2]该文以中国人民大学新闻学院本科生历史课堂为研究对象,阐述开设翻转式课堂的必要性、课堂形式的设计以及与之相适应的教学内容结构调整。翻转式课堂产生于美国,要求学生课前阅读文献或其他

---

[1] 吴维忠:《新闻史教学的三大核心问题新解》,载《现代教育科学》2014年第3期。
[2] 赵云泽:《中国新闻史教学改革的新探索:翻转式课堂的应用》,载《新闻大学》2016年第2期。

材料、完成相应要求，课堂上师生对有关内容进行讨论，侧重培养学生阅读、分析、自主学习能力，要求师生一起研究探讨问题，为研讨式课堂提供了时间与空间，以学生学习效果为核心，改变"重教轻学"的传统模式，但对教师工作量不仅没减少反而增多、要求更高；翻转式课堂需要注意点线结合、点面结合、给学生预留准备时间等问题。

三、教改探索

新闻传播行业实践日渐丰富、学术氛围日渐开放、传媒科技突飞猛进，相关教师的新闻传播史学观逐步提升，教学内容改革与教学方法优化已成共识。下文以笔者个人探索经验为例说明：

其一，专题整合。自2002年至今从事新闻传播史教学，逐渐突破"政治史挂帅，其他不涉及""唯我党宣传挂帅，对近代国民党系新闻传播业、民族报业讳莫如深或避而不谈"窠臼，先后梳理出名记者篇、知名媒介篇、经典媒介经营案例、先贤新闻思想篇、法制新闻史与新闻法制史等五大内容板块/五大专题区域，逐渐形成错落有致、彼此勾连的教学内容，以便学生们在头脑中勾勒较为系统的"知识树""脑地图"以达到专题整合的凝练、紧凑效果。

其二，跨学科阐释。新闻传播包罗万象，与政治学、经济学、军事学、外交学、社会学、法学、哲学等学科均易发生关联，具有天生自带的跨学科特质。比如，借用政治伦理学、行政管理学、社会学、公关学、法学、心理学等多学科知识，分别以中美两国的战时新闻政策、中日两国传媒对日军侵华战争的宣传比较，引领学生真正懂得新闻舆论工作的意识形态性、党性与人民性的一致性等所谓"敏感话题"，增强其思辨能力。

其三，案例深化。课堂教学注重案例演练与理论解析，化空洞枯燥为具体生动的"模拟表演与实际操练"，以契合新闻传播学本身的"实践性"特质、提高学生学以致用的乐趣。

比如，由教师倡导学生进行角色扮演、互动协作、参与仿真的情境还原与案例表演；激励学生日常参与自媒体文本制作与传播；结合当下社会热点与焦点，引领、发动学生举行期中、期末模拟新闻发布会且将之作为平时成绩的重要考量因素，契合学生的年龄特点与兴趣指向也能使其学以致用、实际操练、查漏补缺，有效提升教学效果，增加学生的存在感、代入感与成就感。

其四，历史观引领。探究、借鉴、传承新闻传播史上先贤名人的新闻实践与新闻思想蕴含的智慧并从中受到诸多启益，重拾"古为今用、洋为中用"的历史观；开始聚焦不同历史时期新闻改革与当下新闻改革的对接；开始对比中、外新闻传播史上的媒介经营策略及其背后广阔的社会经济文化发展支撑；开始回望中国与外国新闻传播的党派化、大众化、娱乐化演进历程，反思批判黄色新闻泛滥、人的足情达趣本能以及大众传媒的职业伦理与社会职责问题；开始认同"论从史出、史论结合""一切历史都是当代史"的历史观。当下一切困境，历史早有解决方案的机理启示。当下一切困惑，历史早已预告答案。理论的三个进路是历史传承而来、域外对比启发而来、现实倒逼而来。开始提倡史料勘正、规律揭示、远近结合、宏观与微观结合、见物见人、新闻史的本体论与主体论结合。

其五，新闻传播史教学案例库建设。在21世纪最初几年，网络资源不像如今丰富、便捷、易得，多方购买数量不多但异常珍贵、涉及新闻传播史上先贤人物或著名新闻事件的视频光盘，从中精选相关片段用于课堂教学观摩以增加课堂教学的具象化与深度感。比如，电视剧《走向共和》之"宋教仁遇刺之新闻舆论监督"，《杨乃武与小白菜》之"近代著名媒体《申报》推促司法公正"，《潘汉年》（该剧以新闻人潘汉年为主角），《铁肩担道义》（该剧以民国名记者邵飘萍为主角）；提前阅览电视节目预报单，等候录制电视节目中有关新闻史人物或新闻史事件的珍贵画面用于课堂教学。

如今已是网络资源丰富便捷的分享时代。从前几年免费下载到近年付费购买优质珍稀的相关纪录片，比如，《史量才之死》《报界宗师张季鸾》《报业巨头赫斯特与普利策的纷争》，等等，引领学生见证互联网时代也体悟互联网文本"福利"。

四、建议与展望

综上所述，笔者结合自身从事本科生与研究生新闻传播史教学与研究的体会，提出如下探讨性建议：

（一）教学理念

其一，打破过去单一的"编年体式""新闻史＝新闻史视域下的中共党史"教学模式，增加该课程的理论深度、打开其跨学科广度、挖掘其经世致用的"性价比"度，既吸引当下资讯便捷背景下的新生代学生"愿意学""乐于学"，又引领学生逐步树立"新史学""大历史观"的与时俱进意识。比如，史实考证与历史观念熏陶相结合、还原历史状貌与回溯理论来路相结合、业务经验借鉴与理论解析相结合，揭示"古与今""中与外"新闻传播现象、新闻传播规律的"似曾相识"与"时代/国别殊异"相结合。

其二，注重彰显中国共产党的新闻传播历程、"政治家办报、党媒姓党"等党性原则与群众路线的历史传承以及当下如何做到新闻舆论工作的与时俱进，同时不忘探讨近代国民党系新闻传播历程、民间资本与民族报业荣辱历程，以契合科学历史观应有的格局与维度。

其三，注重个案深度探讨，发挥案例教学的场景还原与理论具化作用，深入浅出、水到渠成、细雨润物，培养学生的职业理想、辩证思维与人文情怀。

比如，新闻传播史上黄远生、邵飘萍、范长江等先贤名记者的职业伦理观与道义观、业务与思想成就，均是辩证引领学生找准职业角色、固化新闻职业理想、注重新闻职业伦理的"活"教材。将之与当下我国改革开放及传媒业自身所面临的各种挑战与困境联系起来，对学生及时阐释、有效引导，启发学生自主探讨新闻传播与政治和传媒业在时代坐标系中的位置、新闻传播的传承与改革等多重维度之间的关联与缝隙，更好探究当下新闻传播面临的时代机遇与挑战。

（二）课时分配

浩繁庞杂、体量巨大的中外新闻传播史，如何能够恰如其分镶嵌于48课时时限内。这需对教学内容各个版块通体观照、经纬梳理，轻重有别、"好钢用在刀刃上"，详略搭配、中外通观、点线结合、点面结合。

比如，基础类的历史演进脉络、教材阐释充分、图书及网络信息获取路径便捷、学界业界已有定论的内容，不宜占用课堂时间而是布置给学生自学、知悉、积累；反之，蕴含古今对接、中外复现、似曾相识的历史周期律，教材一笔带过却极富思辨性与启益性的议题，适宜教师深度讲授、点石成金、引领主导。

（三）教学与研究彼此滋养、兄弟院系交流合作

除了上述，注重教学效果跟踪分析与教改研究之间的彼此支撑、相互滋养；国内各新闻院系之间，相互借鉴、博采众长，在教材建设方面注重交流与合作，以整体推进我国新闻传播史教学改革的速度、深度与实效。

结　语

我国新闻院系师生对其学科意义、学科地位形成共识。在教学与研究过程中，继续拓展、深化、挖掘，重整，勾连纵横其教学内容体例。各新闻院系彼此注重博采众长、相互借鉴、配合调研；以我院学生为教学与研究的依托平台与灵感来源，进一步优化教学方法，注重教学与研究有机融合、彼此支撑、相互滋养。

重新阐释其学科地位与课程属性。对教改效果进行连续的实证研究，加快改革原有内容结构与编写体例的教材建设。合理分配课时容量、通观整合原有的课程门类，对持续多年的中、外新闻传播史进行分开讲授、整合讲授、分开与整合相结合，打碎、通观、杂糅、整合；直面新媒体技术突飞猛进的时代大势，既重实践也涵养理论、既拥抱新媒体技术也不丢弃传统媒体拥有的权威性、专业度高、精于内容建设的特质优点。

法学类院校本科生学术研究能力培养的探索

——以中国政法大学本科生科研能力培养体系为例

赵言荣*

一、加强法学专业本科生科研能力的必要性

"努力让人民群众在每一个司法案件中都感受到公平正义"[1]体现了国家对当事人诉权实现的承诺。而根据现代民事诉讼理论，正义的实现不仅仅要求国家配置公正的诉讼程序，同时还要求国家有义务为法院配置"称职的""独立的"法官，[2]从而保障公正判决的实现。从更高阶的建设"法治"国家的角度而言，正如有学者所指，"法律人才是建设法治国家的第一资源"，[3]包括法官在内的"法律人"的理智与技能是我国法治实现的重要保障。因此，为实现司法案件中的公平正义乃至法治社会建设的顺利进行，作为"称职"法律人的培养和输出单位，法学类院校必将发挥举足轻重的作用。而作为法学教育的基础和根本，根据至

---

* 赵言荣，中国政法大学民商经济法学院讲师。

[1]《习近平：努力让人民群众在每一个司法案件中都感受到公平正义》，载财新网，http://china.caixin.com/2017-03-26/101070582.html，最后访问日期：2021年4月18日。

[2] Murray P L, Stürner R., *German Civil Justice*, M. Carolina Acad. Press, 2004, p. 153.

[3] 霍宪丹：《法律人才是建设法治国家的第一资源——从法律职业到法学教育》，载《中国法学教育研究》2006年第4期，第19页。

少一半的同学本科毕业即走上与司法有关岗位的现实,[1]在本科阶段如何培养"法律人"必然成为一个重要的课题。

　　对于如何在本科阶段培养"法律人"的问题,我国的法学教育模式经历了苏联模式、大陆法系模式和引入普通法系国家职业教育体系后的混合模式。[2]在此过程中,对于我国应采用以美国为代表的职业教育模式还是采用以德国为代表的素质教育模式来培养"法律人"一直是学界争议的重点。在普通法系国家,案例法体系要求法官不仅能处理案件,还要能够通过一系列的区别技术创制法律,从个案中发展出一般的法律原则,再应用于新的个案当中。[3]在这个过程中,要求律师和法官都应具备甄别先例争点、事实及推理的技能,具备从先例中归纳出合理的法律原则并将其适用于当前个案的技能。而在大陆法系国家,虽然不需要法官和律师从先例中推导出合理的法律规则,但法官作为整个诉讼程序的控制者,不仅负责案件的法律适用,还积极参与案件的事实发现。而现代诉讼所确立的"自由心证"原则,强调在实现司法正义过程中对法官个人理性和能力的尊重,法官在司法过程中享有极大的自由裁量权。因此,博登海默说:"如果一个人只是个法律工匠,只精通审判程序和专门法律规则,那么他的确不能成为第一流的法律工作者。"[4]

　　而一个合格的法律人应当具备哪些素质呢?这一问题虽然很难定论,但杨春福教授的观点较有代表性。他认为一个合格的法律人至少应当具备三大基本素质:"一是必须掌握法学学科基本的知识体系;二是应当具备法律职业基本的职业素养;三是必须掌握法律职业的基本技能,如沟通协商的技能、谈判妥协的技能、辩论的技能、撰写法律文书的技能、获取运

---

〔1〕　例如中国政法大学2017年本科生继续深造率为49.04%,其他大多走向与司法有关岗位。参见《中国政法大学毕业生就业质量报告(2017)》,载http://baijiahao.baidu.com/s?id=1591267931127370360&wfr=spider&for=pc,最后访问日期:2021年4月18日。

〔2〕　冀祥德:《中国特色社会主义法学教育模式的基本特征》,载《河北法学》2011年第12期。

〔3〕　吴莼:《简析我国案例指导制度与英美法系判例法的区别》,载《新财经(理论版)》2011年第6期。

〔4〕　[美]E.博登海默:《法理学:法律哲学与法律方法》,邓正来译,中国政法大学出版社2004年版。

用信息的能力、制定规则的能力、起草合同的能力、证据的运用能力、逻辑推断和法律论证能力。"[1]法律职业作为一种被公认为"由问题意识、逻辑推理、理论论证和方法论组合起来的职业",无论是从事司法还是法律执业的合格的法律人才,"都应当是具有研究能力的人"。[2]具体而言,为保障法官发现案件事实,正确适用法律和行使自由裁量权,法学教育应当培养法官在全面掌握法律规定及其背后的法理和价值判断的基础上,着力培养法官的逻辑思维能力、运用法律规范处理实际案件的能力;同时面对社会纷繁复杂的纠纷状况,培养学生毕业后在司法过程中,在没有教师指导的情况下迅速理解和运用法律解决新问题的能力。并且随着我国案例指导制度的建立,对我国的法官又提出了类似英美法系国家法官根据先例归纳出合理的法律原则并适用于个案的能力要求。总之,回应现实需求,无论是美国模式还是德国模式,都应该着重培养学生独立思考、分析、推理、表达及解决实际问题的能力,我们可以将之简称为科研能力。

二、法学专业本科生学术研究能力培养现状及衡量标准

在国家政策层面,2011年,为解决法学教育人才培养工作中存在的"与实际工作的联系亟待加强,人才培养模式亟待改革,人才培养质量亟待提高"等问题,我国启动"卓越法律人才教育培养计划",主要通过"创新卓越法律人才培养机制、强化法学实践教学环节、加强法学师资队伍建设"等方面开展教学改革。

(一) 中国政法大学本科生科研能力培养机制

具体到中国政法大学,学校首先确立了"以本为本"的基本理念,强调本科教育工作在全校工作中的核心地位。在此基础上,确立了"复合型、应用型、创新型、国际型"的"四型"人才培养目标。[3]其中,"创

---

[1] 杨春福:《国际化研究型法学人才培养模式的探索与实践——以南京大学法学院为样本》,载《法学教育研究》2010年第2期。

[2] 杨春福:《国际化研究型法学人才培养模式的探索与实践——以南京大学法学院为样本》,载《法学教育研究》2010年第2期。

[3] 黄进:《世界一流大学建设与一流本科教学的创新——中国政法大学的理念与实践》,载《中国高教研究》2016年第6期。

新型"强调在培养复合型人才的基础上，着力培养学生的"创新意识、创新精神、创新创业能力"。[1]而为了实现对"创新型"人才的培养，学校着力开展了以"专、实、博、雅"为特色的本科法学教育创新实践工作，主要体现在以下几个方面的改革：

首先，在课程结构设置上，除了基本选修课外，提高了案例研讨课程比重，设置了案例课题组、研讨课组、实务技能课组。在教学过程中积极采用参与式、讨论式、交互式教学观念，优化教学内容，改进教育方法，落实学生主体地位。[2]

其次，在人才培养模式上，注重因材施教，打造了"一个专业，多种模式"的特色化人才培养模式。[3]为此，学校对传统学院的建制进行改革，于2015年成立两个虚拟建制的实验班：培养精通拉美国家法律制度和文化的西班牙语法学专业特色实验班，以及培养法学学术、科研专门人才为导向的法学学术精英人才培养实验班。在传统法学专业中择优挑选组成这两个实验班，并配置专门的本科培养方案。在师资设置上则从校内聘请专业性极强的专家学者授课。更具创新意识的是为实验班配备导师。例如在法学学术精英人才培养班，每30人配备10人的导师团进行专门学业指导，以提高实验班学生的研究创新能力。[4]

再次，为本科生建立学术创新平台及完善本科生学科竞赛支持体系。通过学术创新平台及竞赛支持体系的建设，辅以奖励创新学分等措施，鼓励本科生通过参加校内创新实践活动投入学术创新研究。例如自2012开展"本科生创新论坛"大赛，经过几年的建设，已经成为品牌化、年度化，

---

[1] 黄进：《世界一流大学建设与一流本科教学的创新——中国政法大学的理念与实践》，载《中国高教研究》2016年第6期。

[2] 黄进：《世界一流大学建设与一流本科教学的创新——中国政法大学的理念与实践》，载《中国高教研究》2016年第6期。

[3] 黄进：《世界一流大学建设与一流本科教学的创新——中国政法大学的理念与实践》，载《中国高教研究》2016年第6期。

[4] 黄进：《世界一流大学建设与一流本科教学的创新——中国政法大学的理念与实践》，载《中国高教研究》2016年第6期。

在本科生中具有极高认知度和接受度的大赛。[1]

最后，发挥学习竞赛平台引导、激励作用。学校将各种层次的学习竞赛作为培养学生创新精神、创业意识和实践能力的重要平台，并为此每年承办"全国大学生模拟法庭竞赛、北京市大学生模拟法庭竞赛、国际刑事法院模拟法庭竞赛等十余项学习竞赛"。在此基础上，学校建立了学习竞赛资助机制，资助学生参加国际、国内学习竞赛。例如在2014年一年，学校就资助学生参加国际学习竞赛9项、国内学习竞赛28项。在学校的资助和指导教师的认真指导下，中国政法大学的学生取得了优异成绩。[2]

这些新的举措在强调培养应用型、复合型法律人才实务技能的同时，如果运行合理，则能够极大提高同学们面对千变万化的社会实践时利用所学知识解决实际问题的科研创新能力。但是随着这些教改措施的全面展开，各种具体措施在提高学生的科研能力方面所发挥的作用尚需实证研究成果的证实。同时，通过何种标准行之有效的衡量法学本科生的科研能力也是一个亟待解决的问题。如上所述，对本科生科研能力的培养主要通过教学设计和课外活动构成。而这些活动绝大部分落实到最后只有两个字："写作"。本科生的科研论文写作作为一个封闭的学术过程，包含选题、检索、筛选资料、形成假说或观点、进行研究分析、撰写和修改等一系列环节。[3]环环相扣，能够体现一名法科学生运用已有的专业知识和技能解决问题、发挥创造性的过程。因此本科生的科研论文写作能力可以作为检视法学院学生的科研能力发展的一个可操作的标准。

（二）中国政法大学本科生科研能力培养机制质量分析

为了对中国政法大学本科生科研能力培养机制的成效进行研究，本课题在查阅相关资料的基础上，主要通过实证研究的方法，通对中国政法大学参加案例研讨课、法学学术精英人才培养实验班等不同的学生群体进行

---

[1]　黄进：《世界一流大学建设与一流本科教学的创新——中国政法大学的理念与实践》，载《中国高教研究》2016年第6期。

[2]　黄进：《世界一流大学建设与一流本科教学的创新——中国政法大学的理念与实践》，载《中国高教研究》2016年第6期。

[3]　赵小荣：《学术论文撰写的基本要求和常见问题分析》，载《西安欧亚学院学报》2011年第1期。

访谈，结合笔者 2018 年、2019 年、2020 年指导本科生学年论文写作及毕业论文写作的过程，辅以对法学学术精英班在中国政法大学民商经济法学院进行答辩的同学的毕业论文优秀率的定量研究，检验不同的教改措施对学生科研能力兴趣、科研能力和科研水平培养的影响，从而总结经验教训。在此基础上，通过横向研究美、德、澳等国以及我国不同的法学院校采取的对法学专业本科生科研能力培养措施，结合我国实际，提出体系化的提高我国法学院校本科生科研能力的建议。

1. 中国政法大学案例教学法对法科本科生科研能力培养成效的评价

案例教学法作为英美国家法学教育的主流方法在近几十年得到了全世界的重视，并随着我国卓越法律人才培养计划的出台，几乎所有的法学院校都设置了不同形式的案例教学课程。案例教学法不仅仅包括案例研讨课，还包括法律诊所等各种实践性课程。对于案例研讨课，通过笔者对已经参加过不同科目研讨课的同学进行的实地访谈，笔者发现案例研讨课对于本科生科研能力的培养起到了启蒙的作用。几乎所有参加访谈的同学都表示案例研讨课开拓了他们的视野，具体案例的研讨使课堂上老师讲授、灌输的知识得以具体化，从而使法学知识与司法实践之间产生了感性的联结，加深了同学们对法学知识的理解。但是也有同学表示有些案例研讨课流于形式，案例的设置也基本按照教科书上的知识点顺序展开，因此虽然有助于对与案例所涉知识点的理解，但遇到综合性的、现实社会中出现的真实案例时仍然无所适从。而法律诊所作为一种受到本科生普遍欢迎的教学方式则为培养同学们的问题意识开启了一扇全新的大门。通过真正地参与到现实的案件当中，同学们发现了自己掌握的法学知识的不足，意识到法条的规定与现实世界的距离，从而产生了真正的问题意识。而发现问题到解决问题正是一个法科学生进行科学研究的过程。因此法律诊所的课程对本科生的科研能力的激发起到了良好的促进作用。但根据参加诊所课程的同学们的反馈，诊所课程的设置也有其不足的地方。对于大多数同学而言，一个学期的诊所课程不能够保证同学们全程参与一个案件，而没有导师针对每个同学的具体的指导，很多同学也仅仅局限于发现现实中存在的问题，并不能保证培养每个同学解决司法实践中出现的各种各样复杂的法律问题的理解和适用能力。尤其是在司法实践中出现的基于中国特色的司法环境对法律适用所带来的挑战，对于本科同学而言更多的是猎奇心态及无奈的心态。

2. 中国政法大学法学本科生学年论文、毕业论文质量评价

毕业论文的撰写是本科生科研能力的集中展现，因此毕业论文的写作质量可以作为衡量本科生科研能力的一个有效标准。为提高本科生的论文写作能力，中国政法大学在改革之前只要求大四同学撰写毕业论文，大三学生撰写学年论文。学年论文的写作流程与毕业论文类似，同样为同学们指定指导教师全程指导论文的写作。笔者2018年指导学年论文3篇，毕业论文5篇。2019年指导学年论文3篇，毕业论文6篇，2020年指导学年论文6篇，毕业论文6篇。虽然样本数量较小，但对学生的写作过程有非常深入的参与，因此比较全面深入地了解了本科生论文写作过程的特点、论文写作存在的问题及面临的困难。结合实地访谈，笔者发现中国政法大学本科生论文写作主要存在以下问题：

（1）本科生法律基础知识掌握不扎实。这一问题在学年论文的写作过程中有更全面的体现。作为大三的学生，大多数同学没有真正进行过科研论文写作，因此需要导师对论文写作全程进行细致的指导。但我很诧异的发现很多同学对与所写论文有关的基本法律知识掌握不够。例如有一位同学完全不清楚法院调解和人民调解的不同，另一位同学则无法分辨侵权行为法中的归责原则与民事诉讼法中的举证责任的区别。通过参与本科生论文答辩，笔者也发现即使在论文撰写获得优秀成绩的同学中，也有将近1/3的同学存在对法律基本知识掌握薄弱的问题。与其他老师交流也发现这样的现象虽不普遍，但也不是个例。因此，提高本科生科研能力的基础仍然是扎实的法律知识的讲授和学习。任何教学改革都不能忽视基础法学知识的传授。

（2）学生选题困难。以我所指导的学生为例，将近一半的同学都在与指导老师第一次沟通中希望老师能指定一个选题。另外学生的选题也存在扎堆现象，与司法实践的关联度不高。选题困难体现了同学们问题意识不够，发现问题并试图解决问题的能力需要进一步加强。

（3）对论文的写作流程及方法不了解。不论是学年论文写作还是毕业

论文写作，同学们普遍不了解一篇科研论文的写作流程。突出体现在不懂文献综述的写作方法及作用，不懂写作规范及引注规范，内容上有的同学信马由缰，缺乏写作的逻辑性及严谨性。

（4）导师的指导对提高同学们的写作能力作用显著。针对同学们撰写学年论文及毕业论文中遇到的困难及存在的问题，根据笔者的指导经历，笔者认为导师的认真指导起到至关重要的作用。首先，针对同学们法学基础知识薄弱问题，笔者通过电话及面谈的方式与被指导的同学进行讨论，指出他们存在的问题并要求他们查询法条规定，同学们很快就能意识到自己的错误，从而补全自己知识的薄弱面。其次，通过建立微信群的方式将被指导的同学集中起来，集中指导学生们科研论文的写作流程、研究综述的作用及写作方法。最后，通过对学生们的论文初稿从论文格式、论证逻辑、引注等各个方面进行点评，提出修改建议。在此基础上，同学们的二稿质量会有明显的提高。在对二稿进行详细点评的基础上，一般三稿就可以定稿。通过认真的指导，有1/3的同学能够写出优秀的毕业论文。因此就提高本科生的科研能力而言，导师的作用至关重要。

（5）法学实验班的同学毕业论文表现较优。由于法学实验班采用特殊的教学模式，并配备了导师团，因此法学实验班的同学在毕业论文写作质量上表现较好。2018年在中国政法大学民商经济法学院参加答辩的法学实验班同学的毕业论文成绩显示，在总人数191人中，32人获得优秀，约占总人数的17%，5人中等，1人及格，其余153人为优良，占总人数的80%。其中优秀率与优良率都高于普通法学本科生。[1]因此法学实验班的设置，尤其是导师团的指导应当是实验班同学科研能力提高的有效保证。

3. 学习竞赛平台效用评价

如上所述，中国政法大学建设的多层次学习竞赛平台成为培养学生创新精神、创业意识和实践能力的重要机制。通过笔者参与的多个学生竞赛项目的指导及评审过程，笔者发现竞赛平台对于提高学生的科研能力发挥了极为正面的作用。笔者2016年至2018年三年间参与了学术十星、天元

---

〔1〕 根据笔者之前的调查，中国政法大学法学本科生优秀毕业论文比率为10%左右。

杯律师大赛等多个学校组织的各种竞赛并作为指导教师或者评委，发现参选的同学在科研能力方面比一般的同学有长足的进步。同学们在选题方面体现出极强的现实意识及时代性，论文写作在论证逻辑、写作规范等方面都明显优于撰写毕业论文的同学。这说明学校的多层次竞赛平台对于本科生的科研能力具有良好的引导和促进作用。

三、金字塔型法学专业本科生科研能力培养体系建设建议

针对教学实践中本科生科研能力培养机制中取得的成果及存在的问题，本文提出了金字塔型法学专业本科生科研能力培养体系建设模型。通过知识传授型教学模式为提高同学们的科研能力打牢塔基，通过研究型课程建设为培养本科生的科研能力进行启蒙，然后通过多层次实践教学方式的建设，在实践中逐步提高同学们的现实问题意识及解决问题的能力。在此基础上，推行本科生全面导师指导制。然后通过引入不同的科研训练机制，针对性提高同学们的科研能力。再通过多样化、多层次的科研竞赛机制，引导激励部分具备深厚科研潜力和能力的同学更加深入的参与到科研领域。金字塔的塔尖则是本科生毕业论文评优机制，引导全体本科生同学在毕业论文写作中充分展现科研能力，力争写出优秀毕业论文（见下图1）。

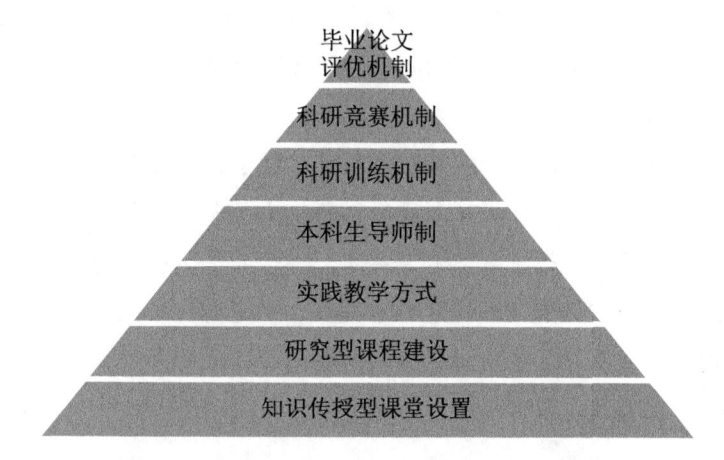

图1　法学专业本科生科研能力培养体系建设模型

（一）知识传授型课堂设置

无论课程建设改革如何创新，传统的知识传授型课堂设置仍应是法学院校课程设置的基础。如上所述，针对本科生在撰写论文过程中暴露出的基本法律知识认知不牢的问题，法条分析型授课模式仍具有普遍的存在价值。法学作为一门复杂的实践性学科，基本法律知识及理论的掌握仍应是法科本科生培养的基础。在此基础上能探索如何培养和提高本科生的科研能力。但是知识传授的形式可以革新。例如笔者在民事诉讼法学的教学过程中会让同学们分组自学一个章节的内容。同学们分工合作，在自学的基础上制作PPT，寻找案例并进行基本的批判性评价。然后每组同学推荐一个主讲人上台讲授，最后由老师对所讲内容进行相应评价并查缺补漏。通过师生角色互换，加深了彼此之间的了解。同学们一般在完成20分钟的讲授后即汗流浃背，深刻体会到教师角色的付出。而教师坐在讲台下听讲，也会发现认真听课也是一件极为耗费心神的工作，并且意识到放慢语速进行讲授的重要性。更重要的是，研究显示，学生采用传统的听觉型与分析型学习方式进行学习时的理解率一般，大约为50%，而遗忘速度极快。学习后如不经过系统的复习，一年后记忆率只有5%。而讲授型（由学生作为知识讲授者）学习方式会刺激大脑的兴奋度，边学边教的模式会使同学们的理解率高达95%，最关键的是一年后的记忆率也能高达95%。[1]因此提高同学们的课堂参与度会极大帮助同学们掌握所学的法学知识。

（二）研究型课程建设

作为培养学生科研能力的基础性环节，教学过程中对学生的问题意识和科研能力的培养构成了提升本科生科研能力的坚实塔基。相较于填鸭式的知识传授，研究型教学以学生为主体，将培养学生积极主动的学习习惯作为主线，通过"问题带入式"教学模式，由老师主动提出问题以及启发学生发现问题，引导学生对所学知识做进一步积极的思考。而对于所提问题的解决，主要通过教师组织、引导学生通过主动的资料收集和独立思考

---

[1] 参见聂宝宝：《各种学习方式的理解及记忆比率表》，载 https://wenku.baidu.com/view/adfeb1194431b90d6c85c7e9.html，最后访问日期：2021年4月18日。

寻找答案，然后由教师加以点评、归纳、纠错，从而培养学生发现问题、选择问题、分析问题与解决问题的能力。在这样的过程中，同学们的思维与逻辑会得到逐步的、潜移默化式的训练，逐步养成良好的法律思维。同时，由于在研究型授课模式中，教师注重问题的现实意义与研究价值，注意讨论的开放性，尊重和鼓励学生的创造性见解，这能够激发学生的科研兴趣和科研热情。[1]

(三) 研究型实践教学体系建设，实践出真知

在司法实践中发现问题，在实践中创造性地解决问题是培养问题意识和调动科研积极性的有效手段之一。因此实践教学体系建设不能仅限于让同学们提前熟悉司法实践中的某些过程，而应紧扣培养学生研究能力这一主线，突出在实践中培养学生创新能力的核心。南京大学法学院按照"课堂教学与社会实践相融合、通识教育与职业教育相融合、理论教学与实践教学相融合"的框架，对已经存在的各个实践教学环节和实践教学手段进行整合、改造，在开拓新的实践教学途径的基础上，针对不同层次的学生分别设计了"基础性实践、综合性实践和研究性实践"三个层次的实践教学方式，为学生循序渐进地提供参与实践以及获得阶梯式指导的机会。[2] 循序渐进地为学生提供参与实践的机会，给学生提供阶梯式指导，值得借鉴。

在研究型实践教学层次建设上，案例教学法、案例研讨课等构成了基础性实践教学环节。在此环节，引导学生学习如何从纷繁复杂的材料中发现和整理案件事实，归纳收集诉讼证据。在综合性实践环节，则通过"实训课程、观摩庭审、模拟法庭、模拟谈判、参加国际国内专业竞赛"等方式，指导学生在收集、固定证据的基础上，通过逻辑推理判断事实。而在研究型实践环节，通过"诊所课程、法律援助活动、社会调查与社会实践"等方式，指导学生在司法实践中"接待当事人、出庭应诉、居中裁判

---

[1] 杨春福：《国际化研究型法学人才培养模式的探索与实践——以南京大学法学院为样本》，载《法学教育研究》2010 年第 2 期。

[2] 杨春福：《国际化研究型法学人才培养模式的探索与实践——以南京大学法学院为样本》，载《法学教育研究》2010 年第 2 期。

与调解、撰写法律文书,乃至运用心理学、语言、行为分析的方法以及经济、文化、社会、道德等分析方法分析法律的实际运行和操作"。[1]通过层层递进的实践课程设置,培养学生从具体事件中发现一般问题、从解决具体问题的过程中,提炼和总结一般命题的研究与创新能力。

(四) 全面推行本科生导师制

为全面提升本科生的科研能力,应该在本科生中全面推行本科生导师制。由于本科生规模大,师资力量不够,因此大多数院校都没有为本科生设置导师。而通过实地访谈,很多本科生都有需要导师指导的意愿。实际上,在本科学习的各个阶段,导师对学生学习方法、选课、科研等所进行的有针对性的引导和辅导会极大提高学生的科研水平和总体的学习效果。中国政法大学也在学术实验班创新性的实行了本科生导师制。但由于实验班人数有限,无法满足同学们对导师的普遍性需求。行政班学术班主任的设置也在一定程度上发挥了对本科生学术指导的作用。但每班一位班主任的设置,基本只能对全班同学在宏观选课等方面进行一定的指导,不能真正满足每个个体同学的要求。因此应研究全面推行本科生导师制的实行方式,让学习导师对学生的学业给出具体的引导,从而结合教学与科研的经验,向学生们介绍所学专业的具体情况,对同学们在学习过程中遇到的一些具体专业问题能够答疑解惑。最重要的,可以给予本科生进在科研方面的具体指导,帮助学生们尽早树立正确的科研精神、培养科研兴趣,明确具体清晰的科研方向。

南京邮电大学在为本科生推行全面导师制方面进行了有益的探索。在南京邮电大学,学习导师最初如中国政法大学一般,只面向部分优秀学士。通过充分利用校内最好的师资和硬件资源为部分优秀本科生配备导师,目的在于培养全校最优秀的精英。但是在经过若干年实验的基础上,这种模式正在向各个学院的某些专业推广。对低年级学生以引导为主,对三年级和四年级的高年级学生则实行以指导为主的高年级学习导师制,学

---

[1] 杨春福:《国际化研究型法学人才培养模式的探索与实践——以南京大学法学院为样本》,载《法学教育研究》2010年第2期。

习导师在这一阶段应尽可能地指导学生参与到课题研究当中,安排学生参加一定数量的学科组研讨活动,培养学生的创新能力。[1]

学习导师制的具体实施策略分为三个方面。首先,在低年级组织实施科研创新训练计划。主要动员已经具备基本知识储备的大二年级学生积极参加各种科研创新项目,"以项目驱动为导向,在学习导师的指导下,充分接触了解所学的专业和学科的前沿知识与技术"。其次,与中国政法大学类似,也通过"赛课结合"的方式提升大学生的创新能力和实践动手能力。学习导师会引导鼓励学生根据自身的特长和兴趣积极参加各类学科竞赛,以增强学生的团队合作意识、创新创造能力和独立思考能力。最后则是毕业设计环节。在此阶段,学习导师可以以科研项目与企业需求为出发点,制定具体的任务书并指导学生进行毕业设计,锻炼学生如何从应用和实际解决问题的角度综合运用在学校所学的理论知识和技能去发现、分析和解决问题。[2]

本科生导师制实施最大的困难在于导师的不足。因此可以通过扩大导师人选范围,让新任教师、高年级博士生和研究生参与到本科生导师行列。同时可以借鉴很多西方国家荣誉退休教授(Emeritus Professor)志愿指导本科生的制度,[3]吸收退休教师加入本科生导师队伍。

(五) 构建多层次科研训练机制

在通过课程建设全面提高本科生科研素质的基础上,通过构建具体的科研训练机制,引导本科生真正开始科学研究活动。

1. 通过开设读书会等方式建立本科生科研长效指导机制

通过读书会培养法科学生的学术创新能力是世界上许多著名大学的法学院的通例。例如牛津大学法学院于1997年成立"牛津法学研讨小组",

---

[1] 沈澍、邹志强、刘风娟:《本科生学习导师制的探索与实践》,载《黑龙江教育(高教研究与评估)》2016年第2期。

[2] 沈澍、邹志强、刘风娟:《本科生学习导师制的探索与实践》,载《黑龙江教育(高教研究与评估)》2016年第2期。

[3] 荣誉教授一般授予在工作岗位上作出杰出贡献的退休教授。在澳大利亚,荣誉教授多从事义务学生指导工作,载 https://en.wikipedia.org/wiki/Emeritus,最后访问日期:2021年5月17日。

以牛津大学法学院教师和学生为主体组建的开放性学术交流平台，向每一位对法学感兴趣的教师、学生、法律人和非法律人开放。研讨小组每周三下午活动三个小时，通常每次由牛津大学的在读研究生或法学院的教授等三人做主题发言，有时其他研究机构和大学的学者也会受邀参加。通过主旨发言和现场评议，目的在于"拓宽视野、砥砺思想、培养兴趣、增进交流、理性论辩"。[1]英国爱丁堡大学法学院也成立了"爱丁堡法律理论研究小组"。剑桥大学则有"剑桥法律与政治哲学论坛"。纽约大学法学院也成立了"法律、政治与社会哲学交谈会"。[2]国内法律院校也组织有各种形式的读书会，例如中国政法大学民商经济法学院王涌老师主持的"企鹅读书会"，西北政法大学组织的"终南山法学小组"等。

中外读书会形式不一，但在基本结构上有其共同点。读书会一般以研讨法学原著为主要内容。具体形式上多采取主题报告、评论和自由讨论相结合的方式。主题报告人是读书会的关键人物，既包括杰出学者教授，也包括中青年教师和学生。通过主题报告，详细研究总结所读文献的核心观点、基本内容及现实的指导意义。然后点评人对主题报告的内容进行点评，在观点交锋中碰撞出创新性的思想观点。

读书会主要通过将原著阅读与学术训练结合在一起的方式提升学生的学术能力。学术能力的提高不是一蹴而就的，需要在大量的阅读中日积月累的培养。阅读经典著作就是提高学生学术素养和科研水平的重要途径。通过读书会的方式阅读经典，会让学生对一本书的贡献与局限有清晰的认知，从而对知识达到去伪存真的目的，成为培养学生发现真知的有效途径。

读书会中的学生构成以研究生为主，但应该吸收更多的本科生参与其中，在亲身参与的过程中耳濡目染，激发本科生参与科研的热情并逐步提高科研能力。读书会在组织读书小组的同时能够发现科研能力突出学生，从而对其进行针对性的指导，可以发现许多优秀的学术人才。[3]

---

[1] 邱昭继：《读书会与法科学生科研能力的培养》，载《法学教育研究》2011年第1期。

[2] 邱昭继：《读书会与法科学生科研能力的培养》，载《法学教育研究》2011年第1期。

[3] 邱昭继：《读书会与法科学生科研能力的培养》，载《法学教育研究》2011年第1期。

2. 为本科生从事科研提供资金、项目的支持

财力支持是激发本科生科研热情有效手段。中国政法大学以及南京大学法学院等专为本科生设立科研基金的方式值得借鉴。尤其在南京大学法学院，本科生科研基金已经成为本科生科研能力培养长效机制之一。科研基金每年启动两期，分重点项目和一般项目，分别提供1000元和500元科研基金。数额可以不多，但数量有比较充分的设置，从而让本科生初尝科研的乐趣。对于学生的科研成果，学校也应汇编成册编印出来，从而激励更多的本科生参与到科研中来。

除了资金支持外，科研课题是困扰本科生的另外一个问题。因此通过有计划有组织的吸纳本科生参与到教师的研究项目中，也可以有效帮助本科生掌握基本的科研思路、方法和手段。另外，对学生科研团体进行扶持也是一种提升本科生科研兴趣和科研能力的有效方式。一群志同道合的同学组成科研团体可以互相学习、互相促进。通过开展学术沙龙申报学校的各种科研课题，并在导师的指导下进行研究，会大大提高学生的科研意识和科研能力。

南京大学法学院还开设了以调查研究为特色的暑期学校。利用暑期学校组织学生和老师互相配合开展社会调研活动，教学相长，互惠互利。先后开展了"律师在社会中的地位与作用调查""证人出庭问题调查""农民工权利保护""涉诉信访问题调查"等研究型活动，为学生提供实证研究训练的同时，帮助学生了解社会，更好地理解立法与司法活动的真谛。[1]中国政法大学也开始在2019年暑假试点此种活动，必将有利于同学们掌握社会调查的方法，增强问题意识和科研能力。

（六）建立多层次科研竞赛机制

在大学本科阶段，国家、各省市及学校举办的各种创新项目激励着学生们主动加强科研能力。如前所述，在中国政法大学，由教务处组织的各项人才培养计划层次分明、形式多样，既有国家级"国家大学生创新创业

---

[1] 杨春福：《国际化研究型法学人才培养模式的探索与实践——以南京大学法学院为样本》，载《法学教育研究》2010年第2期。

训练计划",也有北京市创新项目,更有形式多样的校级创新创业比赛。在这些活动中中选的同学不仅有资金资助方面的奖励,也在保研、奖学金评选等方面会得到极大的优势。因此,教务处组织的"高水平人才交叉培养计划""大学生科学研究与创业行动计划""本科生创新论坛""大学生创新创业年会"等项目吸引很多同学们参与到与学术研究相关的学术活动中。

这样的活动也使得很多优秀的教师参与到本科生科研能力培养的过程中。类似活动一般要求同学们主动联系老师做指导教师,学校对老师参与同学们类似的学术活动也设置了激励机制,如果指导的本科生团队能够获得优异的成绩,指导教师在职称评选等方面会获得奖励。因此,通过合理的多方激励机制的设计,引导一部分同学很早就参加到科研活动中,收到了良好效果。

(七)毕业论文评优机制

本科生毕业论文的写作和指导是对学生的学术研究能力以及学校的学术培养机制效用的最终检阅,同时也是本科生综合素质和实践能力的最好检验方式。在普遍要求本科生撰写毕业论文作为实现人才培养目标的最后一环的基础上,毕业论文评优机制则是位居本科生科研能力培养体系塔尖的机制。通过设置科学的本科生毕业论文评优机制,可以激励学生及指导教师更努力投入到本科生毕业论文的设计、写作和指导过程中,从而使所有的本科生可以完整进行一次从发现真问题到探寻解决之道,并最终完成一篇观点明确、逻辑结构清晰、论据丰富有力、解决之道言之成理的毕业论文。因此,毕业论文评优机制的设置首先要设定对更加努力投入毕业论文写作的学生的激励机制,在工作推荐、保研等活动中具有权重较高的加分;同时,基于在这一负有挑战的过程中指导教师的重要作用及付出的时间等成本,也要设置对指导老师具有吸引力的激励机制,从工作考核、职称评定中为指导的本科生毕业论文优秀率设置一定的权重。

四、结论

作为实现"司法公正",建设"法治"国家的重要一环,法学院校作为"法律人"的培养和输出单位，在本科阶段如何培养"称职"的法律人对国家的法治建设发挥举足轻重的作用。而根据司法实践的特点和规律，培养本科生的科研能力从而使其能够在法学实践中独立思考、分析、推理、表达及解决实际问题是培养"称职"法律人的重要方面。根据对中国政法大学现行科研能力培养体系的实证研究，本文提出了金字塔型法学专业本科生科研能力培养体系建设模型，通过多层次课程及科研机制设置，在全面提高本科生科研能力的基础上，为不同的学生群体设置了不同的科研能力培养机制。

教育管理

Jiao Yu Guan Li

加强党对学术组织领导的途径和机制研究[*]

杜学亮　满学惠　邢小兰　李慧敏[**]

高校学术组织，作为高等学校以承担学术功能为主的重要机构，也作为大学治理的主要对象，在履行科学研究、人才培养、社会服务、学术评价等职能方面发挥着重要作用。但长期以来对学术组织的研究，主要集中在大学治理层面，侧重探讨大学学术组织的组织设置、权力结构、运行机制等问题，而且在研究范围上主要集中在二级学院以下的研究所（教研室）等基层学术组织。而将高校学术组织作为更广范畴的机构纳入高校党领导的工作的一部分，如何处理党的建设与运行机制的关系，如何将党的领导有效融入学术组织的运行管理中，尤其对于非实体学术组织加强党的领导问题，这方面直接的研究成果还比较少。

本文将党对学术组织的领导问题纳入"坚持和加强党的全面领导"，尤其是党对高校全面领导的大背景下，结合我国高校改革与发展进入新时代的客观环境，对高校学术组织的内涵与类型进行深入研究，在全面分析党对学术组织领导现状的基础上，系统探讨党对学术组织领导的时代意义、党对学术组织领导的实现

---

[*] 本文系北京高校党建研究会 2021 年项目成果。
[**] 杜学亮，中国政法大学科研单位党委研究员。满学惠，中国政法大学科研处研究员。邢小兰，中国政法大学科研单位党委副研究员。李慧敏，中国政法大学法学教育研究与评估中心副教授。

路径和机制，为完善高校党建理论体系和学术治理体系，丰富党对高校全面领导体系提供理论与实践支撑。

一、新时代高校学术组织的类型和党组织设置

(一) 高校学术组织的内涵和特征

高校学术组织，作为高校重要的组织机构，是发挥教学、科研、服务职能的平台和基础，在实现学校办学目标中发挥着重要作用。长期以来，对学术组织内涵的研究，主要侧重从学科的层面进行解释，认为高校学术组织就是"围绕学科确立的组织"，[1]许多学者也普遍将高校学术组织局限于"基层学术组织"范畴。如陈何芳、陈彬认为，基层学术组织是指"大学纵向结构中承担教学、科研、咨询服务职能的最低层次的正式组织"。[2]向东春认为，基层学术组织是"以知识的传承与创新为目标而进行适当管理与协调的具有高度学术自主性的大学基本实体"。[3]之所以出现这种情况，主要受大学传统观念上按学科设立学术组织的影响，将学术组织的范围更多地限定在纵向设置上。

随着我国高等教育跨越式发展，学科交叉融合发展迅速，跨学科学术组织不断涌现，并逐渐向多层级、多元化转变，呈现多样化发展，不再单纯局限于基层学术组织，其内涵也自然发生变化。

我们认为，高校学术组织内涵广泛，是主要承担全部或部分学术研究、学术评价、学术咨询职能的学术性机构。在范围上，既包括单一承担学术职能的组织，也包括包含学术职能在内的综合性组织。从层次结构和机构性质上看，既包括以院级及院级以下组织为主体的纵向性质的组织，也包括单纯承担学术职能的专门科研机构，承担咨询、评价职能的学术评价机构。

---

[1] 胡成功、田志宏：《我国高校学术组织结构现状研究》，载《大学教育科学》2003年第4期，第5~8页。

[2] 陈何芳、陈彬：《大学基层学术组织的历史演变及其启示》，载《高教探索》2002年第4期，第48~51页。

[3] 向东春：《大学基层学术组织权力运行的"协商模式"》，载《湖南科技大学学报（社会科学版）》2012年第4期，第103~106页。

高校学术组织，一般具有以下特征：①学术性。学术性作为大学的本质属性，"是大学基层学术组织的天赋秉性，对高深学问进行理性分析、鉴别、阐述和传播是其永恒的使命所在"，[1]是区别于其他非学术组织的最基本特征；②独立性。高校学术组织具有独立的意志，可以在独立意志主导下依据自己掌握的学术理论和知识对学术活动做出科学的、独立自主的判断；③广泛性。高校学术组织形式多种多样，广泛存在于高校各个层次和类型的机构中。

(二) 高校学术组织的类型

高校学术组织因为承担的任务不同，可以划分成不同的类型。因为学术组织的复杂性，进行统一的分类并不容易。英国剑桥大学把校内学术组织分成纵向、横向两类，"纵向上主要以学科为基础，形成了直属学院、学部、学系委员会等学术决策组织，横向上以不同类别学术事务为基础，形成了较为发达的学术咨询组织"。[2]这种分类方法，国内许多高校也有体现。

为了全面了解国内高校学术组织的类型，我们选取了比较有代表性的5所高校：北京师范大学、浙江大学、兰州大学、中国政法大学、首都师范大学，对其学术组织设置情况进行了调研。根据调研情况，5所高校由于办学理念、历史沿革、学科特点等因素，在学术组织的设置上既有共同性，又各具特色，表现出了复杂、多样、灵活的特点。

在承担学术研究职能的机构方面，从学校层面看，主要表现在普遍设立的非实体性质的学术机构，但名称各异。北京师范大学表述为非建制性科研机构，首都师范大学和兰州大学表述为非实体性科研机构，中国政法大学表述为非在编科研机构，浙江大学与实体性研究机构一并表述为研究中心、研究所、研究院等，未进行独立区分。

从院级层面看，则比较复杂。一是名称上的差异，有些称学院，有些

---

[1] 向东春：《大学基层学术组织的属性透视》，载《高等工程教育研究》2006年第3期，第104~106页。

[2] 杨朔镔：《剑桥大学章程对学术组织的建构及启示》，载《高校教育管理》2014年第3期，第55~59页。

称学部、研究院、研究所、研究中心等；二是职能上的差异，这主要反映在学部的设置上。浙江大学和北京师范大学在院级层面都设置有学部，但其行政级别和职能有很大区别。北京师范大学教育学部、地理科学学部、心理学部是院级实体机构，下设的学院、系、研究所、研究中心则只是学术组织，并无行政级别。浙江大学人文学部、社会科学学部等则是学科建设、学术整合性质的机构，只承担学术职能，不承担行政管理职能。学部之下各个学院才是实体意义上的院级机构。中国政法大学、兰州大学、首都师范大学则没有学部这种设置。

院级以下的学术组织，普遍设有教研室、研究所、研究中心等，虽名称各异，但基本职能相同。为了学术研究需要，有些学术组织还表现在创新团队、课题组方面，但这些均是临时的，不具有普遍意义。

承担学术评价、学术咨询职能的学术组织，所有高校均在校级层面设置了校学术委员会，在院级层面一般则设置院学术委员会、教授委员会等。

基于调研结果的分析，结合学术组织的性质、特征、功能等因素，从分类管理与研究的角度，我们将学术组织分成两大类：实体性学术组织和非实体性学术组织，详见下图1。

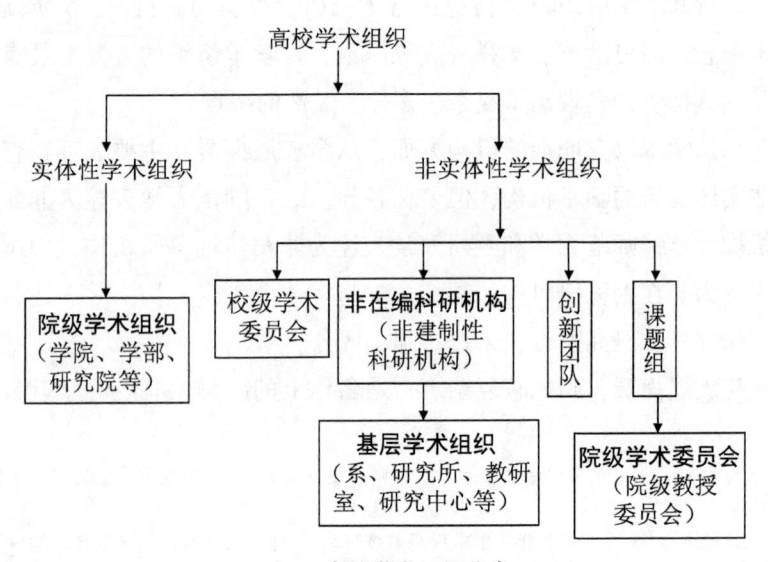

图1 高校学术组织分类

实体性学术组织：主要指有固定人员编制、办公场所及稳定办公经费的学术组织。他们是高校学术组织主体，一般呈纵向分布。由于承担任务的不同，包括两种情况：①按照传统学科设置的二级学院（或学部）及其所属研究院、研究中心、研究所、教研室等，属于综合性学术组织。他们除了承担学术职能之外，还承担教学等职能。在行政级别上，一般为处级单位；②主要承担学术职能的专门学术组织。这类组织按照学校发展需要，一般按学科或按问题设立，在行政级别上与二级学院平行，他们一般不承担教学任务或少承担教学任务。实体性学术组织的特点是人员稳定，结构稳定，成员归属感强。

非实体性学术组织：主要指高校中人员以兼职为主、无固定办公场所、以承担一定的学术任务为主的机构。该类组织也包括两种情况：①以承担学术评价、学术咨询等功能为主的学术组织，主要包括校、院学术委员会、教授委员会或专门委员会等；②以从事某专业领域研究或以问题为中心设立的学术组织，主要包括非在编研究中心、创新团队等。

（三）高校学术组织党组织的设置

在新时代背景下，加强党对高校工作的全面领导，关键在党组织的设置。"高校基层党组织在学校内部治理体系中处于关键地位，发挥着承上启下的重要作用，是党的基层组织履行高等教育职能的政治核心和有力支撑"，是"全面从严治党向基层延伸的具体体现""推进基层治理体系现代化的现实需要""落实立德树人根本任务的重要抓手"，[1]是保障高校有效、正常运行的关键。

根据机构类型的不同，党组织的设置方式存在差异。在实体性学术组织中，根据《中国共产党普通高等学校基层组织工作条例》，院级学术组织根据工作需要和党员人数，一般设置党委、党总支、直属党支部，院以下的学术组织设置党支部。在学部这种设置中，北京师范大学的学部是实体，设置党委，下面的学院、研究所等设置党支部。浙江大学的学部是学

---

[1] 黄布军、张园：《新时代高校基层党组织建设研究》，载《学校党建与思想教育》2020年第1期，第28~30页。

术共同体，党委设在学院，学院下面的系所设置党支部。

以学术职能为主的科研机构，分两种情况：一是设置党委（党总支、直属党支部），与院级学术组织设置方式相同；二是设置党支部，如中国政法大学，在与院级学术组织平级的科研机构中，因为人数少，并没有采取与院级学术组织同样的党组织设置模式，而是将所有在编科研机构放在一起设置科研单位党委，每个机构则成立党支部。

在非实体学术组织中，因为该类组织组成人员在人事关系上并不独立，一般不专门设置党组织，党的领导主要通过在相应的规章制度中增加政治要求的途径来实现，党员根据行政隶属关系参加所在支部活动。各高校学术委员会章程、非在编科研机构管理办法等，均规定了其成员任职的政治条件。如《中国政法大学非在编科研机构管理办法》即规定非在编科研机构申请人首要的条件就是"拥护党的方针政策，师德高尚，学风正派"。

二、高校党对学术组织领导的现状分析

党的十八大以来，坚持和加强党的全面领导成为习近平新时代中国特色社会主义思想的重大理论创新，高校党委以习近平新时代中国特色社会主义思想为指导，紧密结合高校学术组织建设的实践，从组织建设、思想理论建设、制度建设等多个方面不断创新工作思路和工作机制，在创新中发展，在总结中完善，形成了许多宝贵的理论与实践经验。坚持党组织的核心地位，充分发挥党的领导的政治优势，确保了学术组织发展的方向和党的路线方针政策的贯彻落实；坚持制度为先，使党对学术组织的领导的制度体系成为确保学术组织中党的领导核心地位和机构运行的根本保障；坚持党组织对学术组织全方位的领导，使党组织真正起到了"总揽全局、协调各方"的核心作用，确保了学术组织的各项活动均在党的路线方针政策的范围内运行；坚持党对意识形态工作的领导权、管理权、话语权，确保了马克思主义在意识形态领域的指导地位，形成了抵御国内外非主流意识形态侵蚀的坚固屏障；坚持党组织自身建设，确保了党组织始终成为学术组织发展的坚强领导核心。

与此同时，在调研中，我们也认识到由于传统观念的影响以及学术组织类型的多样性与复杂性，高校学术组织在贯彻落实党的领导方面，还是存在不同程度的问题。

一是党组织的领导地位没有凸显。党委领导下的校长负责制作为党对高校领导的根本制度，党委的地位在校级层面得到了很好的贯彻。在院级层面，随着《中国共产党普通高等学校基层组织工作条例》的颁布实施，院级党组织的地位得到了提升，确立的院级党委会、党政联席会制度，明确了院级党组织在学院决策和建设过程中的领导地位。相对而言，院以下的学术组织中党组织的领导地位还是没有凸显。基层党支部还没有或缺乏应有的制度保障。

二是党的领导决策运行机制不完善。在"业务至上"的传统观念影响下，党的领导决策机制还是不健全、不完善，越到基层学术组织，这种机制的成效越呈现递减趋势。根据规定，重大事项均需经党政共同决策，但何谓重大事项，在实践中仍然存在模糊认识。虽然有些高校针对"三重一大"决策制定了相关实施意见，但针对校级层面的居多。基层学术组织中，许多工作没有经过党委决策就开始实施，以致造成不可挽回的后果。

三是制度建设存在盲点。制度建设作为学术治理的重要体现，随着高校一系列相关制度形成体系，使党组织在各类学术组织中的领导地位和运行体制得到落实，但这主要体现在校级、院级层面，或者说在实体学术组织中得到了很好的贯彻。院级以下党的领导制度还比较薄弱，尤其在一些非实体学术组织中还存在建设盲点。随着新型学术组织的不断涌现，如何保证这些组织在党的领导下运行，还缺乏相关的制度保障，或者没有将加强党的领导体现在制度中，尤其是在学术组织负责人选任、研究队伍遴选等方面没有提出政治要求。

四是对意识形态工作重视不够。意识形态工作作为高校一项极端重要工作，本应该和业务工作一同部署、一同落实，但由于党政领导对意识形态工作重要性、复杂性、紧迫性认识不足，或仅仅把其看成党建工作，以至于在开展工作时，没有将党的意识形态要求贯彻到学术组织的各项工作中，以致出现意识形态问题，如教师课堂教学中的不当言论、教材中的不当表述、宣传阵地中的不当宣传等，从而使业务工作偏离正确的方向，进而影响到人才培养质量。

五是党建质量没有得到充分保障。党建质量是衡量党的建设伟大工程成效的重要标准。但面对校内外各种形势和考验，各类学术组织，尤其是基层学术组织，还大多把党建工作作为常规工作来抓，党建活动多以理论学习、组织参观教育活动为主，没有把党的政治建设摆在首位，没有和业务工作有机结合，没有将党的政策贯彻到业务工作中，组织生活会、"三会一课"、民主评议党员等工作没有有效落实，使党建与业务两张皮的现象不同程度地存在，从而降低了党建工作的质量，党建工作对学术组织整体发展的促进作用没有得到有效发挥。

三、党对学术组织领导的实现途径

党对学术组织的领导是党的全面领导原则在高校的具体体现，要通过发挥党组织的政治核心作用，从政治上组织上思想上等各个方面引领发展的方向，实现大学治理的目标。在社会主义新时期，要实现党对学术组织的领导，根据当前高校学术组织管理的现状，结合新时代党的建设的根本要求，必须多措并举，综合施策，才能保证学术组织在党的领导下运行。

（一）加强党组织体系建设，构建灵活多样全覆盖的组织领导体系

党的领导作用的发挥必须要有组织架构作为依托，构建灵活多样全覆盖的组织领导体系是实现党对学术组织领导的前提和工作基础。

2021年7月1日，习近平总书记在庆祝中国共产党成立100周年大会上的讲话中指出，"办好中国的事情，关键在党"，在"新的征程上，我们必须坚持党的全面领导"。[1]《中国共产党章程》也明确规定："党政军民学，东西南北中，党是领导一切的"。党的全面领导在高校中就体现为党对一切工作的领导，包括对各类学术组织的领导。要在符合条件的学术组织中全面设置党的领导机构，确保党的领导全覆盖。

---

〔1〕 习近平：《在庆祝中国共产党成立100周年大会上的讲话》（2021年7月1日），载《求是》2021年第14期，第4~14页。

鉴于高校学术组织的多样性，各类学术组织中的党的领导组织架构不必拘泥于一种模式，可采用灵活多样的设置模式。对于院级或院级以下教研室、所、中心等学术组织，要统一建立院级党委和以教研室、所、中心为基础的党支部。对于非实体学术组织包括临时性的学术团队、非在编科研机构及创新团队等，有条件的要建立正式党组织，条件不完全具备的可以建立临时党支部。临时党支部存在时间要依据非正式学术组织的存在时间长短而定，团结和带领不同学科不同年龄的研究人员开展各种学术活动，在学术活动中学习贯彻党的各项路线方针政策，更好地将科研和党建结合起来。对于没有条件成立党支部的学术组织，要做出合理安排，保证团队中的党员回到所在的党组织参加活动，以保证学术组织成员全部置于党的领导下开展活动。

（二）加强党组织能力建设，确保党组织在学术组织运行中的核心领导地位

高校学术组织在高校建设中扮演着重要的角色。随着近年来高校体制机制改革不断深化，高校学术组织类型越来越多样化，要保证学术组织在党的领导下运行，必须要从多方面保证党组织在学术组织运行中的领导地位。

一是要选好党组织书记。习近平总书记在 2018 年全国组织工作会议上就强调，新时代要把党建设得更加坚强有力。[1]书记是党组织的领头羊，一个党组织的书记党性强不强，理论素养高不高，领导能力强不强等领导素质，直接决定着一个党组织能否坚强有力，能否赢得党员的认可和支持。"基层党组织带头人的领导水平、工作能力是党的执政能力在基层工作和人民群众生活中的直接体现。"[2]因此，在健全的党组织架构下，要通过正当程序选出优秀的党组织书记，确保发挥党的领导作用。

---

〔1〕 习近平：《切实贯彻落实新时代党的组织路线 全党努力把党建设得更加坚强有力》，载 http://www.xinhuanet.com/politics/leaders/2018-07/04/c_1123080079.htm，最后访问日期：2021 年 11 月 20 日。

〔2〕 杨德山：《从系统论看党建"新的伟大工程"》，载《北京日报》2012 年 8 月 20 日，第 17 版。

二是要组成强有力的领导班子。在党组织中，单纯依靠党组织书记，没有一个强有力的领导班子，是不可能把党的工作做好的。"众人拾柴火焰高"，一个团结有力的领导班子是党组织发挥作用的组织基础。要依照《党政领导干部选拔任用工作条例》，建立"信念坚定、为民服务、勤政务实、敢于担当、清正廉洁"的领导班子队伍。党组织对学术组织领导作用的发挥，必须依赖于党委领导下分工负责、团结合作的决策机制，既能保证决策的科学性合理性，也能分担任务和责任，避免武断而导致决策失误。

三是要确保党的领导在重点工作中发挥作用。高校学术组织工作涉及方方面面，在工作中，既要明确党的领导在工作中的核心地位，又要厘清党的工作与行政工作的职责界限，属于党组织负责的事项要全面抓好管好、落实到位，不属于党委负责的要协调好配合好。党组织要承担起"把方向、管大局、做决策、保落实"的职责，强化政治引领，坚持以习近平新时代中国特色社会主义思想为统领，重点抓好事关学术组织改革发展和教职工切身利益的重大决策事项、重大人事任免、重大项目安排、大额资金使用等规划、决策和落实，将党的教育方针全面体现在各项决策之中，贯彻到改革发展的方方面面，确保学术组织的发展坚持正确的政治方向，符合教职工的共同意愿。

(三) 加强制度建设，形成党对学术组织领导的科学制度体系

制度建设强调权力系统的稳定性、规则边界的清晰性以及行为后果的可知性。在法治思想已深入人心的现代社会中，尤其是在高级知识分子聚集的学术组织中，缺乏科学制度体系的陈旧管理模式难以长久。构建完备的制度体系，发挥制度优势，对于实现党对学术组织的领导，保证学术组织的规范运行至关重要。

在学术组织制度体系的构建中，要将坚持党的领导作为制定制度的基本原则，既要全面保证党对学术组织的绝对领导地位，又要保证将学术组织一切工作纳入党的统一领导之下。

在具体制度建设方面，要围绕学术组织的特点和作用进行设计。从外部上，要制定学术组织的设置制度、运行制度；从内部上，要制定学术组

织党委会会议制度、党政联席会议制度、党员发展制度、队伍建设制度等，建构起系统完备、科学规范、运行有效的党对学术组织领导的制度体系。

制度建设作为保证学术组织运行的重要保证，无论是上级党组织的制度规范，还是自身建设的制度规范，均共同作用于学术组织的运行之中，要分清侧重。例如，在党管人才的具体要求之下，制定符合学术组织发展的人才建设制度，做到"人才为本、信任人才、尊重人才、善待人才、包容人才"，[1]给人才以空间，给人才以依靠，给人才以保障，让人才在工作中有收获感、安全感、信任感和归属感。党建工作制度，为确保党的领导地位，充分发挥党员的先锋模范作用，培养教师积极向上的学风、教风、研风提供重要保障。

(四) 加强意识形态工作，形成引领学术组织健康发展的精神力量

高校作为意识形态工作的前沿阵地，关系到高校的办学宗旨和发展方向，肩负着弘扬社会主义核心价值观、培养社会主义时代新人的重要任务。学术组织成员作为特殊的社会群体，由于其思维的发散性、所研究内容的复杂性和不确定性，意识形态工作应受到更多关注。近年来学术"去行政化"的呼声日益增高，应谨防某些势力借高校制度改革之机破坏学术健康环境。要加强学术组织成员思想道德建设，用意识形态建设弘扬学术道德、培养学术品格、引领学术风气。

加强学术组织的意识形态工作，要牢牢把握意识形态工作的领导权、管理权、话语权，坚持马克思主义立场，坚持以习近平新时代中国特色社会主义思想为指导，重点在教学、学术活动、阵地等多个方面进行建设。

一是将意识形态工作贯穿于教学全过程。要坚持"学术无禁区，课堂有纪律"的原则组织教学活动，严格按照标准选用高水平优质教材。在教学过程中，要弘扬正能量，坚持立德树人的根本任务，自觉抵御和防范宗教渗透和传播，"要理直气壮开好思政课，用新时代中国特色社会主义思

---

[1] 《金句来了！习近平在中央人才工作会议上的重要讲话》，载新华网，http://www.news.cn/politics/leaders/2021-09/28/c_1127914167.htm，最后访问日期：2021年11月22日。

想铸魂育人",[1]要将课程思政与思政课程有机结合,帮助学生树立社会主义核心价值观,培养德智体美劳全面发展的社会主义建设者和接班人。

二是将意识形态工作贯穿学术活动全过程。学术组织设立研究课题,不能违背党的路线方针政策。学术研究中不能违背学术道德,要培养和秉持着高尚的学术品格做研究,不能发表危害国家和社会安全、违背学术道德的成果。组织学术活动必须坚持对参加人员背景及活动内容全程把关,不请有意识形态问题的人做讲座、参与讨论等,不能发表违背社会主义主流意识形态的观点或言论,不能偏离社会主义方向,保证学术活动人员"在党爱党、在党言党、在党为党"。[2]

三是要守好意识形态阵地。现代社会中,随着科学技术的发展,要防止非主流意识形态对学术组织的渗透,牢固树立阵地意识,充分利用微信、微博、短视频等网络阵地弘扬中华民族优秀传统文化,宣传习近平新时代中国特色社会主义思想,贯穿立德树人教育目的,不断释放学术组织为国家和社会做贡献的正能量。对于学术组织主办的期刊必须把握好意识形态立场,注重培养期刊编辑人员的政治鉴别力,坚持不收问题稿件,重要论文要在党的领导下集体研究决策,确保所发论文传播社会主义核心价值观,为学术组织的可持续健康发展提供保障。

(五)加强党的监督,使党的监督成为学术组织规范运行的根本保证

党的监督是我们党在长期执政实践中探索出来的宝贵经验。随着高校管理体制改革和学术发展环境的变化,高校各类学术组织蓬勃兴起,也因此出现了诸多新型问题。将党的监督纳入到学术组织的运行管理,不仅可以防范学术组织发展过程中的风险,而且也为加强党的领导,促进学术组织健康发展起到保驾护航的作用。

要使党的监督真正发挥作用,首先,要建立完备的监督机构。根据学

---

[1]《习近平主持召开学校思想政治理论课教师座谈会强调 用新时代中国特色社会主义思想铸魂育人 贯彻党的教育方针落实立德树人根本任务》,载《光明日报》2019年3月19日,第1版。
[2]《习近平在全国高校思想政治工作会议上强调:把思想政治工作贯穿教育教学全过程 开创我国高等教育事业发展新局面》,载中国共产党新闻网,http://dangjian.people.com.cn/n1/2016/1209/c117092-28936962.html,最后访问日期:2021年10月13日。

术组织类型设立不同的监督组织，一般而言，在院级学术组织中要设立专门的纪律检查委员会，各支委会要有专门的纪委委员，以实现学术组织中党的监督全覆盖，做到党的组织在哪里，监督就设在哪里。

其次，要构建多种形式的监督体系。鉴于学术组织的特殊性，党对学术组织的监督可采取多种形式，如纪委的监督、党员的监督、部门的监督、群众的监督，等等。可根据学术组织的性质、活动形式、规模等决定采取何种方式，保证监督作用的实现。

最后，建立必要的监督制度。要通过制定相应的监督制度，明确监督的责任、监督的内容，把监督延伸到学术组织的教学、科学研究、学术活动等各个方面，形成监督全覆盖，以此防范意识形态问题，防范出现资源上的腐败等问题。

四、构建具有高校特色的党对学术组织的领导机制

要落实党对学术组织的领导，关键是构建科学的党对学术组织的领导机制。领导机制健全了，才能确保学术组织坚持正确的发展方向，保障学术组织各项职能的顺利实现。在新时代大背景下，根据实体学术组织、非实体学术组织的差异与特点，应分别构建符合不同学术组织特点的党的领导机制。

（一）党对实体学术组织领导机制的构建

对于实体学术组织，应根据其人员固定、结构稳定、成员归属感强等特点构建党的领导机制，牢牢把握党的领导权。

1. 构建科学的学术组织设置决策机制

院级学术组织是高校学术组织的主体，在设置过程中，高校党委要做好顶层设计，领导制定好相关制度。在决策程序上，要按照相关制度，认真分析研判学术组织设立的可行性，按照学校发展规划，集体作出决策，同时成立同级党委（党总支、直属党支部），切实履行全面从严治党主体责任，把握党对学术组织的实际领导权。

院属研究所、教研室等学术组织的设置由院级党政联席会讨论研究，针对其党政的成立及运行做出决策，并报校党委备案。同时，应以教研室

等为单位，成立党支部，充分发挥学术组织党支部的战斗堡垒作用。

对于各高校近年来相继成立的部分新型科研机构，以及一部分属于跨学科性质的独立建制机构，只要符合党组织设立条件，都应在机构成立的同时同步研究设置党组织。"高校党委要做到党的组织与新的工作机构同步设置、同步覆盖，确保党的领导无真空"。[1]

2. 形成完备的学术组织党政干部选拔任用机制

在选拔院级学术组织党政领导干部方面，要坚决贯彻落实《党政领导干部选拔任用工作条例》的相关规定，树立正确的用人导向，切实把更多的优秀人才充实到领导岗位上，选拔出作为"党和国家事业发展的'关键少数'"。[2]

选好配强学术组织党组织负责人尤为重要。院级党委书记的履职过程直接关系到学院党政联席会能否正确履行职责，民主集中制能否得到贯彻，党把握方向谋划全局的政治核心作用能否充分发挥。因此，在选拔中要在政治上严格把关，"旗帜鲜明讲政治是我们党作为马克思主义政党的根本要求"，[3]要保证党组织负责人严守政治纪律和政治规矩，忠诚干净担当。对学术组织领导班子其他成员的遴选，也要坚持高标准严要求，选拔出与学术组织发展需要相匹配的素质过硬人才。党政配合好，班子才能团结，才能富有战斗力。

在院属研究所、教研室等学术组织党政负责人选拔任用上，核心是抓好党支部书记配备，这对实现党建和业务双融合、把教师党支部建设成为新时代高校基层的坚强战斗堡垒[4]具有重要政治意义。院级党委要严格落实教师党支部书记"双带头人"培育工程，指导党支部按照组织程序，

---

[1] 徐军：《坚持和完善党对高校全面领导的体制机制》，载《思想理论教育》2021年第4期，第74~79页。

[2] 习近平：《在"不忘初心、牢记使命"主题教育总结大会上的讲话》，载《前进》2020年第2期，第4~8页。

[3] 习近平：《习近平谈治国理政》（第三卷），外文出版社2020年版，第48页。

[4] 《中共教育部党组关于高校教师党支部书记"双带头人"培育工程的实施意见》（教党〔2018〕26号），载 http://www.moe.gov.cn/srcsite/A12/moe_1416/s255/201805/t20180524_337021.html，最后访问日期：2021年10月13日。

推选出"政治强""业务精"的双带头人党支部书记。

3. 坚持党组织领导下的重大事项决策机制

目前，各高校在院级学术组织管理决策上，实行党政共同负责的机制，核心是党政联席会制度，在干部任用、人才引进、师德师风建设、意识形态工作等重大事项中具有决策权，这在一定程度上保证了民主集中制在院级学术组织的贯彻执行，为议大事、谋大局提供了制度保障。与此同时，还要充分认识到党委作为院级学术组织的政治核心地位，在全面加强党建和思想政治工作中具有政治引领作用。在实际工作中，要严格贯彻落实《院级党委会议事规则》，在议事决策中要明确党委会的政治把关事项，确保党委有责有权，决不能用党政联席会代替党委会。

应该看到，在院级学术组织重大事项决策机制上，相当一部分组织仍处于"摸着石头过河"的实践中。在实际运行中仍然存在着准备不充分、程序不规范、人员不到位、记录不完善等客观现象。部分党委还"采用过去'小政工'的运行模式，把党组织工作内容限制在党建和思想政治教育领域，不愿意参与学院重大事项决策过程"。[1]要改变这种情况，学院党政领导班子要科学制定符合学院实际的执行细则，确保学院党委的领导地位，将集体决策与个人分工相结合，推动党委会议事规则和党政联席会议事规则落实到位。

对于因为人数少而设置党支部的院级学术组织，他们一般有一套负主要责任的行政领导班子，有一套党组织班子（党支部）。如果行政负责人和党支部书记是"双肩挑"，在决策机制上比较顺畅。如果党支部书记不是行政负责人，在重大事项的决策工作中，党的领导就显得力不从心，甚至出现以行政会议进行决策的情况。因此，对这类学术组织，在行政主要负责人兼任党支部书记方面的制度需求和机制建设极为必要。目前情况下，对于行政主要负责人没有兼任党支部书记的机构，可以考虑建立党支部书记列席领导班子例会制度，并赋予表决权，共同对机构的党政重要事

---

[1] 周波、刘永栓：《高校二级学院党政共同负责制的实践挑战和对策探析》，载《北京教育·高教》2021年第3期，第71~73页。

项进行决策。

在院属教研室等学术组织决策机制中，与上述独立的科研学术组织有类似情况，这与党支部书记的行政地位和领导作用密切相关，二者在重大事项的决策程序设置上可以采取相同的方式。

4. 建立党委领导、行政执行、党政协调的运行机制

院级学术组织工作纷繁复杂，涉及党建、教学、科研、行政等各个方面，要建立党委领导、行政执行、党政协调运行机制，坚持党政协调配合，既要坚持党委领导，又要保证具体业务工作顺畅开展，形成党政工作相辅相成的工作局面。院级学术组织党政共同承担工作主体责任，党政领导班子要根据学校年度工作计划要点，从自身实际出发，齐心协力做好运行，保证各项工作稳步推进和发展创新。学院党委和行政要坚持集体决策，顾全大局，坚持分工不分家。党政不是谁领导谁的问题，不存在领导与被领导的关系，只是在分工上各有侧重。

要充分发挥党委在学院工作中的政治核心作用，院级党委"应当强化政治功能，履行政治责任，保证教学科研管理等各项任务完成，支持本单位行政领导班子和负责人开展工作，健全集体领导、党政分工合作、协调运行的工作机制"。[1] 要贯彻落实全面从严治党要求和立德树人根本任务，在教学、科研、管理等重大事项中坚持正确的政治原则、政治立场、政治方向，在干部队伍、教师队伍建设中发挥主导作用，在教师引进、课程建设、教材选用、学术活动等重大问题上把好政治关，加强对院（系）学术组织、研究机构、学生社团等的引导，落实"一会一报"和"一事一报"制度，切实履行好二级院（系）的政治责任，把握好办学方向，[2] 要真正将方向引领作用贯穿到学院整体工作中。院长在做好教学、科研、行政事务管理的基础上，要与党委共同谋划学院发展建设。

---

〔1〕《中国共产党普通高等学校基层组织工作条例》，载《人民日报》2021年4月23日，第3版。

〔2〕张鹏飞：《高校院（系）党政共同负责制的作用内涵与秩序重建》，载《无锡商业职业技术学院学报》2021年第4期，第62~66页。

5. 强化党的思想理论、政治建设引领机制

要保证党的建设作用的充分发挥，除了组织上的建设之外，加强思想理论建设、政治建设更加至关重要，院级党委、基层党支部要通过多种途径构建思想理论、政治建设引领机制，引导师生用科学的理论武装头脑、指导实践，坚定马克思主义理想信念，坚持立德树人的根本任务，确保学术组织的一切活动符合社会主义的办学方向。

思想理论建设作为党的基础建设，"坚持以科学理论引领全党、用科学理论武装全党，是我们党的优良传统和巨大优势"。[1]中国共产党经过百年艰辛探索，确立了马克思主义在全党的指导地位，创立了毛泽东思想、邓小平理论、"三个代表"重要思想、科学发展观、习近平新时代中国特色社会主义思想。尤其是习近平新时代中国特色社会主义思想，这是马克思主义中国化的最新理论成果，是在推进中华民族伟大复兴的历史进程中形成的科学理论，已作为党和国家的指导思想写入党章和宪法，成为全党全国人民为实现中华民族伟大复兴而奋斗的行动指南。要保证学术组织的正确前进方向，基层党组织就要深刻认识习近平新时代中国特色社会主义思想理论成果的时代价值，将组织学习贯彻习近平新时代中国特色社会主义思想作为重要的政治任务，引导教师用马克思主义的理论观点指导学术实践，将习近平新时代中国特色社会主义思想融入教学科研活动中，通过宣传、运用创新理论成果凝聚共识，统一思想，为学术组织建设与发展提供精神动力。

坚持和加强党的全面领导，政治建设是关键，"强化高校党的政治建设是确保高校彰显社会主义意识形态属性的根本需要，是不断丰富新时代高校治学办学思想的实践需要"。[2]学术组织党组织要将党的政治建设摆在首位，强化政治功能，做到"两个维护"，充分发挥政治引领作用，坚持把党的路线方针政策贯彻到学术组织建设与发展全过程。通过党组织的政治领导力、组织力、执行力，形成党组织统一领导、各部门协同配合、

---

[1] 李慎明：《始终高度重视党的理论建设》，载《人民日报》2020年7月14日，第9版。
[2] 吴建伟、周晔、李全喜：《加强高校党的政治建设的路径选择》，载《中国高等教育》2021年第Z2期，第27~29页。

教师广泛参与的运行体系，构建以提升师生理想信念为核心的教育体系。通过加强师德师风建设，引导教师"以德立身、以德立学、以德施教"。[1]要将理想信念教育作为思想政治工作的重要任务，强化"三全育人"机制，抓好思政课程和课程思政协同发展，引导师生树立远大理想，自觉践行社会主义核心价值观，为培养德智体美劳全面发展的合格建设者和接班人提供坚强政治保障。

6. 加强学术组织健康运行的工作监督机制

历史经验证明，有权力就不能避免腐败的发生，就需要监督。在新时代背景下，健全党和国家的监督体系已成为建设中国特色社会主义的根本战略选择。作为高校的学术组织，也掌握着一定的人、财、物，理所当然也需要监督。要加强以党的监督为核心、多种监督形式并存的工作监督机制，以保证学术组织在正确的轨道上规范运行。

在监督体系中，上级党组织的监督是核心。校党委组织部、纪委、监察处等职能部门对各级学术组织工作的运行开展必要的监督检查，定期进行校内政治巡察至关重要。要落实二级纪律检查委员会的监督职能，共筑不敢腐、不能腐、不想腐的拒腐防变防火墙，营造良好政治生态，确保学术组织整体工作科学化、规范化、实效化。

在监督形式上，要建立多种监督形式并存的机制。要充分发挥党密切联系群众这一最大政治优势，坚持党的群众路线，支持工会、教代会等群众组织、分团委和学生会等团学组织、学术委员会等学术组织参与学院发展建设，发挥他们密切联系群众的桥梁和纽带作用，及时关注师生诉求，推动学院民主建设；要切实贯彻落实院级领导班子成员和党委委员联系党支部制度，班子成员要定期深入基层党支部征求意见和建议；要完善领导班子调查研究机制，严格落实民主生活会前的谈心谈话和征求意见环节，广泛听取师生员工的呼声。对于专业性强的问题，要成立专门的工作组深入调查研究。完善重大问题决策的前置机制和决策评估机制，确保政策出

---

[1] 黄玉新：《党的十八大以来高校教师思想政治工作机制建设》，载《学校党建与思想教育》2021年第11期，第70~73页。

台前得到广泛的群众认同。

(二) 党对非实体学术组织的领导机制

非实体学术组织因为自身的特殊性，在党的领导机制的构建上与实体学术组织存在很大差异。要落实党对这类学术组织的领导，主要结合《中国共产党章程》《中国共产党普通高等学校基层组织工作条例》《中共教育部党组关于高校教师党支部书记"双带头人"培育工程的实施意见》等党内规章，通过建立和完善各级"学术委员会章程""非在编科研机构管理办法""学术创新团队管理办法"等制度，对此类学术组织在机构组建、队伍构成、机构运行等方面做出详细规定。

第一，在机构组建方面，要在相关制度中详细规定各类非实体学术组织的设置决策程序，由高校党委会或者院级党政联席会研究此类机构的设置，从而保证将学术组织的设置权纳入党的决策之中。

传统的党组织建制，是在固定人事关系建制的基础上成立党委或党支部，这种单一的模式已经随着非实体学术组织的多样化而不适应。打破以院系建立党委（党总支）、教研室（研究所）成立党支部这种在我国高校长期以来固定的党组织建制模式凸显了必要性与紧迫性。党委在实际工作中要牢固树立党的一切工作到支部的鲜明导向，要"确保教育科研推进到哪里、党的建设就跟进到哪里、党支部的战斗堡垒作用就体现在哪里"。[1]

第二，在队伍构成方面，要在制度中形成科学的遴选考核机制，保证成员政治可靠，办事公正。非实体学术组织成员，主要是高校教师，要承担起立德树人的根本任务，"要努力成为先进思想文化的传播者、党执政的坚定支持者，更好担起学生健康成长指导者和引路人的责任"。[2] 遴选该类组织学术带头人首要的是政治标准，要坚持德才兼备、以德为先、任人唯贤的原则。成立党支部或党小组的，应由团队主要负责人兼任党支部书记或党小组组长，要突出政治建设，坚持双向提升，注重分类指导，结

---

[1] 教育部课题组：《深入学习习近平关于教育的重要论述》，人民出版社2019年版，第42页。
[2] 《习近平在全国高校思想政治工作会议上强调：把思想政治工作贯穿教育教学全过程 开创我国高等教育事业新局面》，载中国共产党新闻网，http://dangjian.people.com.cn/n1/2016/12/09/c117092-28936962.html，最后访问日期：2021年10月13日。

合学科专业的实际,科学地分类施策、分层培养,以学术带头人的影响力将党建和学术工作的开展推向深入。党员人数较多的组织,还可以成立支委会,齐心协力推动党建和科研工作双提升。同时,各级党委要坚持对该类学术组织中的党政负责人开展党建工作与科研实绩考核一体化,合理运用考核结果,作为成绩认定、评优评奖的重要依据。

第三,在机构运行方面,要在相关制度中建立运行保障机制,从主要职责、运行管理等各个方面做出相应规定,将工作任务明确化,把组织建设对学术发展的支持保障作用落到实处。通过制度建设将该类组织党建与业务工作相融合,形成党建工作、事业发展相互渗透、相互促进的格局。各级党委要把党建工作和科研发展同部署、同落实、同推进。要加强党对学术权力的领导,既要保证学术组织在学术事务中的决策、审议、评定、咨询等职权,又要确保党委在学术事务中的审核把关,为学术事务管理设定政治边界、把住政治底线、守住纪律红线,给该类组织开展活动提供必要的"政策"和"资源",保证其规范运行和发展。

国际教育

Guo Ji Jiao Yu

浅析新媒体工具在高校国际招生中的作用[*]

寿嘉琪[**]

近年来，高等教育国际化逐渐打破地域界限，极大推动了教育资源在全球范围内重新优化配置。国际学生教育成为各国高等教育的重要组成部分，也不断成为解决人才短缺问题的重要手段。中国正逐渐认识到发展留学教育的重要性，高校国际招生标志着我国高等教育国际化的程度，对促进国家软实力建设具有重要作用[1]。

作为高校国际化工作中的重要一环，国际招生宣传是组织和动员海外申请者报考学校的重要形式，不仅起到创建学校品牌、展现学校形象的作用，还会直接对海外生源的数量及质量产生决定性影响，关系到高校的国际影响力。现阶段，新媒体技术为高校国际招生工作带来了新机遇，不仅打破了时间与空间的限制，网站、微博、微信、Facebook等社交平台也使宣传内容更加丰富多样，交流互动日益有效便捷。如何充分利用这一技术优势，进一步在国际上推广我国高等教育资源，从而实现被认可、被分享，成为国内高校在国际招生中面对的问题。

---

[*] 本文系北京高校党建研究会2021年项目成果。
[**] 寿嘉琪，中国政法大学国际教育学院留学生办公室科员。
[1] 王洪才、戴娜、刘红光：《全球化背景下的国际学生流动与中国政策选择》，载《厦门大学学报（哲学社会科学版）》2014年第2期。

一、新媒体时代高校国际招生策略变化

新媒体是一个相对于传统媒体的概念。继大众熟悉的报刊、广播、电视等传统媒体之后发展起来的,包括网络媒体、手机媒体、数字电视等新兴媒体形态,统称为新媒体[1]。

与传统媒体相比较,新媒体具有以下四个特点:一是迎合碎片化的时间需求。由于工作与生活节奏的加快,人们的可使用时间呈现出碎片化倾向,新媒体迎合这种需求而生。二是提供了支持随时随地互动表达、娱乐与获取信息的平台。以互联网为标志的第三代媒体在传播过程中强调个性表达与交流,用户既是内容接受者,也是重要的创造者。三是大众使用新媒体的目的性与主动选择性更强。四是市场细分更加充分,媒体的使用与内容选择更加贴近用户需求,也更具个性化。

基于以上特征,新媒体具有了比传统媒体更为显著的优势:传播与更新速度快,内容丰富,信息更加全面;传播成本低,传播作用范围没有地域限制;多媒体矩阵传播效应更好,超越文本格式限制,具有高度互动性。

结合新媒体自身的特点与优势,高校在探索利用新媒体工具进行国际招生的过程中,其招生策略的变化大体基于以下几点:

(一) 传播主体从单一走向多元化

在新媒体视角下,高校国际招生的传播主体从单一逐渐走向多元化,不再局限于学校发放的招生简章、来华留学平台的相关信息、教育类媒体的宣传等。越来越多的高校侧重于借助有用户基数的社交新媒体发声,以更接近用户阅读习惯的形式进行内容推广,以获取更多的关注度。同时,多元化的传播主体也为国际学生提供了更加全面、视角独特的信息。

(二) 传播渠道从传统到数字化

新媒体时代,传统媒体与新媒体同步发展已是必然趋势,近年来前者

---

[1] 詹云清:《传统媒体与新媒体融合现状及发展研究》,载《新闻研究导刊》2019 年第 12 期。

的转型升级及二者之间的融合取得了一定的成效。高校在国际招生的过程中，除依托传统信息渠道外，也积极搭建了全媒体矩阵，包括官方网站、微博、微信以及 Facebook、Twitter 等国际学生常用的社交平台。

（三）传播对象从被动到主动化

区别于传统媒体时代，"受众主导"模式是新媒体最为突出的特征之一，传播对象不再是原本单纯的信息接收者，而是拥有了信息获取选择性、并积极参与信息传播的主体。国际学生不仅可以通过搜索、浏览网站等方式获取自己需要的信息，也可以通过新媒体平台来发问或发声。

（四）传播内容逐渐精细化

大数据的发展与算法技术的运用，使得高校在国际招生宣传过程中可以根据不同的群体需求细分传播内容，使传播更加准确并提升效率。例如不少高校在国际招生页面的设置中，依托数据采集工具，根据以往学生及家长较为关注或产生疑惑的问题汇总，统一编辑答疑文档，简化了受众检索有用信息的过程。

（五）传播效果双向化

无论是传统媒体还是新媒体，"反馈"都是传播链中不可或缺的一步。新媒体工具的使用，使得高校在提供国际招生信息的同时也能及时准确地获取海外申请者及家长的反馈，为实施下一步的招生措施提供了有效的时间保障。

二、高校国际招生主要利用的新媒体工具

在新媒体时代，高校国际招生宣传信息的传播一方面可以通过官方媒体渠道进行，包括学校网站公布的招生简章、来华留学信息网站刊登的申请指南等，另一方面也可以借助有大量用户关注的社交媒体进行信息传递，例如微信、微博，以及 Facebook、Twitter 等国际学生常用的社交平台。与此同时，在科学技术日新月异的今天，传统的一对一电话交流效率已不能满足日益增长的学生需求，开发形式更为灵活的线上互动平台成为各大高校在国际招生过程中普遍采用的新方式。

(一) 学校官网

通过搜索引擎进入想要了解的学校页面寻找相关信息，是大多数学生进行申请的第一步。高校国际学生招生办公室可依托学校官网设置招生网站，设计中文、英文相呼应的网页，适应国际学生的阅读与检索需求。在网站公布关于国际学生提前申请、就学注意事项、入学学费、奖助学金资助、学生学习、毕业就业指导以及学校各方面介绍等信息，便于学生查询。高校应注重信息的实效性与及时性，一个操作便捷、资讯丰富、更新及时的招生网站是学生对于高校的第一个直观印象，也是提升高校在国际学生中影响力的重要环节。

(二) 微信

微信作为主打在线实时交流的软件，其传播力度、传播方向都较为集中，能够适用于有针对性的沟通交流。在进行国际学生招生宣讲会的过程中，高校利用微信工具可以快速建立微信群组，与有意向申请本校的学生及其家长展开深入交流。同时，高校还可以创立专门的微信公众号发布国际招生相关信息，突破传统媒体文本格式的束缚，以图文、音频、视频等更加新颖、多样的宣传形式创新招生材料内容。用户通过关键词搜索订阅、进行简单的点击操作就能获得许多必要的校方信息。此外，微信对用户实施分组管理与运营的功能，使得高校能够兼顾不同学生及家长群体的需求，向指定用户及时传递更为准确的招生新闻和消息。此外，微信公众号的运营也是宣传力度较大的途径，通过搜索订阅和简单的点击就能获得许多必要的校方信息。

(三) 微博

以转发便捷、传播快速为主要特点的微博成为当代年轻人获取资讯必不可少的新媒体平台之一。高校在利用微博进行国际招生宣传的时候，可以以生动活泼、更加年轻化的语言风格吸引用户关注。由于微博快速的更新频率，其用户对于某一条信息的集中时间往往有限，因此，高校在微博运营过程中应更加注重精简内容、提炼学校优势，保障内容的客观与权威性。微博用户对于信息的高参与度使得越来越多的学生及家长主动参与话题讨论，也使高校可以根据反馈优化宣传内容设计，最终达到招生信息实时发布和问题实时讨论的工作目的。

（四）Facebook、Twitter 等国际社交平台账户

在国际学生常用的社交平台 Facebook、Twitter 上，近年来也涌现出多所国内高校的注册账号。据调查，在国内 42 所"双一流"高校中，共有 36 所高校拥有 Facebook 账号。其中清华大学和北京大学的账号已经过官方认证，分别坐拥百万级粉丝关注。日常发帖内容则主要分为 9 类，包括：学术成果、校园生活、学术交流、校园美景、祝福问候、国际合作、国际招生宣传、紧急通知以及其他。而相比之下，其他 34 所高校的海外社交平台内容则略显单薄，有些甚至自注册后再无内容更新，无法很好的与国际学生展开互动。高校是提升国家文化软实力的重要力量，也是开展国际传播的重要载体，海外社交平台的开拓可以进一步提升高校对外传播能力，将海外网络传播力建设纳入高校国际化整体战略，向世界展现一个更真实、立体、全面的中国。[1]

（五）在线互动平台

当前社会，通信工具的发展日新月异，信息传递迅捷，传统的一对一电话交流效率已不能满足日益增长的学生需求，虚拟展示、网络研讨会、在线聊天室等实时互动平台应运而生。国内高校在搭建新媒体矩阵的同时，也致力于创造在线互动环节，不仅给予国际学生深度了解意向学校的机会，为其提供交流沟通的平台，还能够及时了解学生需求与各种反馈，进行策略调整。

三、关于新媒体进一步助力高校国际招生的思考与展望

随着全球化进程的加快，生产要素在世界市场中流动更加频繁，全球各国人才竞争日益激烈。海外教育尤其是海外高等教育的发展，在解决人才短缺问题中发挥着越来越重要的作用。我国来华留学教育工作已成为提升我国高等教育对外开放质量及办学水平的重要载体与标志之一，也是增

---

〔1〕 周一：《中国高校需要学会在国际化进程中宣传自己——访阿尔伯塔大学副教务长布里塔·巴伦女士》，载《世界教育信息》2010 年第 10 期。

强我国高等教育国际竞争力、创建"双一流大学"的必要因素[1]。因此,如何在国际高等教育市场中脱颖而出,打造具有标识性的留学品牌,有效吸引国外优质生源来华深造,成为国内各高校亟待解决的重要问题。

在新媒体技术日新月异的今天,高校可以借助新媒体技术的力量突破时间与空间的局限性,提升学校的吸引力与国际影响力。通过网络接口更好地与大众进行信息交互[2],从而使学生及家长进一步深入了解学校的背景,也使高校能够及时获取学生信息,最终保证国际招生宣传工作的高效性与准确性。

调查显示,国内高校普遍在积极探索新利用媒体助力国际招生,但其实际应用效果,还有待进一步提升。调查显示,98.1%的高校已经开发招生宣传网站,但其中70.6%的高校网页更新缓慢,无法及时更新网站招生信息,导致国际招生项目宣传效果并不理想;在中英文与多语种的招生材料中,仅有58%的学校制作了中英双语或多语种的招生宣传视频;78.4%的高校截至目前还没有形成特色鲜明的招生宣传口号。除此之外,很多高校虽然搭建了微信公众号、微博和QQ等国内较为流行的社交平台,但将其投入国际招生的仅有64.7%,仍有35.3%的高校尚未使用网络社交平台进行对外宣传。

无论是何种媒体形式,媒体工具始终是技术进步带来的成果,如何使用令其发挥最大效益,还需要从高校特色品牌的建立、国际招生宣传政策的制定、从业人员的培训、媒体渠道的选择等方面进行深度的思考。针对这一现状,笔者借鉴海外名校的经验,提出以下几点展望。

(一)结合学校实际,打造学校特色品牌

办学理念一直都是高校在建设中必不可少的重要指导思想,其直接决定高校未来的发展方向,以及可以达到的高度。以国际知名学府哈佛大学为例,自1636年建校以来,哈佛大学正是因为其"培养卓越人才"的办

---

[1] 刘进:《"一带一路"背景下如何提升来华留学生招生质量——奖学金视角》,载《高校教育管理》2020年第1期。

[2] 刘冬梅、张竣淞:《新媒体时代加强和改进高校新闻宣传工作的几点思考——以微博、微信为例》,载《华北科技学院学报》2014年第3期。

学理念长久屹立于世界大学之林。同时，哈佛大学也会根据实际情况，结合时事顺应时代发展的潮流，对其办学特色进行不断的优化调整。由于学府本身的魅力，在国际招生中可谓顺利，并不存在生源方面的担忧，其工作重点在于如何从众多申请者中挑出最为优质的学生，并为莘莘学子打造一个学习的乐园[1]。

国内部分高校尚缺乏独特的办学理念，仅就校训而言，就不时出现大同小异的情况。没有优势专业与独具魅力的办学理念，在竞争越来越激烈的全球教育市场中很难占据一席之地。由此，针对每所大学的实际情况出发，以国际化招生标准为依据，制定独具特色的办学理念不仅有利于增强对国际学生吸引力，从长远角度更加有助于提升学校的国际影响力。

(二) 制定合理的国际招生宣传策略

1. 确保国际招生宣传材料的真实性与准确性

对于国际学生而言，其所接触到的招生信息是对学校最直观的第一印象，确保招生信息的真实性与专业性，有助于树立高校办学诚信、严谨的形象。同时，注重内容的及时更新，确保招生资料的准确性与时效性，使学生能够第一时间获取所需信息，有助于提升高校在国际教育市场中的美誉度。

2. 遵循互动性原则，优化国际招生宣传结构

新媒体工具打破了以往信息发布者与信息接收者之间的界限，使得用户在阅读信息的同时能够进行实时反馈，参与到资讯的下一轮传播当中，称为内容的"再创造者"。因此，高校在制定国际招生策略的过程中，需要注重与国际学生及家长群体的互动，对出现的问题做到及时沟通与回应，有助于增强意愿申请者与学校之间的黏度，助力于高校留住优质学生。

3. 融合国际招生宣传渠道，发挥线上线下联动作用

时代的进步要求多种宣传渠道的融合发展，结合传统媒体与新媒体各

---

[1] 龚云峰：《美国哈佛大学国际招生政策研究》，东北师范大学 2013 年硕士学位论文。

自的优势，合理利用以发挥最大效用[1]。高校应该针对不同国家或地区、不同学历、不同背景的学生类型，制定有针对性的宣传策略，以线下教育展与线上宣传相结合的方式，发挥不同的媒体平台、不同时间节点的优势，增强整合实力。

综上，制定合理有效的国际招生宣传策略，确保招生资料内容的全面性及准确性、注重宣传过程中的互动性、合理利用新媒体与传统媒体的融合特性，进行资源、渠道的整合，发挥合力效应，将原本零散的招生信息汇总为便于检索的丰富资源库，是高校在进一步制定国际招生宣传策略、提升新媒体助力作用中需要注意的部分。

（三）完善培训机制，提升工作人员新媒体素养

目前，国内部分高校对于国际招生宣传的人员配置不足，45.1%的高校只有1人至2人负责留学生招生工作，多达78.4%的高校没有设立专职的国际学生招生宣传人员，仅有21.6%的高校在国际学院/国际处设立了专职的招生岗位[2]。基于此现状，培养一批熟悉国际招生政策、有新媒体素养的工作人员成为亟待解决的问题。

所谓新媒体素养，即有效应用新媒体应具备的核心品格及关键能力，包括新媒体运营技巧（内容投放、互动形式等）和新媒体使用规范两部分[3]。拥有较高新媒体素养是发挥新媒体助力作用进行信息传播的重要基础，因此，高校应推动本校国际招生宣传工作人员转变理念，提升新媒体素养。在人员配置方面，高校应积极引入具备新媒体专业背景的高素质人才，同时对现有员工开展新媒体主题培训，增强工作人员对于新媒体的了解，培养其利用新媒体进行国际招生宣传的能力。同时，高校还应进一步明确职责划分，建立新媒体舆情预警机制及相应的奖惩机制，切实提升责任意识，遵守新媒体规范及相关法律法规。

---

[1] 尹洪禹：《新媒体与传统媒体融合的有效方法》，载《传媒论坛》2019年第14期。

[2] 钱明才：《新媒介在国际学生招生中的运用及其对我国高校的启示——以加拿大阿尔伯塔大学为例》，载《世界教育信息》2017年第12期。

[3] 黄士军：《"互联网+"背景下高校招生宣传新媒体模式初探》，载《决策探索（下）》2020年第2期。

（四）搭建新媒体矩阵，提供个性化服务

基于新媒体传播非线性、多对多、强互动和重反馈等特点，新媒体工具在国际招生宣传中可以突破时间、地域限制，进行广泛应用。为取得更好的传播效果及用户关注度，必须加强宣传内容新颖性、可读性的设计，整合优化各类媒体工具，构建好新媒体宣传矩阵。在高校建立国际招生宣传常态化的工作机制中，首先要优化信息呈现方式，让申请者可以快速明了的找到所需信息，建立规范的媒体平台管理运营机制。其次要适应现代人的阅读习惯，注重微信、微博、Facebook 等社交平台发布的内容的多样性与层次的立体性。

与此同时，提供有针对性的个性化服务也尤为重要。以美国顶尖私立研究型大学南加利福尼亚大学为例，其国际招生部门设有网站、页面翻译平台，以便捷的网络服务为国际申请者提供包括申请、在校就读、就业指导、奖学金项目、兼职机会等各项详细、即时的信息。基于不同国家背景的申请者语言需求，南加大的网页设置的多重语言选项，并在特定时间段安排工作人员在线答疑，为国际学生进一步了解学校创造条件。此外，在 Facebook、Twitter 等社交平台开展网络研讨会也成为南加大与国际学子交流的重要途径之一。通过搭建新媒体矩阵，南加大形成了常态化的国际招生宣传机制，不仅为申请者提供了交流互动的平台，也使院校可以及时了解学生所需与各种反馈，及时调整策略，提升其国际影响力。[1]

四、小结

作为高校国际化工作中的重要一环，国际学生招生工作是海外申请者接触学校的第一个窗口，其不仅起到创建学校品牌、展现学校形象的作用，还会直接对海外生源的数量和质量产生决定性影响，关系到高校的国际影响力。但从实际情况来看，我国多数高校在此项工作开展过程中存在宣传结构单一、内容同质化严重、宣传渠道执行分散等问题。而新媒体技

---

〔1〕 张芬：《美国大学国际学生招生策略研究——以南加州大学为例》，中南民族大学 2018 年硕士学位论文。

术的出现，为高校国际招生工作带来了新机遇，不仅打破了时间与空间的限制，网站、微博、微信、Facebook等社交平台也使得宣传内容更加丰富多样，交流互动日益有效便捷。通过结合学校情况打造特色品牌、制定合理的招生策略、完善培训机制提升工作人员新媒体素养、搭建新媒体矩阵提供个性化服务等举措，可以进一步提升新媒体在助力高校国际招生的作用，在国际上持续推广我国高等教育资源，从而被认可、被分享，成为具有国际影响力的教育强国。